Arnd Hagedorn
Modellgestützte Planung und Kontrolle von
Produktionsstandorten

Arnd Hagedorn

# Modellgestützte Planung und Kontrolle von Produktions- standorten

DUV  Springer Fachmedien Wiesbaden GmbH

Die Deutsche Bibliothek — CIP-Einheitsaufnahme

**Hagedorn, Arnd:**
Modellgestützte Planung und Kontrolle von
Produktionsstandorten / Arnd Hagedorn. — Wiesbaden :
Dt. Univ.-Verl., 1994
  (DUV : Wirtschaftswissenschaft)
  Zugl.: Hildesheim, Univ., Diss., 1992

Der Deutsche Universitäts-Verlag ist ein Unternehmen der
Verlagsgruppe Bertelsmann International.

© Springer Fachmedien Wiesbaden 1994
Ursprünglich erschienen bei Deutscher Universitäts-Verlag GmbH, Wiesbaden 1994
Lektorat: Gertrud Bergmann

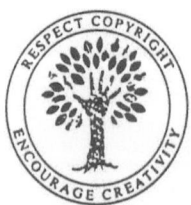

Das Werk einschließlich aller seiner Teile ist urheberrechtlich geschützt. Jede Verwertung außerhalb der engen Grenzen des Urheberrechtsgesetzes ist ohne Zustimmung des Verlags unzulässig und strafbar. Das gilt insbesondere für Vervielfältigungen, Übersetzungen, Mikroverfilmungen und die Einspeicherung und Verarbeitung in elektronischen Systemen.

Gedruckt auf chlorarm gebleichtem und säurefreiem Papier

ISBN 978-3-8244-0198-7         ISBN 978-3-663-12249-4 (eBook)
DOI 10.1007/978-3-663-12249-4

**Vorwort**

Die vorliegende Arbeit wurde im Wintersemester 1992/93 vom Fachbereich Mathematik, Informatik, Naturwissenschaften der Universität Hildesheim als Dissertation angenommen. Sie entstand an dem dortigen Institut für Betriebswirtschaftslehre, Lehrstuhl für Rechnungswesen und Controlling.

Mein Dank gilt Herrn Professor Dr. B. Huch für die Betreuung dieser Arbeit und die Gewährung des Gastrechts an seinem Lehrstuhl. Für die Übernahme des Korreferats und die stete Diskussionsbereitschaft bedanke ich mich bei Herrn Professor Dr. J. Bloech sowie Herrn Dr. U. Götze vom Institut für betriebswirtschaftliche Investitions- und Produktionsforschung der Georg-August-Universität Göttingen.

Das Zustandekommen dieser Arbeit wäre nicht ohne die großzügige Unterstützung der Blaupunkt-Werke GmbH möglich gewesen. Von meinen Förderern danke ich insbesondere Herrn Dr. C. Helber, Kaufmännischer Leiter des Werkes Viersen der Robert Bosch GmbH, der diese Arbeit anregte und Herrn Dr. M. Wolf, Geschäftsführer der Robert Bosch (Malaysia) SDN. BHD., der durch den gezielten Einsatz von "Motivationshilfen" zum Gelingen der Arbeit beitrug.

Arnd Hagedorn

# Inhaltsverzeichnis

Seite

Abbildungsverzeichnis                                                                XV

Symbolverzeichnis                                                                    XIX

1. Einführung und Übersicht                                                            1
   1.1. Problemstellung                                                           1
   1.2. Aufbau der Arbeit                                                         4
   1.3. Begriffsabgrenzungen                                                     6
      1.3.1. Planung und Kontrolle                                            6
      1.3.2. Modell- und entscheidungstheoretische Grundlagen                11

2. Problemstruktur der Planung und Kontrolle von Standortstrukturänderungen                                                                            16
   2.1. Charakterisierung der Handlungsalternativen in Abhängigkeit von der
Grundform der räumlichen Struktur und der Mobilitätsform                              16
      2.1.1. Grundformen der räumlichen Struktur                             16
      2.1.2. Arten von Standortstrukturänderungen                           18
      2.1.3. Bildung mehrdimensionaler Alternativen für die Veränderung
der Standortstruktur                                                                  20
   2.2. Ableitung von Entscheidungszielen aus dem Zielsystem der Unternehmung                                                                               24
      2.2.1. Grundlagen zur Ableitung von Entscheidungszielen                24
      2.2.2. Formulierung der Entscheidungsziele                            27
         2.2.2.1. Entscheidungsziele im engeren Sinn                     27
         2.2.2.2. Entscheidungsziele im weiteren Sinn                    30
         2.2.2.3. Paradigmatische Darstellung von Entscheidungszielen    31

2.3. Einfluß der Veränderung des Umsystems auf die Problemstruktur — 32

3. Grenzen der Leistungsfähigkeit relevanter Modellansätze in bezug auf die Problemstruktur — 35

   3.1. Relevante Modellansätze — 35

   3.2. Ansätze zur simultanen Optimierung — 36

   3.3. Ansätze zur Berücksichtigung von Unsicherheit — 41

      3.3.1. Der Informationsstand bezüglich der Umweltzustände — 41

      3.3.2. Ansätze ohne Wahrscheinlichkeitsaussagen — 42

      3.3.3. Entscheidungstheoretisch orientierte Ansätze — 43

      3.3.4. Sensitivitätsanalyse versus Risikoananlyse — 45

   3.4. Ansätze zur Berücksichtigung mehrerer Zielgrößen — 46

      3.4.1. Integration eines Entscheidungshilfeverfahrens in das Modell — 46

      3.4.2. Abbildung der Zielgrößen im Modell — 48

      3.4.3. Multiattributive Entscheidungshilfeverfahren im deterministischen Modell — 50

      3.4.4. Multiattributive Entscheidungshilfeverfahren im stochastischen Modell — 52

   3.5. Konsequenzen für die Entwicklung des Modells — 54

4. Konzeption eines Modellansatzes zur Planung und Kontrolle von Standortstrukturänderungen — 55

   4.1. Simulative Gesamtunternehmungsmodelle — 55

      4.1.1. Begriffsabgrenzung — 55

      4.1.2. Grundstruktur eines simulativen Gesamtunternehmungsmodells — 57

      4.1.3. Methodische Vorgehensweise bei der Entwicklung simulativer Gesamtunternehmungsmodelle — 60

4.2. Anwendung der Risikoanalyse auf simulative Gesamtunternehmungsmodelle  67
   4.2.1. Begriffsabgrenzung  67
   4.2.2. Methodische Vorgehensweise bei der Durchführung einer Risikoanalyse  69

4.3. Nutzwertanalyse bei unsicherer Zielerreichung  73
   4.3.1. Begriffsabgrenzung  73
   4.3.2. Methodische Vorgehensweise bei der Durchführung einer Nutzwertanalyse  74
   4.3.3. Anwendung der Nutzwertanalyse auf die Problemstellung  78

4.4. Integration in ein Gesamtkonzept  81

5. Entwicklung eines Modells zur Planung und Kontrolle von Standortstrukturänderungen  84

5.1. Darstellung der einzelnen Phasen im Modellierungsprozeß  84

5.2. Formulierung der Modellvariablen und -relationen  84
   5.2.1. Teilmodelle und Module  84
   5.2.2. Teilmodell für Produktionsstandorte  87
      5.2.2.1. Beziehungen zwischen den Modulen  87
      5.2.2.2. Modul für die Potentialplanung  88
         5.2.2.2.1. Kapazitätsplanung als Grundlage der Potentialplanung  88
         5.2.2.2.2. Betriebsmittelplanung  91
         5.2.2.2.3. Personalplanung  96
      5.2.2.3. Modul für die Preisplanung  105
      5.2.2.4. Modul für die Vermögensplanung  111
      5.2.2.5. Modul für die Kosten- und Leistungsplanung  114
      5.2.2.6. Modul für die bilanzielle Ergebnis- und Finanzplanung  119

- 5.2.3. Teilmodell der Zentrale — 128
  - 5.2.3.1. Beziehungen zwischen den Modulen — 128
  - 5.2.3.2. Modul für die Produktprogrammplanung — 128
  - 5.2.3.3. Modul für die Preisplanung — 130
  - 5.2.3.4. Modul für die Vermögensplanung — 131
  - 5.2.3.5. Modul für die Kosten- und Leistungsplanung — 133
  - 5.2.3.6. Modul für die bilanzielle Ergebnis- und Finanzplanung — 134
- 5.2.4. Besonderheiten bei der Aggregation und Konsolidierung — 139
- 5.3. Modellimplementierung auf dem Arbeitsplatzrechner — 144
  - 5.3.1. Auswahl der Software — 144
  - 5.3.2. Konzeption des Computerprogramms — 147

# 6. Anwendung des Modells auf ein fiktives Beispiel — 152

- 6.1. Zum Realitätsgehalt des Beispiels — 152
- 6.2. Beschreibung der fiktiven Unternehmung bezüglich ausgewählter Merkmale — 153
  - 6.2.1. Das Leistungsprogramm der fiktiven Unternehmung — 153
  - 6.2.2. Der Produktionsprozeß der fiktiven Unternehmung — 154
  - 6.2.3. Die Produktionsstandorte der fiktiven Unternehmung — 156
  - 6.2.4. Die Ergebnis- und Finanzsituation der fiktiven Unternehmung — 157
  - 6.2.5. Das Zielsystem der fiktiven Unternehmung — 158
- 6.3. Darstellung des Modellinputs — 161
  - 6.3.1. Umfang des Modellinputs — 161
  - 6.3.2. Personalkosten beeinflussende Standortfaktoren — 162
  - 6.3.3. Kapitalkosten beeinflussende Standortfaktoren — 165
  - 6.3.4. Materialkosten beeinflussende Standortfaktoren — 167

6.3.5. Die Auswirkungen von Automatisierungsgrad und
Fertigungstiefe auf Personal-, Kapital- und Materialkosten — 168

6.3.6. Gesamtwirtschaftliche Einflußgrößen — 169

6.4. Simulationsexperimente — 171

6.4.1. Typen von Simulationsexperimenten — 171

6.4.2. Auswirkungen der Variation ausgewählter exogener Variablen — 172

6.4.3. Vergleich von Alternativen bei Variation ausgewählter Merkmale für die Standortstrukturänderung — 174

6.4.3.1. Variation der Geschwindigkeit der Standortstrukturänderung — 174

6.4.3.2. Variation der Zuordnung von Fertigungsstufen zu Standorten — 178

6.4.4. Einsatz des Modells zur Entscheidungsfindung — 179

6.4.4.1. Auswahl der zu untersuchenden Alternativen — 179

6.4.4.2. Deterministische Betrachtung mit einer Entscheidungsgröße — 183

6.4.4.3. Deterministische Betrachtung mit mehreren Entscheidungsgrößen — 186

6.4.4.4. Stochastische Betrachtung mit mehreren Entscheidungsgrößen — 189

7. Zusammenfassende Schlußbemerkungen — 193

Literaturverzeichnis — 195

**Abbildungsverzeichnis**

Seite

Abbildung 1.1: Aufgaben der Planung und Kontrolle von Standortstrukturänderungen in den einzelnen Phasen des Führungsprozesses   10

Abbildung 1.2: Klassifizierung von Standortmodellen nach den einfließenden
Entscheidungsvariablen   13

Abbildung 1.3: Grundmodell der Entscheidungstheorie   15

Abbildung 2.1: Der Standortstrukturwürfel zur Darstellung der Grundformen der räumlichen Struktur   17

Abbildung 2.2: Mobilitätsformen der Standortstrukturänderungen   18

Abbildung 2.3: Standortstrukturänderungen in Abhängigkeit von der Grundform der Standortstruktur   19

Abbildung 2.4: Arten der Standortstrukturänderung als Ausprägung einzelner
Merkmale der Standortstrukturänderung   21

Abbildung 2.5: Beispiel für die Formulierung einer Standortstrukturänderung   22

Abbildung 2.6: Paradigmatische Darstellung von Entscheidungszielen   32

Abbildung 3.1: Klassifizierung von Standortmodellen nach wichtigen
Konstruktionsmerkmalen   37

Abbildung 4.1: Grundstruktur eines simulativen Gesamtunternehmungsmodells   58

Abbildung 4.2: Symbole zur Darstellung der Modellstruktur   59

Abbildung 4.3: Phasen im Modellierungsprozeß simulativer Gesamtunternehmungsmodelle   60

Abbildung 4.4: Ermittlung der Ergebnisverteilungen in der Risikoanalyse   72

Abbildung 4.5: Rechenschema der Nutzwertanalyse 78

Abbildung 4.6: Ergänzung der Zielgrößen auf der untersten Hierarchiestufe um Risikomaßzahlen 79

Abbildung 4.7: Ergänzung der Zielgrößen auf der obersten Hierarchiestufe um Risikomaßzahlen 80

Abbildung 4.8: Indifferenzkurven für den Risikonutzen bei Anwendung der Nutzwertanalyse 81

Abbildung 4.9: Phasen der Modellierung eines Modells zur Planung und Kontrolle von Standortstrukturänderungen 83

Abbildung 5.1: Struktur des Gesamtmodells 86

Abbildung 5.2: Struktur des Teilmodells für Produktionsstandorte 87

Abbildung 5.3: Grobstruktur des Moduls Potentialplanung 90

Abbildung 5.4: Betriebsmittelplanung 96

Abbildung 5.5: Grundschema der Personalbedarfsplanung 98

Abbildung 5.6: Personalplanung 104

Abbildung 5.7: Struktur der Kosten- und Leistungsplanung für Produktionsstandorte 115

Abbildung 5.8: Bilanzielle Ergebnisplanung für Produktionsstandorte 120

Abbildung 5.9: Bilanzplanung für Produktionsstandorte 123

Abbildung 5.10: Gliederung der Finanzplanung für Produktionsstandorte 127

Abbildung 5.11: Struktur des Teilmodells der Zentrale 128

Abbildung 5.12: Struktur der Kosten- und Leistungsplanung im Teilmodell der Zentrale 133

Abbildung 5.13: Bilanzielle Ergebnisplanung im Teilmodell der Zentrale 135

Abbildung 5.14: Bilanzplanung im Teilmodell der Zentrale 136

Abbildung 5.15: Gliederung der Finanzplanung im Teilmodell der Zentrale 139

Abbildung 5.16: Zuordnung der Dateien zu den Komponenten eines Entscheidungsunterstützungssystems 148

Abbildung 5.17: Menüstruktur 149

Abbildung 5.18: Grundstruktur des Programmablaufs 151

Abbildung 6.1: Grobdarstellung des Produktionsprozesses 155

Abbildung 6.2: Beispielhafte Einordnung von Standorten in ein Kosten/ Attraktivitäts-Portfolio 156

Abbildung 6.3: Das Zielsystem der fiktiven Unternehmung 159

Abbildung 6.4: Personalkosten beeinflussende Standortfaktoren 163

Abbildung 6.5: Kapitalkosten beeinflussende Standortfaktoren 165

Abbildung 6.6: Materialkosten beeinflussende Standortfaktoren 167

Abbildung 6.7: Die Standortwahl beeinflussende gesamtwirtschaftliche Größen 169

Abbildung 6.8: Standortstruktur der Ausgangsalternative 172

Abbildung 6.9: Tabellarische Darstellung der Ergebnisse der Risikoanalyse für eine Entscheidungsgröße 173

Abbildung 6.10: Graphische Darstellung der Ergebnisse der Risikoanalyse für eine Entscheidungsgröße 173

Abbildung 6.11: Entwicklung des Kalkulatorischen Ergebnisses in Abhängigkeit von der Verlagerungsgeschwindigkeit 175

Abbildung 6.12: Entwicklung des Jahresüberschusses/-fehlbetrags in Abhängigkeit von der Verlagerungsgeschwindigkeit 175

Abbildung 6.13: Entwicklung des Mittelbedarfs/-überschusses in Abhängigkeit von der Verlagerungsgeschwindigkeit 176

Abbildung 6.14: Entwicklung der Entlassungen/Einstellungen am Standort Deutschland in Abhängigkeit von der Verlagerungsgeschwindigkeit     177

Abbildung 6.15: Nutzwertanalyse bei Variation der Zuordnung der Fertigungsstufe I     178

Abbildung 6.16: Ergebnisse des Experiments 1 mit grober Rasterung     184

Abbildung 6.17: Ergebnisse des Experiments 1 mit feiner Rasterung     185

Abbildung 6.18: Ergebnisse des Experiments 2 mit grober Rasterung     186

Abbildung 6.19: Ergebnisse des Experiments 2 mit grober Rasterung     188

Abbildung 6.20: Graphische Darstellung der Ergebnisse des Experiments 2     189

Abbildung 6.21: Ergebnisse des Experiments 3 mit grober Rasterung     190

Abbildung 6.22: Ergebnisse des Experiments 3 bei $KAP\%_3=0$     191

# Symbolverzeichnis

## 4. Abschnitt

| | |
|---|---|
| $A_j$ | = Alternative j |
| $E_t$ | = Vektor der Entscheidungsvariablen in der Periode t |
| $e_{ij}$ | = Zielerreichung der Zielgröße i für die Alternative j |
| $e^{max}_{ij}$ | = maximale Zielerreichung der Zielgröße i für die Alternative j |
| $e^{min}_{ij}$ | = minimale Zielerreichung der Zielgröße i für die Alternative j |
| $e_{rt}$ | = Entscheidungsgröße r in der Periode t |
| $g'_i$ | = Gewicht der Zielgröße i |
| $g_i$ | = normiertes Gewicht der Zielgröße i |
| $N_{ij}$ | = gewichteter Teilnutzen der Zielerreichung der Zielgröße i für die Alternative j |
| $N_j$ | = Gesamtnutzen der Alternative j |
| $n_{ij}$ | = Teilnutzen der Zielerreichung der Zielgröße i für die Alternative j |
| $X_t$ | = Vektor sonstiger exogener Variablen in der Periode t |
| $x_{lt}$ | = sonstige exogene Variable l in der Periode t |
| $Y_0$ | = Vektor der Anfangswerte in der Periode t |
| $Y_t$ | = Vektor endogener Variablen in der Periode t |
| $y_{nt}$ | = endogene Variable n in der Periode t |
| $y_{p0}$ | = Anfangswert p |
| $Z_i$ | = Zielgröße i |
| $Z_t$ | = Vektor der Zufallsgrößen in der Periode t |
| $z_{mt}$ | = Zufallsgröße m in der Periode t |

## 5. Abschnitt

| | |
|---|---|
| $ABF_{ts}$ | = Abfindungen in der Periode t am Standort s |

XVIII

| | | |
|---|---|---|
| $ABFD_{ts}$ | = | Abfindungen für Direkte Mitarbeiter in der Periode t am Standort s |
| $ABFI_{ts}$ | = | Abfindungen für Indirekte Mitarbeiter in der Periode t am Standort s |
| $AF^Z_t$ | = | Abschreibungen der Zentrale auf das Sachanlagevermögen in der Periode t |
| $ANW_{ts}$ | = | Anschaffungswert des Anlagevermögens des Standorts s in der Periode t |
| $ANWA_{ts}$ | = | Anschaffungswert der Aggregate des Standorts s in der Periode t |
| $ANWG_{ts}$ | = | Anschaffungswert der Grundstücke/Gebäude des Standorts s in der Periode t |
| $\alpha_1, \alpha_2, \alpha_3, \alpha_4$ | = | zu schätzende Parameter |
| $abfd_s$ | = | Prozentsatz Abfindungen vom Jahreslohn für Direkte Mitarbeiter am Standort s |
| $abfi_s$ | = | Prozentsatz Abfindungen vom Jahreslohn/-gehalt für Indirekte Mitarbeiter am Standort s |
| $af^z$ | = | Abschreibungssatz auf das Anlagevermögen der Zentrale |
| $anä_{ts}$ | = | Preisänderungsrate für Aggregate in der Periode t am Standort s |
| $anm_{ts}$ | = | prozentuale Anpassung des Lohnes für Direkte Mitarbeiter und des Lohnes/Gehaltes für Indirekte Mitarbeiter in der Periode t am Standort s |
| $anm\%_{ts}$ | = | Prozentsatz für $anm_{ts}$ |
| $anp_t$ | = | Anpassungsfaktor Produktionsstückzahlen an Kapazität in der Periode t |
| $anp_{tp}$ | = | Anpassungsfaktor Produktionsstückzahl an Kapazität in der Periode t für die Produktart p |
| $BAZ_{ts}$ | = | jährliche tarifliche Arbeitszeit eines Direkten Mitarbeiters in der Periode t am Standort s in Stunden |
| $BBA_{tsf}$ | = | Anzahl der in der Periode t am Standort s einzusetzenden Aggregate vom Typ f (Bruttobedarf Aggregate) |
| $BBD_{ts}$ | = | Anzahl der durchschnittlich in der Periode t am Standort s benötigten Direkten Mitarbeiter (Bruttobedarf Direkte Mitarbeiter) |
| $BBG_{ts}$ | = | Größenklasse der Grundstücke/Gebäude in der Periode t am Standort s (Bruttobedarf Grundstücke/Gebäude) |

$BBI_{ts}$ = Anzahl der durchschnittlich in der Periode t am Standort s benötigten Indirekten Mitarbeiter (Bruttobedarf Indirekte Mitarbeiter)

$BBI^{z}_{t}$ = Bruttobedarf Indirekte Mitarbeiter der Zentrale in der Periode t

$BEA_{tsfr}$ = Anzahl der in der Periode t am Standort s vorhandenen Aggregate vom Typ f mit der Restnutzungsdauer r (Aggregatebestand)

$BET^{z}_{t}$ = Beteiligungsergebnis der Zentrale in der Periode t

$BGV_{ts}$ = Bilanzgewinn/-verlust in der Periode t am Standort s

$BGV^{z}_{t}$ = Bilanzgewinn/-verlust der Zentrale in der Periode t

$S_{ts}$ = Bilanzsumme = Summe der Aktiva in der Periode t am Standort s

$BV^{z}_{t}$ = Bilanzverlust der Zentrale in der Periode t

$dlz_{s}$ = vorgegebene Durchlaufzeit in Monaten am Standort s

$dlz^{z}_{s}$ = vorgegebene Durchlaufzeit der Zentrale in Monaten für Produkte vom Standort s

$EK_{ts}$ = Eigenkapital in der Periode t am Standort s

$EKV_{ts}$ = Eigenkapital vor Erhöhung des gezeichneten Kapitals in der Periode t am Standort s

$ERL_{tp}$ = Erlöse einer Einheit der Produktart p in der Periode t

$ESK^{z}_{t}$ = Einstandskosten der Zentrale in der Periode t

$ESP^{z}_{tsp}$ = Einstandspreis für eine Einheit der Produktart p, die die Zentrale in der Periode t vom Standort s bezieht

$ESP_{tss*pf}$ = Preis für das vom Standort s* bezogene Material, das in der Periode t am Standort s für die Produktion einer Einheit der Produktart p in der Fertigungsstufe f eingesetzt wird

$EST_{ts}$ = Ertragsteuern in der Periode t am Standort s

$EST^{z}_{t}$ = Ertragsteuern der Zentrale in der Periode t

$ESTA_{ts}$ = Ertragsteuern für ausgeschüttete Gewinne in der Periode t am Standort s

$ESTA^{z}_{t}$ = Ertragsteuern für ausgeschüttete Gewinne der Zentrale in der Periode t

$ESTT_{ts}$ = Ertragsteuern für thesaurierte Gewinne in der Periode t am Standort s

$ESTT^{z}_{t}$ = Ertragsteuern für thesaurierte Gewinne der Zentrale in der Periode t

$EVS_{ts}$ = Ergebnis vor Ertragsteuern in der Periode t am Standort s

| | | |
|---|---|---|
| $EVS^z_t$ | = | Ergebnis vor Ertragsteuern der Zentrale in der Periode t |
| $ekq_s$ | = | vorgegebene Eigenkapitalquote für den Standort s |
| $erlä_{tp}$ | = | Preisänderungsrate für Erlöse für eine Einheit der Produktart p in der Periode t |
| $erw_s$ | = | Faktor, um den die Fläche, die am Standort s in der Grundausbaustufe für die Nutzung durch Aggregate zur Verfügung steht, erweitert werden kann |
| $esta_s$ | = | Ertragsteuersatz für Ausschüttung am Standort s |
| $esta^z$ | = | Ertragsteuersatz für Ausschüttung der Zentrale |
| $estt_s$ | = | Ertragsteuersatz für Thesaurierung am Standort s |
| $estt^z$ | = | Ertragsteuersatz für Thesaurierung der Zentrale |
| $eth_s$ | = | Anteil des zu thesaurierenden Gewinns am EVS für den Standort s |
| $th^z$ | = | Anteil des zu thesaurierenden Gewinns am EVS für die Zentrale |
| $FAV^z_t$ | = | Finanzanlagevermögen der Zentrale in der Periode t |
| $FK_{ts}$ | = | fixe Kosten (ohne Einmalige Kosten) in der Periode t am Standort s |
| $FL_s$ | = | Fläche, die am Standort s in der Grundausbaustufe für die Nutzung durch Aggregate zur Verfügung steht |
| $FLB_{sf}$ | = | Fläche, die ein Aggregat vom Typ f am Standort s benötigt |
| $FLD_{ts}$ | = | Anzahl der zu Beginn der Periode t am Standort s ohne Beschaffungs- und Freisetzungsmaßnahmen eintretenden oder ausscheidenden Direkten Mitarbeiter |
| $FLI_{ts}$ | = | Anzahl der zu Beginn der Periode t am Standort s ohne Beschaffungs- und Freisetzungsmaßnahmen eintretenden oder ausscheidenden Indirekten Mitarbeiter |
| $FMS_{ts}$ | = | Fertigungsminutensatz in der Periode t am Standort s |
| $FOR_{ts}$ | = | Forderungsbestand am Standort s im Durchschnitt und am Ende der Periode t |
| $FOR^z_t$ | = | Forderungen der Zentrale in der Periode t |
| $fld_{ts}$ | = | Fluktuationsrate der Direkten Mitarbeiter in der Periode t am Standort s |
| $fli_{ts}$ | = | Fluktuationsrate der Indirekten Mitarbeiter in der Periode t am Standort s |
| $gew_s$ | = | prozentualer Gewinnaufschlag für den Standort s |

XXI

| | |
|---|---|
| $ggä_{ts}$ | = Preisänderungsrate für Grundstücke/Gebäude in der Periode t am Standort s |
| $HAFA_{tsfr}$ | = handelsrechtliche Abschreibungen auf Aggregate des Typs f mit der Restnutzungsdauer r in der Periode t am Standort s |
| $HAFG_{ts}$ | = handelsrechtliche Abschreibungen auf Grundstücke/Gebäude in der Periode t am Standort s |
| $HFB_{tss*pf}$ | = Bezug von Halbfabrikaten in der Periode t des Standorts s vom Standort s* für die Produktart p der Fertigungsstufe f |
| $hafa_{sfr}$ | = handelsrechtlicher Abschreibungssatz auf Aggregate des Typs f mit der Restnutzungsdauer r am Standort s |
| $hafg_s$ | = handelsrechtlicher Abschreibungssatz auf Grundstücke/Gebäude am Standort s |
| $INV^z_t$ | = Investitionen der Zentrale in der Periode t |
| $inv_{ts}$ | = prozentualer Abschlag für Anschaffungspreise in der Periode t am Standort s wegen Investitionsfördermaßnahmen |
| $inv^z$ | = Anteil der jährlichen Investitionen der Zentrale am Umsatz |
| $JÜ_{ts}$ | = Jahresüberschuß in der Periode t am Standort s |
| $JÜ^z_t$ | = Jahresüberschuß der Zentrale in der Periode t |
| $KA_{ts}$ | = gezeichnetes Kapital in der Periode t am Standort s |
| $KAE_{ts}$ | = Erhöhung des gezeichneten Kapitals in der Periode t am Standort s |
| $KAF_{ts}$ | = kalkulatorische Abschreibung in der Periode t am Standort s |
| $KAH_{ts}$ | = Herabsetzung des gezeichneten Kapitals in der Periode t am Standort s |
| $KAP_{tspf}$ | = Höhe der in der Periode t von der Produktart p am Standort s in der Fertigungsstufe f vorzuhaltenden Kapazität |
| $KK_{ts}$ | = Kapitalkosten in der Periode t am Standort s |
| $KK^z_t$ | = Kapitalkosten der Zentrale in der Periode t |
| $KURS_{ts}$ | = Währungskurs in der Periode t für den Standort s |
| $KURS_{ts*}$ | = Währungskurs in der Periode t für den Standort s* |
| $KZS_{ts}$ | = kalkulatorische Zinsen/Steuern in der Periode t am Standort s |
| $KZS^z_t$ | = kalkulatorische Zinsen/Steuern der Zentrale in der Periode t |
| $kafa_{ts}$ | = kalkulatorischer Abschreibungssatz für Aggregate in der Periode t am Standort s |

| | | |
|---|---|---|
| $kafg_s$ | = | kalkulatorischer Abschreibungssatz für Grundstücke/Gebäude am Standort s |
| $kst_{ts}$ | = | Krankenstand in Prozent vom Bruttopersonalbestand in der Periode t am Standort s |
| $kzs_{ts}$ | = | Kalkulationssatz für Zinsen/Steuern in der Periode t am Standort s |
| $kzs^z_t$ | = | Kalkulationssatz für Zinsen/Steuern der Zentrale in der Periode t |
| $LGI_{ts}$ | = | Jahreslohn/-gehalt für Indirekte Mitarbeiter in der Periode t am Standort s |
| $LGI^z_t$ | = | Jahreslohn/-Gehalt für Indirekte Mitarbeiter der Zentrale in der Periode t |
| $LOD_{ts}$ | = | Jahreslohn für Direkte Mitarbeiter in der Periode t am Standort s |
| $leg_{ts}$ | = | Leistungsgrad in der Periode t am Standort s |
| $MAG_{ts}$ | = | Grenze für die Anzahl der Mitarbeiter, die ohne Anpassung des Lohns/Gehalts eingestellt werden können |
| $MATF_{ts}$ | = | Kosten für das von Konzernfremden bezogene Material, das in der Periode t am Standort s für die Produktion eingesetzt wird (Materialkosten Fremdbezug) |
| $MATK_{ts}$ | = | Kosten für das von anderen Standorten bezogene Material, das in der Periode t am Standort s für die Produktion eingesetzt wird (Materialkosten Konzernbezug) |
| $MIP_{tspf}$ | = | Mischpreis für das Material, das in der Periode t am Standort s für die Produktion einer Einheit der Produktart p in der Fertigungsstufe f eingesetzt wird |
| $MLZ_{tspf}$ | = | Zeit die ein Aggregat vom Typ f für die Produktion einer Einheit der Produktart p in der Periode t am Standort s benötigt (Maschinenlaufzeit) |
| $MPE_{tspf}$ | = | Preis für das von Konzernfremden bezogene Material, das in der Periode t am Standort s für die Produktion einer Einheit der Produktart p in der Fertigungsstufe f eingesetzt wird |
| $maä_{tp}$ | = | prozentuale Änderung des Marktanteils der Produktart p in der Periode t |
| $mpä_{ts}$ | = | Materialpreisänderungsrate in der Periode t am Standort s |
| $mra_{ts}$ | = | Rationalisierung des Materialeinsatzes am in der Periode t am Standort s |

XXIII

| | | |
|---|---|---|
| $mvä_{tp}$ | = | prozentuale Änderung des Marktvolumens der Produktart p in der Periode t |
| $NAZ_{ts}$ | = | normierte jährliche Arbeitszeit eines Direkten Mitarbeiters in der Periode t am Standort s in Stunden |
| $NBA_{tsf}$ | = | Anzahl der in der Periode t am Standort s zu beschaffenden oder auszusondernden Aggregate vom Typ f (Nettobedarf Aggregate) |
| $NBD_{ts}$ | = | Anzahl der zu Beginn der Periode t am Standort s einzustellenden oder zu entlassenden Direkten Mitarbeiter (Nettobedarf Direkte Mitarbeiter) |
| $NBG_{ts}$ | = | Veränderung der Größenklasse der Grundstücke/Gebäude in der Periode t am Standort s (Nettobedarf Grundstücke/Gebäude) |
| $NBI_{ts}$ | = | Anzahl der zu Beginn der Periode t am Standort s einzustellenden oder zu entlassenden Indirekten Mitarbeiter (Nettobedarf Indirekte Mitarbeiter) |
| $NBZ_{ts}$ | = | Zeit während der ein Aggregat in der Periode t am Standort s genutzt werden kann (Nettobetriebszeit) |
| $NE_{ts}$ | = | neutrale Aufwendungen/Erträge in der Periode t am Standort s |
| $naf_{ts}$ | = | Nacharbeitsfaktor in der Periode t am Standort s |
| $PKD_{ts}$ | = | Kosten für die Direkten Mitarbeiter, die am Standort s in der Periode t eingesetzt werden |
| $PKI_{ts}$ | = | Kosten für die Indirekten Mitarbeiter, die am Standort s in der Periode t eingesetzt werden |
| $PKIZ_{t}$ | = | Personalkosten der Zentrale für Indirekte Mitarbeiter in der Periode t |
| $PPR_{tp}$ | = | Anzahl der in der Periode t von der Produktart p bei stochastischer Betrachtung zu fertigenden und abzusetzenden Einheiten (Produktprogramm) |
| $PPR^{*}_{tp}$ | = | Anzahl der in der Periode t von der Produktart p bei deterministischer Betrachtung zu fertigenden und abzusetzenden Einheiten (Produktprogramm) |
| $PRA_{tsf}$ | = | Anschaffungspreis für ein Aggregat vom Typ f am Standort s in der Periode t |
| $PRA_{tsfr}$ | = | Anschaffungspreis eines Aggregats des Typs f am Standorts s in der Periode t am mit der Restnutzungsdauer r |

$PRG_{ts}$ = Anschaffungspreis in der Periode t für Grundstücke/Gebäude in der Grundausbaustufe des Standorts s

$PSE_{tspf}$ = Anzahl der in der Periode t von der Produktart p am Standort s in der Fertigungsstufe f für die Lieferung an andere Standorte zu fertigenden Einheiten (Produktionsstückzahl extern)

$PSI_{tspf}$ = Anzahl der in der Periode t von der Produktart p am Standort s in der Fertigungsstufe f für die Verwendung in der nächsten Fertigungsstufe zu fertigenden Einheiten (Produktionsstückzahl intern)

$PSZ_{tspf}$ = Anzahl der in der Periode t von der Produktart p am Standort s in der Fertigungsstufe f zu fertigenden Einheiten (Produktionsstückzahl)

$RBW_{ts}$ = Restbuchwert des Anlagevermögens des Standorts s in der Periode t

$RBW^z_t$ = Restbuchwert des Anlagevermögens der Zentrale in der Periode t

$RBWA_{ts}$ = Restbuchwert der Aggregate des Standorts s in der Periode t

$RBWA_{tsfr}$ = Restbuchwert eines Aggregats des Typs f am Standorts s in der Periode t mit der Restnutzungsdauer r

$RBWG_{ts}$ = Restbuchwert der Grundstücke/Gebäude des Standorts s in der Periode t

$RST_{ts}$ = Rückstellungen in der Periode t am Standort s

$RÜL_{ts}$ = Rücklagen in der Periode t am Standort s

$RÜL^z_t$ = Rücklagen der Zentrale in der Periode t

$SEK_{ts}$ = sonstige Einmalige Kosten in der Periode t am Standort s

$SEKA_{ts}$ = durch den Kapazitätsaufbau verursachte sonstige Einmalige Kosten in der Periode t am Standort s

$SEKR_{ts}$ = durch die Kapazitätsreduzierung verursachte sonstige Einmalige Kosten in der Periode t am Standort s

$SFK_{ts}$ = sonstiges Fremdkapital in der Periode t am Standort s

$SK_{ts}$ = sonstige Sachkosten in der Periode t am Standort s

$SKA_{ts}$ = sonstige anlagenabhängige Sachkosten in der Periode t am Standort s

$SKP_{ts}$ = sonstige personalabhängige Sachkosten in der Periode t am Standort s

$SST_{ts}$ = tatsächliche Substanzsteuern in der Periode t am Standort s

$ska_{ts}$ = Prozentsatz für sonstige anlagenabhängige Sachkosten in der Periode t am Standort s

XXV

$skp_{ts}$ = Prozentsatz für sonstige personalabhängige Sachkosten in der Periode t am Standort s

$sst_s$ = Substanzsteuersatz am Standort s

$TZI_{ts}$ = tatsächliche Zinsen in der Periode t am Standort s

$te_{ts}$ = prozentuale Tariferhöhung in der Periode t am Standort s

$te^z_t$ = prozentuale Tariferhöhung für Indirekte Mitarbeiter der Zentrale in der Periode t

$tzi_s$ = Zinssatz für sonstiges Fremdkapital am Standort s

$UMS_{ts}$ = Umsatz in der Periode t am Standort s

$UMS^*_{ts}$ = geschätzter Umsatz in der Periode t am Standort s

$UMS^z_t$ = Umsatz der Zentrale in der Periode t

$VER_{tspf}$ = Erlös des Standorts s in der Periode t für eine Einheit der Produktart p als fertiges (f=F) bzw. unfertiges (f<F) Erzeugnis (Verrechnungspreis)

$VLL_{ts}$ = Verbindlichkeiten aus Lieferungen und Leistungen in der Periode t am Standort s

$VLL^z_t$ = Verbindlichkeiten aus Lieferungen und Leistungen der Zentrale in der Periode t

$VOR_{ts}$ = Vorratsbestand am Standort s im Durchschnitt und am Ende der Periode t

$VOR^z_t$ = Vorratsbestand der Zentrale im Durchschnitt und am Ende der Periode t

$VT_{tspf}$ = normierte Arbeitszeit, die für die Produktion einer Einheit der Produktart p in der Fertigungsstufe f in der Periode t am Standort s benötigt wird (Vorgabezeit) in Minuten

$vdi_s$ = Verhältnis Indirekte zu Direkten Mitarbeitern am Standort s

$vll_s$ = Zahlungsziel für Verbindlichkeiten aus Lieferungen und Leistungen am Standort s

$WBW_{ts}$ = Wiederbeschaffungswert des Anlagevermögens des Standorts s in der Periode t

$WBWA_{ts}$ = Wiederbeschaffungswert der Aggregate des Standorts s in der Periode t

$WBWG_{ts}$ = Wiederbeschaffungswert der Grundstücke/Gebäude des Standorts s in der Periode t

XXVI

$zvf_{tss^*}$ = Zuschlag für Zölle, Versicherung und Frachtkosten für Lieferung von unfertigen Erzeugnissen vom Standort s* an den Standort s in der Periode t

$zvf\,^Z_{ts}$ = Zuschlag für Zölle, Versicherung und Frachtkosten für Lieferungen vom Standort s an die Zentrale in der Periode t

$zz_s$ = vorgegebenes Zahlungsziel in Monaten am Standort s

$zz^Z$ = vorgegebenes Zahlungsziel der Zentrale in Monaten

## 6. Abschnitt

$\Delta x$ = Suchintervall bei der Gittersuche

F = Anzahl der Fertigungsstufen bzw. Anzahl der Aggregattypen

$KAP\%_1$ = Anteil des Standorts Deutschland an der Gesamtkapazität

$KAP\%_2$ = Anteil des Standorts Portugal an der Gesamtkapazität

$KAP\%_3$ = Anteil des Standorts Malaysia an der Gesamtkapazität

P = Anzahl der Produktarten

S = Anzahl der Standorte

T = Anzahl der Perioden

Z = Anzahl der Inputdaten

# 1. Einführung und Übersicht

## 1.1. Problemstellung

Zu Beginn des Jahres 1992 verstärkte sich erneut die öffentlich geführte Diskussion über die Qualität des Standorts Deutschland für Unternehmungen der verarbeitenden Industrie. Diese Diskussion wurde durch die Interessenvertretungen der Industrie auf die sich im Zeitablauf verschlechternde Position Deutschlands bei einer Anzahl wichtiger Standortfaktoren gelenkt[1]. Es wurden insbesondere die im Vergleich zu anderen Ländern hohen Arbeitskosten, kurzen Arbeitszeiten und hohen steuerlichen Belastungen der Unternehmungen hervorgehoben. Besondere Brisanz erhalten diese Verschlechterungen vor allem deshalb, weil die Möglichkeiten, sie auch in Zukunft durch die am Standort Deutschland traditionell gut entwickelten Faktoren wie Infrastruktur, Ausbildungsniveau, sozialer Friede, politische Stabilität, harte D-Mark und hohes Produktivitätsniveau auszugleichen, gefährdet sind. Dieses wird besonders bei dem Faktor Produktivität deutlich, wenn man beachtet, daß sich modernste Produktionsanlagen und Logistik praktisch überall in Europa und in weiten Teilen der übrigen Welt errichten und betreiben lassen[2].

Die These der nachlassenden Attraktivität des Produktionsstandorts Deutschland kann zusätzlich durch das Investitionsverhalten der deutschen Unternehmungen im Ausland und von Ausländern in Deutschland gestützt werden. Die Direktinvestitions-Bilanz weist für 1990 den bisher größten Fehlbetrag auf. Für 1991 fiel dieser Betrag nur unwesentlich geringer aus. Die Direktinvestitionen von Ausländern in Deutschland betrugen 1991 nur rund 4% des Betrages, der von Deutschen im Ausland investiert wurde[3].

Vor diesem gesamtwirtschaftlichen Hintergrund ist es nicht überraschend, wenn immer mehr Unternehmungen konkrete Überlegungen anstellen, sich Kostenvorteile durch eine Produktionsverlagerung ins Ausland zu verschaffen, und solche Überlegungen in Einzelfällen auch schon in die Tat umgesetzt wurden[4]. Bisher existiert in der betriebswirtschaftlichen Literatur keine Darstellung eines Instrumentariums, das sich zur umfassenden Unterstützung dieser

---

[1] Vgl. DIHT (1992) S. 9ff.
[2] Vgl. VOGEL (1992) S. 12.
[3] Vgl. BEYFUSS (1992) S. 63f.
[4] Vgl. z.B. HIRN (1992) S. 74ff.

Überlegungen eignet[5]. In der vorliegenden Arbeit soll diese Lücke geschlossen werden, indem ein solches Instrumentarium entwickelt und dessen Einsatzmöglichkeit dargestellt wird.

Was unter einem solchen Instrumentarium zu verstehen ist, soll nun präzesiert werden. Es ist ein Teilplanungs- und -kontrollsystem, das in ein System der Unternehmungsplanung und -kontrolle zu integrieren ist. Dieses Subsystem soll als wesentlichen Bestandteil ein mathematisches Modell enthalten, das in Form eines Entscheidungsunterstützungssystems auf einem Rechner implementierbar ist[6].

Der Begriff Produktionsverlagerungen ins Ausland soll durch den umfassenderen Begriff der Standortstrukturänderung eines internationalen Produktionsstättensystems ersetzt werden. Diese Formulierung engt die Betrachtung nicht in einer bestimmten Richtung der Standortstrukturänderung ein. Darüber hinaus berücksichtigt sie neben der Verlagerung noch andere Formen der Standortstrukturänderung[7].

Als Standortstruktur wird die räumliche Verteilung der Produktionsstandorte sowie die räumliche Verteilung der Ressourcen auf diese Standorte verstanden[8]. Aufgrund der oben angeführten gesamtwirtschaftlichen Rahmenbedingungen ist hier die Einbeziehung von Standorten im Ausland von besonderem Interesse. Ein internationales Produktionsstättensystem besteht aus Fertigungsgesellschaften in mindestens zwei Ländern, die die Aufgabe der Herstellung von Komponenten und Erzeugnissen in einer bestimmten Qualität und Quantität haben, um dabei die Herstellkosten durch Ausnutzung lokaler Kostenvorteile möglichst niedrig zu halten[9].

Die Planung und Kontrolle von Standortstrukturänderungen besteht aus zwei ihrem Wesen nach unterschiedlichen aber in wechselseitiger Abhängigkeit stehenden Teilplanungs- und -kontrollkomplexen. Zum einen beinhaltet diese die Entscheidung über die zukünftige Standortstruktur und zum anderen die Entscheidung über die Art des Übergangs von einer vorhandenen Standortstruktur hin zu einer angestrebten Standortstruktur.

---

[5] Vgl. Abschnitt 3.
[6] Vgl. Abschnitt 1.3.
[7] Vgl. Abschnitt 2.1.2.
[8] Vgl. LÜDER/KÜPPER (1983) S. 119.
[9] Vgl. BIERICH (1988b) S. 49.

Empirisch wird eine sehr unterschiedliche Motivation für die Änderung der Struktur von Standorten im In- und Ausland nachgewiesen[10]:

- zusätzlicher Kapazitätsbedarf,
- Änderung der Produktpalette,
- überschüssige Kapazität,
- hohes Kostenniveau eines Standortes,
- Änderung der Produktionstiefe,
- regionale und nationale Lohnkostenunterschiede,
- Änderung der Verkehrslage,
- öffentliche Auflagen,
- öffentliche Förderprogramme,
- regionale Ausweitung der Unternehmungsaktivitäten,
- Sicherung der Rohstoffversorgung,
- internationale Handelshemmnisse und
- Wechselkursänderungen.

Einige dieser Anlässe können als Reaktion auf Veränderungen des zu produzierenden Leistungsprogramms gesehen werden (zusätzlicher Kapazitätsbedarf, Änderung der Produktpalette, überschüssige Kapazität). Andere Anlässe stellen Maßnahmen zur Veränderung des Leistungsprogramms dar (regionale Ausweitung der Unternehmungsaktivitäten). Handlungsalternativen zur Änderung der Standortstruktur aufgrund dieser beiden Kategorien von Anlässen resultieren aus Wachstums- oder Schrumpfungsstrategien der Unternehmung und verkörpern mehr quantitative Aspekte der Standortstrukturänderung[11]. Diese sollen hier nicht betrachtet werden, sondern vielmehr nur solche, die bei einem gegebenen Leistungsprogramm dazu geeignet sind, die Produktionskosten zu senken. Solche Anlässe resultieren aus Rationalisierungsstrategien der Unternehmung und stellen den qualitativen Aspekt der Standortstrukturänderungen in den Vordergrund. Eine Veränderung der Standortstruktur zur Erzielung von Rationalisierungseffekten führt somit zu Änderungen des Leistungsprogramms in mindestens zwei Standorten.

Die Möglichkeit, die Standortstruktur durch Vergabe der Fertigung von einzelnen Produkten, eventuell begrenzt auf einzelne Fertigungsstufen, an andere Unternehmungen zu vergeben (Fremdbezug), soll hier nicht in die Standort-

---
[10] Vgl. LÜDER/KÜPPER (1983) S. 140 und S. 146.
[11] Vgl. SCHILL (1990) S. 54 und 56.

strukturüberlegungen einbezogen werden[12], da es sich um eine eigenständige betriebswirtschaftliche Fragestellung handelt, die gedanklich getrennt behandelt werden kann.

## 1.2. Aufbau der Arbeit

Im ersten Abschnitt erfolgt nach einer Eingrenzung des Untersuchungsgegenstandes und der Erläuterung des Aufbaus der Arbeit eine Abgrenzung von Begriffen mit zentraler Bedeutung für diese Untersuchung. Neben den Begriffen Planung und Kontrolle werden Begriffe aus der Modell- und Entscheidungstheorie definiert.

Der zweite Abschnitt dient dazu, die Anforderungen an ein Modell zur Planung und Kontrolle von Standortstrukturänderungen aufgrund der Problemstruktur deutlich zu machen. Dazu werden zunächst die Alternativen, zwischen denen eine Entscheidung zu treffen ist, anhand von Merkmalen charakterisiert. Anschließend wird aufgezeigt, aufgrund welcher Zielsetzungen die Entscheidung über Standortstrukturänderungen gefällt wird. Die Beschreibung des Unternehmungsumfeldes erlaubt Aussagen über den Grad der Unsicherheit, mit dem die Inputdaten des Modells behaftet sind. Darüber hinaus werden die Einordnung des Modells zur Planung und Kontrolle von Standortstrukturänderungen in ein Planungs- und Kontrollsystem einer Unternehmung sowie die Möglichkeiten der Modellunterstützung in den einzelnen Phasen des Planungs- und Kontrollprozesses untersucht.

Im dritten Abschnitt werden die in der betriebswirtschaftlichen Literatur beschriebenen Standortmodelle, Gesamtunternehmungsmodelle und Investitionsrechenverfahren auf ihre Eignung hin untersucht, der im zweiten Abschnitt beschriebenen Aufgabenstellung in allen Aspekten gerecht zu werden. Die Ergebnisse dieser Untersuchung erfordern die Konzeption eines neuen Modellansatzes. Dies geschieht, indem die Leistungsfähigkeit bestehender Ansätze in bezug auf Einzelanforderungen abgewogen und zudem die Kombinationsmöglichkeit der Ansätze geprüft wird.

---

12 BRENKE (1979) Sp. 407 bezieht dagegen als eine Möglichkeit einer Standortstrukturierung im internationalen Fertigungsverbund auch den Fremdbezug ein.

Im vierten Abschnitt wird die Gestaltung des neu gewonnenen Modellansatzes weiter präzisiert, indem die Anwendung der einzelnen Komponenten des Modellansatzes auf die Problemstellung beschrieben wird. Die Beschreibung erfolgt im wesentlichen anhand der Phasen, die bei dem Einsatz simulativer Gesamtunternehmungsmodelle, der Risikoanalyse und der Nutzwertanalyse zu durchlaufen sind. Anschließend wird verdeutlicht, wie durch eine Integration dieser Ansätze in einem Modell die gestellten Anforderungen erfüllt werden können.

Auf der Grundlage der vorangegangenen Ausführungen kann im fünften Abschnitt die konkrete Formulierung eines mathematischen Modells zur Planung und Kontrolle von Standortstrukturänderungen erfolgen. Es wird zunächst eine Strukturierung des Modells in Teilmodelle und Module vorgestellt. Daran anschließend werden die einzelnen Modellrelationen entwickelt und die Besonderheiten bei der Aggregation und Konsolidierung der Teilmodelle erläutert. Den Abschluß dieses Abschnitts bilden Überlegungen zur Implementierung dieses Modells auf einem Arbeitsplatzrechner.

Auf Basis der durchgeführten Implementierung des Modells kann im sechsten Abschnitt dessen Anwendung demonstriert werden. Dazu wird ein Beispiel konstruiert, das die länderbedingten Unterschiede zwischen ausgewählten Produktionsstandorten realistisch wiedergibt. Anhand dieses Beispiels werden Experimente durchgeführt, bei denen sowohl die exogenen Variablen des Modells als auch die Entscheidungsgrößen variiert werden. Dies geschieht vorrangig mit dem Ziel, Aussagen über die Konsequenzen vorgegebener Alternativen zu erhalten und diese zu bewerten. Darüber hinaus wird eine Möglichkeit aufgezeigt, mit dem Modell auch Alternativen zu generieren, die sich im Bereich einer optimalen Zielerfüllung befinden.

Den Abschluß der vorliegenden Arbeit bildet eine Zusammenfassung der Untersuchungsergebnisse und eine Hervorhebung der Besonderheiten des entwickelten Modells.

## 1.3. Begriffsabgrenzungen

### 1.3.1. Planung und Kontrolle

Ein Unternehmungsplanungs- und -kontrollsystem ist ein nach bestimmten Aufbau- und Ablaufprinzipien zur Steuerung von Unternehmungsaktivitäten und Prozessen strukturiertes Gefüge, welches aus bestimmten Planungs- und Kontrollobjekten besteht, auf die sich die Pläne beziehen und die von den Trägern der Planung und Kontrolle mit Hilfe spezieller Planungs- und Kontrollinstrumente erarbeitet werden[13]. Komplementär zur Planung können die Kontrollen aus der Überprüfung der Validität der Plannebenbedingung und Zielsetzung (Plankontrolle) und aus der Überprüfung der Realisationsprozesse und der Planverwirklichung (Realisierungskontrolle) bestehen[14].

Die Gesamtplanungs- und -kontrollaufgabe in der Unternehmungspraxis ist so vielschichtig, daß ein Unternehmungsplanungs- und -kontrollsystem einerseits einer strukturellen Differenzierung unterzogen werden muß, andererseits im Hinblick auf das Ganze einer Integration bedarf[15].

Die Planung und Kontrolle von Standortstrukturänderungen kann somit als ein aus einer strukturellen Differenzierung entstandenes Subsystem des Unternehmungsplanungs- und -kontrollsystems verstanden werden, welches über Schnittstellen zu vor-, neben- und nachgelagerten Planungs- und Kontrollsubsystemen verfügt, die eine Integration in das Unternehmungsplanungs- und Kontrollsystem ermöglichen.

Eine strukturelle Differenzierung, die in hierarchischer, inhaltlicher und zeitlicher Hinsicht erfolgen kann[16], wird entscheidend von der Art der einbezogenen Planungs- und Kontrollobjekte beeinflußt. Es kann nach folgenden Planungs- und Kontrollobjekten unterschieden werden[17]:

- obere Wert-, Sach- und Sozialziele sowie die aus ihnen abgeleiteten Leistungsprogramme und Handlungsziele,
- menschliche und sachliche Potentiale sowie die organisatorische Struktur dieser Potentiale und

---

[13] Vgl. TÖPFER (1976) S. 91 und HUCH (1992) S. 17.
[14] Vgl. GAYDOUL (1980) S. 134.
[15] Vgl. HAUFS (1989) S. 13ff.
[16] Vgl. TÖPFER (1976) S. 98f.
[17] Vgl. HAHN (1985) S. 60 und 71.

- Aktionen (Einsatz von Potentialen und Aktionsobjekten) und Aktionsobjekte (Informationen, Sachgüter, Nominalgüter).

Die Planung und Kontrolle von Standortstrukturänderungen bezieht sich im wesentlichen auf die räumliche und damit auch organisatorische Zuordnung von Potentialen. Dabei ist nicht die Potentialvariation für die Gesamtunternehmung aufgrund von Änderungen des Leistungsprogramms primärer Gegenstand der Betrachtungen, sondern die Potentialvariation für organisatorische Einheiten in Form von Produktionsstandorten, die allerdings zwangsläufig aufgrund des aktuellen bzw. geplanten Leistungsprogramms erfolgen muß. Die Planung und Kontrolle von Potentialen muß zielorientiert erfolgen, so daß die generelle Zielplanung und die daraus abgeleiteten Handlungsziele einerseits eine Grundlage für die Planung und Kontrolle von Standortstrukturänderungen bilden. Andererseits können die sich daraus ergebenden Erkenntnisse eine Überarbeitung der Handlungsziele oder sogar der generellen Ziele erforderlich werden lassen. Der Planung und Kontrolle von Potentialen grundsätzlich nachgelagert ist die Planung und Kontrolle von Aktionen. Nicht Gegenstand dieser Betrachtung soll die Planung und Kontrolle von Maßnahmen sein, die zur Veränderung der Standortstruktur durchgeführt werden.

Nach der Festlegung des Planungs- und Kontrollobjektes kann nunmehr eine Kennzeichnung des Planungs- und Kontrollsystems für Standortstrukturänderungen nach seiner hierarchischen Zuordnung erfolgen. Eine hierarchische Zuordnung kann sowohl in bezug auf organisatorische Einheiten (Gesamtunternehmung, regional oder produktorientiert gebildete Gliedbetriebe, Funktionsbereiche innerhalb der Gliedbetriebe) vorgenommen werden, als auch auf entsprechende Strukturierungen von begrenzter Dauer in Form von Projekten, die eine oder mehrere organisatorische Einheiten berühren[18].

Eine Zuordnung der Planung und Kontrolle von Standortstrukturänderungen zu organisatorischen Einheiten, die nach regionalen oder produktorientierten Kriterien gebildet wurden, kann nicht vorgenommen werden, da von einer Standortstrukturänderung grundsätzlich alle Standorte und alle Produkte betroffen sein können. Auch eine Zuordnung auf organisatorische Einheiten, die nach funktionalen Gesichtspunkten gebildet wurden, erscheint trotz der Beschränkung auf Produktionsstandorte nur bedingt möglich, da sich einerseits nur bei einer sehr

---

[18] Zum Projektbegriff und seiner Abgrenzung vgl. SEIBT (1989) Sp. 1665.

groben funktionalen Gliederung alle Auswirkungen auf eine solche Einheit beschränken würden, und andererseits die Auswirkungen einer Standortstrukturänderung auf Vermögen, Ergebnis und Liquidität für die Gesamtunternehmung von entscheidender Bedeutung sein können. Aus diesen Gründen scheint eine gesamtunternehmungsbezogene Planung und Kontrolle der Standortstrukturänderungen erforderlich.

Die Planung und Kontrolle von Projekten bezieht sich auf zeitlich begrenzte, zielorientierte, komplexe, einmalige bzw. seltene und bedeutende Aktionsfolgen mit oder ohne Potentialänderungen[19]. Mit einer Standortstrukturänderung können - wie in Abschnitt 2.1. gezeigt wird - Entscheidungen über Stillegungen/Teilstillegungen oder Errichtungen/Erweiterungen von Standorten verbunden sein. Solche Entscheidungen fallen auch in Industrieunternehmungen mit mehreren Standorten nur gelegentlich an[20]. Sie verursachen hohe Ausgaben und nehmen erheblich Zeit in Anspruch, so daß sie langfristig wirksam bleiben, da durch häufigen Wechsel der Standortstruktur vermeidbare hohe Kosten und zusätzliche Ertragseinbußen verursacht würden[21]. Damit sind wesentliche Merkmale für die Kennzeichnung der Planung und Kontrolle von Standortstrukturänderungen als Projektplanung und -kontrolle erfüllt.

Gegen eine solche Einordnung sprechen folgende Argumente. Das hier betrachtete Planungs- und Kontrollobjekt ist nicht die Aktionsfolge zur Veränderung der Potentialstruktur, sondern die Potentialstruktur selbst. Die Potentiale sind organisatorischen Einheiten zugeordnet, die grundsätzlich auf Dauer angelegt sind. Dies gilt auch, wenn als Folge der Standortstrukturänderung einzelne organisatorische Einheiten in Form von Standorten neu geschaffen oder aufgelöst werden. Deshalb erscheint zumindest eine periodisch stattfindende Plan- und Realisationskontrolle angebracht, die bei entsprechenden Soll-/Ist-Abweichungen eine erneute Planung der Standortstrukturänderung auslöst. Eine solche Kontrolle sollte in einen jährlichen Planungs- und Kontrollrhythmus[22] so integriert werden, daß eine Planung der Standortstrukturänderung zeitlich vor den darauf aufbauenden Planungen (z.B. Investitionsplanung) stattfindet.

---

[19] Vgl. HAHN (1985) S. 66.
[20] Vgl. RUDHARDT (1978) S. 113.
[21] Vgl. BLOECH (1990) S. 63.
[22] Vgl. z.B. HAHN (1985) S. 642a.

Während bereits festgestellt wurde, daß die Entscheidung über die Standortstruktur langfristig wirksam ist, und damit auch ein Planungs- und Kontrollsystem langfristig konzipiert werden muß, verbleibt die Kennzeichnung eines solchen Systems aufgrund einer inhaltlichen Differenzierung hinsichtlich der Detailliertheit, Operationalität und Verbindlichkeit. Eine solche Differenzierung hängt im wesentlichen von der hierarchischen Stellung des Entscheidungsträgers[23] ab. Der Entscheidungsträger ist aufgrund der großen Bedeutung der Entscheidung für die Gesamtunternehmung sowie aufgrund des Umfangs der einzubeziehenden organisatorischen Einheiten in der obersten Führung der Gesamtunternehmung angesiedelt. Dabei kommt den Leitungen von Teilbereichen der Unternehmung, z.B. den von einer Standortstrukturänderung betroffenen Standorten, auch bei einer stark ausgeprägten Delegation von Verantwortung nur beratende Funktion zu. Zusätzlich besteht die Möglichkeit der Unterstützung der Unternehmungsleitung durch Stabsstellen.

Da mit steigender Hierarchieebene des Entscheidungsträgers die Detailliertheit, Operationalität und Verbindlichkeit der Pläne abnimmt[24], handelt es sich in einem Planungs- und Kontrollsystem für Standortstrukturänderungen um Grobpläne mit geringem Detaillierungsgrad und geringer Verbindlichkeit[25].

Für die Untersuchung, inwieweit die Planung und Kontrolle von Standortstrukturänderungen durch Instrumente bzw. die hier insbesondere interessierenden Modelle unterstützt werden kann, ist die Kennzeichnung der nach Ablaufprinzipien vorgenommenen Differenzierung des Führungsprozesses hilfreich.

Der Führungsprozeß der Unternehmung läßt sich in Phasen gliedern, die eine Folge von Teilprozessen wiedergeben[26] und denen spezifische Aufgaben der Planung und Kontrolle von Standortstrukturänderungen zugeordnet werden können. Die Phasen determinieren damit den Grundablauf, der durch Vor- oder Rückkopplungen überlagert werden kann[27]. Eine mögliche Phasengliederung der

---

[23] Hier wird grundsätzlich der Begriff Entscheidungsträger im Singular verwendet, ohne damit eine Aussage zu treffen, ob es sich um eine Person oder um eine Gruppe von Personen handelt, da die sich aus einer solchen Differenzierung ergebenden Besonderheiten nicht Gegenstand dieser Arbeit sind.
[24] Vgl. HAUFS (1989) S. 16.
[25] Vgl. zu den Aufbauprinzipien von Planungs- und Kontrollsystemen TÖPFER (1976) S. 98f.
[26] Vgl. WILD (1982) S. 37.
[27] Vgl. WILD (1982) S. 38.

Aufgaben, die sämtlich zielorientiert ausgeführt werden müssen, wird in Abbildung 1.1 wiedergegeben[28].

Es gibt eine Vielzahl von Planungs- und Kontrollinstrumenten[29], die in den verschiedenen Phasen des Führungsprozesses zum Einsatz gelangen können. Mathematische Modelle als eine Form von Instrumenten eignen sich besonders für den Einsatz in den Phasen Beurteilung, Entscheidung und Kontrolle[30].

| Phase im Führungsprozeß der Unternehmung | Aufgaben der Planung und Kontrolle von Standortstrukturänderungen |
|---|---|
| Problemstellungsphase | Erkennen der Standortstrukturänderung als Möglichkeit der Rationalisierung im Produktionsbereich |
| Suchphase | Ermittlung und Konkretisierung von Arten der Standortstrukturänderung, die zu einer Rationalisierung führen |
| Beurteilungsphase | Ermittlung der Wirkung von alternativen Standortstrukturänderungen in bezug auf die relevanten Entscheidungsziele |
| Entscheidungsphase | Auswahl der zu realisierenden Standortstrukturänderung |
| Realisationsphase | detaillierte Festlegung und Veranlassung der Durchführung einer Standortstrukturänderung |
| Kontrollphase | Vergleich der Durchführungsresultate mit der geplanten Standortstrukturänderung |

*Abbildung 1.1:   Aufgaben der Planung und Kontrolle von Standortstrukturänderungen in den einzelnen Phasen des Führungsprozesses*

---

[28] Vgl. HAHN (1985) S. 30.
[29] Als Instrumente werden Methoden, Verfahren, Techniken und Modelle zusammengefaßt. Vgl. TÖPFER (1976) S. 167.
[30] Vgl. TÖPFER (1976) S. 172.

## 1.3.2. Modell- und entscheidungstheoretische Grundlagen

Von BAMBERG/COENENBERG[31] werden zwei Merkmale herausgearbeitet, über die bei der Definition des Modellbegriffs in der betriebswirtschaftlichen Literatur Einigkeit besteht. Demnach sind Modelle vereinfachende Abbildungen realer Systeme[32], die trotz der Vereinfachungen die Forderung nach Isomorphie[33] bzw. Homomorphie zwischen Realsystem und Modell erfüllen[34].

Nach der mit dem Modell verfolgten Zielsetzung wird zwischen Beschreibungsmodellen, Erklärungs- bzw. Prognosemodellen und Entscheidungsmodellen unterschieden[35]. Beschreibungsmodelle sind ausschließlich auf Erfassen, Ordnen und Aufbereiten[36] von Elementen und ihren Beziehungen in realen Systemen angelegt. Auf Beschreibungsmodellen aufbauend enthalten Erklärungs- bzw. Prognosemodelle zusätzlich Ursache-Wirkungszusammenhänge zwischen den Modellvariablen, so daß sie über eine Analyse dieser Zusammenhänge sowie eine Prognose der Konsequenzen der betrachteten Handlungsalternativen zum Verständnis eines Problems beitragen[37]. Ein Entscheidungsmodell ermöglicht darüber hinaus die Auswahl einer Handlungsalternative anhand eines Zielsystems[38] und leistet dadurch einen Beitrag zur Problemlösung[39].

In der Entscheidungstheorie[40] wird ein Entscheidungsmodell durch sein Entschei-

---

[31] Vgl. BAMBERG/COENENBERG (1991) S. 12.
[32] Zum Systembegriff vgl. HANSSMANN (1987) S. 22f und SCHNEEWEISS (1991) S. 18ff.
[33] Die Forderung nach Isomorphie bedingt eine eineindeutige Abbildung sowohl der Systemelemente als auch der Systemrelationen, was dem wesentlichen Nutzen eines Modells, der Reduktion komplexer Zusammenhänge, entgegensteht. Vgl. BAMBERG/COENENBERG (1991) S. 13 und HOMBURG (1991) S. 265. Deshalb wird im folgenden von der Forderung nach Homomorphie zwischen Realsystem und Modell ausgegangen.
[34] Die folgenden Betrachtungen beziehen sich ausschließlich auf die Abbildung realer Systeme in mathematischen Modellen. Zur Klassifizierung von Beziehungen zwischen Modell und Originalsystem vgl. GAL/GEHRING (1981) S. 13 und KÖHLER (1975) Sp. 2703ff.
[35] Vgl. KOSIOL (1961) S. 321.
[36] Vgl. SZYPERSKI/WINAND (1980) S. 124.
[37] Vgl. BAMBERG/COENENBERG (1991) S. 14.
[38] Vgl. SCHNEEWEISS (1991) S. 74.
[39] Vgl. HOMBURG (1991) S. 267.
[40] Grundlegende Ausführungen zur Entscheidungstheorie und insbesondere zum Grundmodell der Entscheidungstheorie befinden sich u.a. bei BAMBERG/COENENBERG (1991) S. 14ff, LAUX (1991) S. 32ff und SIEBEN/SCHILDBACH (1990) S. 15ff.

dungsfeld und sein Zielsystem beschrieben. Das **Entscheidungsfeld**[41,42] besteht aus den einzubeziehenden Handlungsalternativen (im Modell ausgedrückt durch Entscheidungsvariablen), den möglichen Umweltzuständen (im Modell ausgedrückt durch exogene Variablen) und den Modellbeziehungen, die die Konsequenzen der Handlungsalternativen auf das System bei gegebenen Umweltzuständen (im Modell ausgedrückt durch endogene Variablen) aufzeigen. Die Konsequenzen müssen so detailliert ermittelt werden, wie sie durch das Zielsystem des Entscheidungsmodells verarbeitet werden. Das schließt insbesondere die Differenzierung nach Perioden ein. Die Abbildung der Konsequenzen kann in Form einer Ergebnismatrix erfolgen.

Die Handlungsalternativen[43] im Entscheidungsfeld werden einerseits durch die Art der in das Entscheidungsmodell einfließenden Entscheidungsvariablen und andererseits durch die Anzahl der Ausprägungen, die diese Entscheidungsvariablen im Modell annehmen können, determiniert[44]. Nach den einfließenden Entscheidungsvariablen lassen sich Standortentscheidungsmodelle von anderen Modellen abgrenzen. Auch innerhalb der Gruppe der Standortentscheidungsmodelle lassen sich eine Reihe von Kriterien aufstellen, nach denen sie weiter klassifiziert werden können. In der Abbildung 1.2 werden gängige Kriterien[45] und deren mögliche Ausprägungen zusammengestellt.

---

41 Vgl. SIEBEN/SCHILDBACH (1990) S. 16ff.
42 Durch Fettdruck werden Begriffe hervorgehoben, die zur Verdeutlichung der Strukturierung eines Abschnitts herangezogen werden.
43 Durch Unterstreichung werden Begriffe hervorgehoben, die zur Verdeutlichung der Strukturierung eines durch Begriffe in Fettdruck gekennzeichneten Unterabschnitts herangezogen werden.
44 BAMBERG/COENENBERG (1991) S. 16.
45 Die Aufstellung der Abbildung erfolgt in Anlehnung an die Gliederung des Beitrags von BLOECH (1990).

| Kriterium | mögliche Ausprägung |
|---|---|
| Anzahl gesuchter Standorte | ein Standort<br>Standortverteilung |
| Anzahl möglicher Standorte | kontinuierlicher Planungsraum<br>diskreter Planungsraum |
| Verbindungen zwischen den Standorten | Verbindung in Netzen<br>keine Vorgabe von Verbindungen |
| Einbeziehung anderer betrieblicher Funktionen | simultan<br>sukzessiv |
| Funktion des Standorts | gesamte Unternehmung<br>Produktionsstätten<br>Lagerhäuser |

*Abbildung 1.2:*    *Klassifizierung von Standortmodellen nach den einfließenden Entscheidungsvariablen*

Von diesen Kriterien hat insbesondere die Festlegung hinsichtlich der Einbeziehung anderer betrieblicher Funktionen entscheidenden Einfluß auf die Gestaltung des Modells, weil durch eine simultane Betrachtung möglichst vieler mit der Standortentscheidung zusammenhängender anderer Entscheidungen die Anforderungen an die Modellformulierung stark ansteigen.

Das anzuwendende Lösungsverfahren ist abhängig von der Anzahl der Ausprägungen, die die Entscheidungsvariablen im Modell annehmen können[46]. Es wird zwischen analytischen Verfahren[47] und Simulationsverfahren[48] unterschieden. Analytische Verfahren untersuchen grundsätzlich eine unbegrenzte Anzahl von Ausprägungen der Entscheidungsvariablen auf ihre Konsequenzen bezüglich des Zielsystems, während bei Anwendung der Simulationstechnik nur eine bestimmte Anzahl von Handlungsalternativen daraufhin untersucht werden. Mit Hilfe der Simulationstechnik kann das Optimum nur dann bestimmt werden, wenn die Zielwirkungen sämtlicher Alternativen bestimmt werden können (Verfahren der vollständigen Enumeration). Ist die Anzahl der zu untersuchenden Alternativen jedoch zu groß für die vollständige Enumeration oder sogar unbegrenzt,

---

[46] Vgl. SIEBEN/SCHILDBACH (1990) S. 37f.
[47] Einen Überblick über die bei Standortmodellen eingesetzten analytischen Verfahren gibt u.a. HUMMELTENBERG (1981) S. 83ff.
[48] Vgl. Abschnitt 4.1.1.

kann das Optimum nur näherungsweise entweder durch autonome Vorgabe von Handlungsalternativen oder durch die Auswahl nach heuristischen Prinzipien[49] erfolgen.

Einen wesentlichen Einfluß auf die Aussagekraft eines Entscheidungsmodells hat der Informationsstand bezüglich der einzubeziehenden Umweltzustände[50]. Es wird zwischen den Informationsständen der Sicherheit, des Risikos und der Ungewißheit unterschieden[51]. Risiko und Ungewißheit werden zusammenfassend auch als Unsicherheit bezeichnet. Eine Sicherheitssituation liegt in dem Fall vor, daß der wahre Umweltzustand bekannt ist. Eine Risikosituation wird durch das Vorliegen objektiver oder subjektiver Wahrscheinlichkeiten charakterisiert, während in der Ungewißheitssituation lediglich bestimmte Umweltzustände bekannt sind oder als bekannt unterstellt werden, aber keine Wahrscheinlichkeitsverteilungen angegeben werden können. Modelle, die eine Risikosituation durch Zufallsvariablen abbilden, werden stochastisch genannt. Deterministische Modelle enthalten dagegen keine Zufallsvariablen[52].

Die Abbildung der Konsequenzen muß nach Perioden differenziert werden, wenn eine Entscheidung das System über mehr als eine Periode beeinflußt. Solche Modelle werden als mehrperiodische Modelle bezeichnet. In der Entscheidungstheorie wird nur dann von dynamischen Modellen gesprochen, wenn Entscheidungen in Abhängigkeit von später zu treffenden Folgeentscheidungen getroffen werden[53].

Das **Zielsystem** setzt sich aus Zielgrößen, die der Bewertung der Handlungsalternativen zugrundegelegt werden, und aus Präferenzrelationen[54], die Vorschriften darüber enthalten, welche Ausprägungen der Zielgröße vorziehenswert sind, zusammen. Für die Modellkonstruktion ist insbesondere ausschlaggebend, ob lediglich eine Zielgröße oder mehrere Zielgrößen betrachtet werden

---

[49] Zum Begriff heuristischer Lösungsverfahren vgl. DOMSCHKE/DREXL (1990) S. 102ff und STREIM (1975) S. 145ff.
[50] Das gilt auch für den Informationsstand bezüglich der tatsächlich eintretenden Konsequenzen. Unsicherheit bezüglich der tatsächlich eintretenden Konsequenzen läßt sich allerdings in eine erhöhte Unsicherheit bezüglich des wahren Umweltzustandes verlagern, wie BAMBERG/COENENBERG (1991) S. 22f gezeigt haben, so daß sich die folgenden Aussagen auf den Informationsstand bezüglich der Umweltzustände beziehen.
[51] Vgl. BAMBERG/COENENBERG (1991) S. 17.
[52] Vgl. ROSENKRANZ (1990) S. 25.
[53] Vgl. BAMBERG/COENENBERG (1991) S. 37.
[54] Vgl. BAMBERG/COENENBERG (1991) S. 26f.

sollen. Es werden nach den Ergebnismerkmalen folgende Präferenzrelationen unterschieden[55]:

- Höhenpräferenzrelation,
- Artenpräferenzrelation,
- Zeitpräferenzrelation,
- Sicherheitspräferenzrelation.

In der Abbildung 1.3 wird das Grundmodell der Entscheidungstheorie zusammenfassend dargestellt[56].

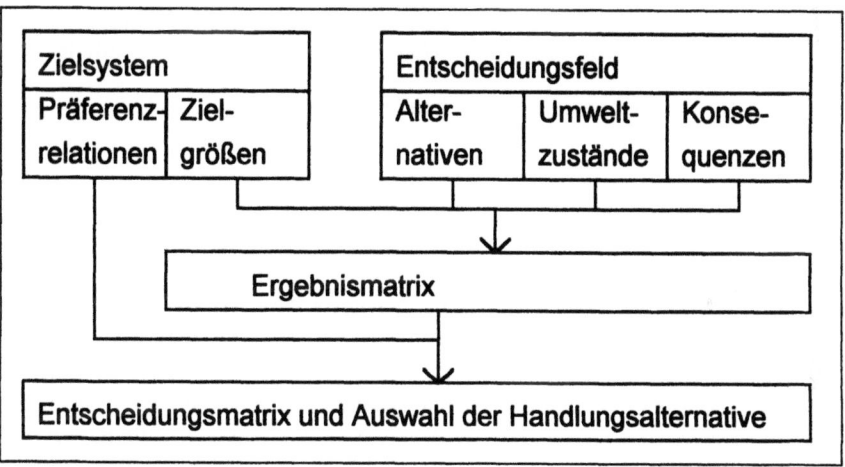

Abbildung 1.3:   Grundmodell der Entscheidungstheorie

---
[55] Vgl. SIEBEN/SCHILDBACH (1990) S. 25ff.
[56] Die Abbildung erfolgt in Anlehnung an SCHEFFLER (1992) S. 241 und SIEBEN/SCHILDBACH (1990) S. 16.

## 2. Problemstruktur der Planung und Kontrolle von Standortstrukturänderungen

In diesem Abschnitt sollen durch die allgemeine Beschreibung der Problemstruktur bezüglich der zu berücksichtigenden Handlungsalternativen, der für eine Entscheidung relevanten Ziele und der Art der Umwelteinflüsse die Anforderungen deutlich werden, die an eine modellgestützte Planung und Kontrolle von Standortstrukturänderungen zu stellen sind.

### 2.1. Charakterisierung der Handlungsalternativen in Abhängigkeit von der Grundform der räumlichen Struktur und der Mobilitätsform

#### 2.1.1. Grundformen der räumlichen Struktur

Als Grundformen der räumlichen Struktur für produzierende Unternehmungen[1] lassen sich neben der Standorteinheit, bei der sich die Produktion des gesamten Produktionsprogramms einer Unternehmung an einem Standort vollzieht, solche Grundformen feststellen, die auf einer art- und/oder mengenmäßigen Aufteilung des Produktionsprogramms auf mehrere Standorte beruhen. Die Aufteilung artgleicher Produktionsprozesse auf verschiedene Standorte wird als Standortspaltung bezeichnet. Eine mengenmäßige Aufteilung des Produktionsprogramms kann produktorientiert und/oder fertigungsstufenorientiert erfolgen. Eine reine produktorientierte Standortteilung liegt bei einer Aufteilung der Fertigung des Produktionsprogramms auf mehrere Standorte vor. Von reiner fertigungsstufenorientierter Standortteilung wird bei räumlicher Trennung einzelner vor-, nach-, zwischen oder nebengeschalteter Fertigungsstufen, Arbeitsgänge oder Produktionsabschnitte gesprochen. Die Kombination einer produkt- und fertigungsstufenorientierten Standortteilung mit oder ohne gleichzeitige Standortspaltung wird als Standortdiversifikation bezeichnet.

Die Standortstruktur von Produktionsstätten einer Unternehmung läßt sich demnach anhand der Aufteilung des Produktionsprogramms der Unternehmung auf einzelne Standorte nach den zu produzierenden Mengen je Produkt oder Produktart getrennt nach einzelnen Fertigungsstufen darstellen. Zur Veranschaulichung möglicher Standortstrukturen dienen die in Abbildung 2.1 dargestellten Standortstrukturwürfel. In der Abbildungen werden die Produkte

---

[1] Vgl. IHDE (1984) S. 123 und SÄLZER (1985) S. 16ff.

durch die Größe p = 1...P, die Fertigungsstufen durch die Größe f = 1...F und die
Mengen durch die Größe x = 1...X gekennzeichnet.

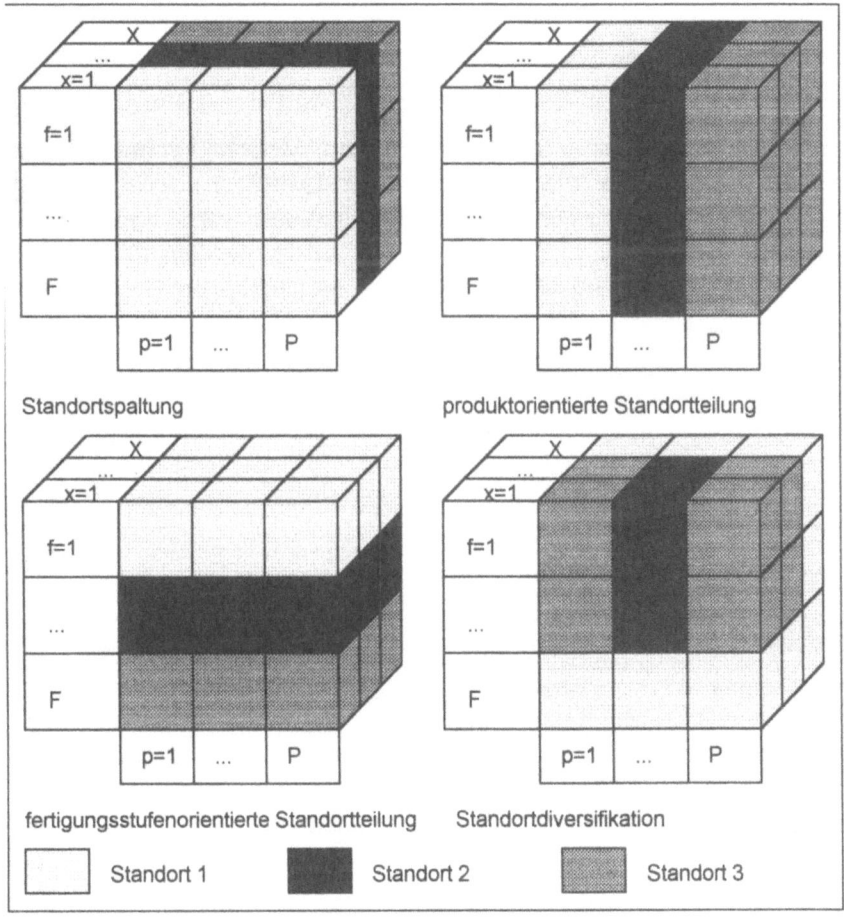

*Abbildung 2.1: Der Standortstrukturwürfel zur Darstellung der Grundformen
der räumlichen Struktur*

## 2.1.2. Arten von Standortstrukturänderungen

Als Standortstrukturänderung wird der Übergang von einer Standortstruktur zu einer anderen Standortstruktur bezeichnet. Für diesen Übergang lassen sich verschiedene Arten von Standortstrukturänderungen als Ausprägungen einzelner Merkmale theoretisch-analytisch ableiten und formulieren.

Standortstrukturänderungen lassen sich nach dem Merkmal **Veränderung der Anzahl der Standorte** (gleich, geringer, höher) klassifizieren. Eine gleichbleibende Anzahl von Standorten kann durch Stillegung eines oder mehrerer Standorte und Errichtung eines oder mehrerer anderer Standorte (Verlagerung) sowie durch sich ausgleichende Veränderungen des Umfangs der Potentiale mehrerer Standorte (Teilverlagerung) erreicht werden. Die Verringerung/Erhöhung der Anzahl der Standorte kann durch Stillegung/Errichtung eines oder mehrerer Standorte und gleichzeitige Erweiterung/Teilstillegung eines oder mehrerer bestehender Standorte erfolgen. In Abhängigkeit der Kombination des Begriffspaars Stillegung/Teilstillegung mit dem Begriffspaar Errichtung/Erweiterung ergeben sich dann die Mobilitätsformen der Standortstrukturänderungen[2], die in Abbildung 2.2 dargestellt werden.

|              | Stillegung   | Teilstillegung |
|--------------|--------------|----------------|
| Errichtung   | Verlagerung  | Aufteilung     |
| Erweiterung  | Vereinigung  | Teilverlagerung |

*Abbildung 2.2: Mobilitätsformen der Standortstrukturänderungen*

Standortstrukturänderungen haben nicht zwangsläufig eine **Änderung der Grundform der Standortstruktur** zur Folge, so daß sich Standortstrukturänderungen mit Änderung der Grundform der Standortstruktur und solche ohne Änderung der Grundform der Standortstruktur unterscheiden lassen. In Abbildung 2.3 werden sämtliche Kombinationsmöglichkeiten der Grundform der Standortstruktur vor und nach Änderung der Standortstruktur aufgeführt.

---

[2]  Vgl. SÄLZER (1985) S. 46.

| Grundform der Standortstruktur ...(vor/nach)... Änderung der Standortstruktur | | | | | |
|---|---|---|---|---|---|
| ...vor... \ ...nach... | Standort-einheit | Standort-spaltung | produkt-orientierte Standortteilung | fertigungsstufen-orientierte Standortteilung | Standort-diversifikation |
| Standort-einheit | | | | | |
| Standort-spaltung | | | | | |
| produkt-orientierte Standortteilung | | | | | |
| fertigungsstufen-orientierte Standortteilung | | | | | |
| Standort-diversifikation | | | | | |

☐ Standortstrukturänderung mit Änderung der Grundform der Standortstruktur

▨ Standortstrukturänderung ohne Änderung der Grundform der Standortstruktur

■ unzulässige Alternative

*Abbildung 2.3:* *Standortstrukturänderungen in Abhängigkeit von der Grundform der Standortstruktur*

Der mit einer Veränderung der Standortstruktur in einzelnen Standorten verbundene Potentialauf- oder -abbau kann einerseits durch die betrachtete Unternehmung erfolgen. Andererseits können auch vorhandene Potentialstrukturen (z.B. Fertigungsstraßen, eingearbeitete Belegschaft) als Ganzes der betrachteten Unternehmung zugeführt oder entzogen werden (Erwerb, Verkauf). Dieser Unterscheidung liegt das Merkmal **Herkunft/Verbleib der Potentiale** zugrunde. Der Verkauf von Standorten, die aufgrund von Rationalisierungsüberlegungen nicht mehr erforderlich sind, scheint nur sehr eingeschränkt möglich, da diese auch für andere Unternehmungen wenig Attraktivität besitzen dürften, auch wenn die Unternehmungen aufgrund von Wachstumsüberlegungen an dem Erwerb des Standorts interessiert sind. Der Erwerb von ganzen Standorten kann demgegenüber durchaus Attraktivität besitzen, wenn der Verkauf z.B. aufgrund einer Schrumpfungsstrategie erwogen wird.

Die **Abwicklung der Standortstrukturänderung** kann schlagartig oder sukzessiv erfolgen. Die sukzessive Abwicklung kann ihrerseits schnell oder langsam durchgeführt werden.

Als **Beginn der Standortstrukturänderung** kann der Zeitpunkt unmittelbar nach der Entscheidung über eine Standortstrukturänderung - unter Einhaltung der Fristen aus bestehenden vertraglichen Verbindungen - oder ein späterer Zeitpunkt festgelegt werden, der so gewählt werden sollte, daß ein Abschluß der Verlagerung noch innerhalb des Planungshorizonts möglich ist.

Die **Verteilung der Kapazität auf Standorte** kann sehr unterschiedlich durchgeführt werden. Hier seien als vereinfachte Ausprägungen dieses Merkmals die gleichmäßige und die ungleichmäßige Verteilung genannt.

In der Abbildung 2.4 werden die theoretisch-analytisch abgeleiteten eindimensionalen Typisierungen bzw. Klassifizierungen von Handlungsmöglichkeiten für die Standortstrukturveränderung eines internationalen Produktionsstättensystems tabellarisch zusammengefaßt[3].

### 2.1.3. Bildung mehrdimensionaler Alternativen für die Veränderung der Standortstruktur

Eine Alternative für die Veränderung der Standortstruktur wird vollständig beschrieben durch die Standortstruktur zum Zeitpunkt der Planung (t=0), die für alle Alternativen identisch ist, und durch die Standortstruktur zum Ende des Planungszeitraums (hier t=5)[4]. Damit sind die Merkmale A und B für eine Veränderung der Standortstruktur aus Abschnitt 2.1.2. festgelegt. Darüber hinaus muß für jede Fertigungsstufe und für jede Produktart entsprechend der Merkmale C bis F aus Abschnitt 2.1.2. in Abhängigkeit von der Standortstruktur in den Perioden t=0 und t=5 ein Weg der Veränderung beschrieben werden. Bei der Beurteilung der Vorteilhaftigkeit so gebildeter Alternativen müssen auch die Interdependenzen der einzelnen Merkmale zur Beschreibung einer alternativen Standortstrukturveränderung berücksichtigt werden.

---

[3] Die Abbildung erfolgt in Anlehnung an RUDHARDT (1978) S. 176, der eine solche Zusammenfassung für einzelne Merkmale von Stillegungsarten vornimmt.
[4] Die Beschreibung der Standortstruktur kann entsprechend Abschnitt 2.1.1. erfolgen.

| Standortstrukturänderungsmerkmal bzw. -tatbestand (Standortstrukturänderungsart gebildet nach ...) | vereinfachte (diametrale) Merkmalsausprägungen (Standortstrukturänderungsart, d.h. Standortstrukturänderung mit ...) |
|---|---|
| A ... der Mobilitätsform | A1 ... Verlagerung<br>A2 ... Teilverlagerung<br>A3 ... Vereinigung<br>A4 ... Aufteilung |
| B ... der Änderung der Grundform der Standortstruktur | B1 ... ohne Änderung der Grundform der Standortstruktur<br>    B11 ... Beibehaltung der Standortspaltung<br>    B12 ... Beibehaltung der produktorientierten Standortteilung<br>    ...<br>B2 ... mit Änderung der Grundform der Standortstruktur<br>    B21 ... Änderung von Standorteinheit in Standortspaltung<br>    B22 ... Änderung von Standorteinheit in produktorientierte Standortteilung<br>    ... |
| C ... Herkunft/Verbleib der Potentiale | C1 ... interner Potentialauf-/-abbau<br>C2 ... Verkauf/Erwerb als Ganzes an/von Externe(n) |
| D ... der Abwicklung der Standortstrukturänderung | D1 ... schlagartig<br>D2 ... sukzessiv<br>    D21 ... schnell<br>    D22 ... langsam |
| E ... dem Beginn der Standortstrukturänderung | E1 ... sofort<br>E2 ... verzögert |
| F ... der Verteilung der Kapazität auf Standorte | F1 ... gleichmäßig<br>F2 ... ungleichmäßig |

*Abbildung 2.4: Arten der Standortstrukturänderung als Ausprägung einzelner Merkmale der Standortstrukturänderung*

Das folgende Beispiel soll zur Verdeutlichung des Umfangs der Festlegung einer alternativen Standortstrukturänderung dienen. Das Beispiel bezieht sich auf eine Standorteinheit zum Planungszeitpunkt und geht davon aus, daß eine fertigungsstufenorientierte Standortteilung angestrebt wird. Vereinfachend wird weiter davon ausgegangen, daß keine Differenzierung hinsichtlich der Produktarten vorgenommen wird, und daß die Anzahl der Standorte und Fertigungsstufen jeweils drei beträgt[5]. Diese Vereinfachungen dienen nur zur einfacheren Darstellung und stellen keine grundlegende Einschränkung dar. Die Darstellung des Beispiels erfolgt in Abbildung 2.5.

---

[5] Es werden dieselben Symbole wie in Abbildung 2.1 verwendet.

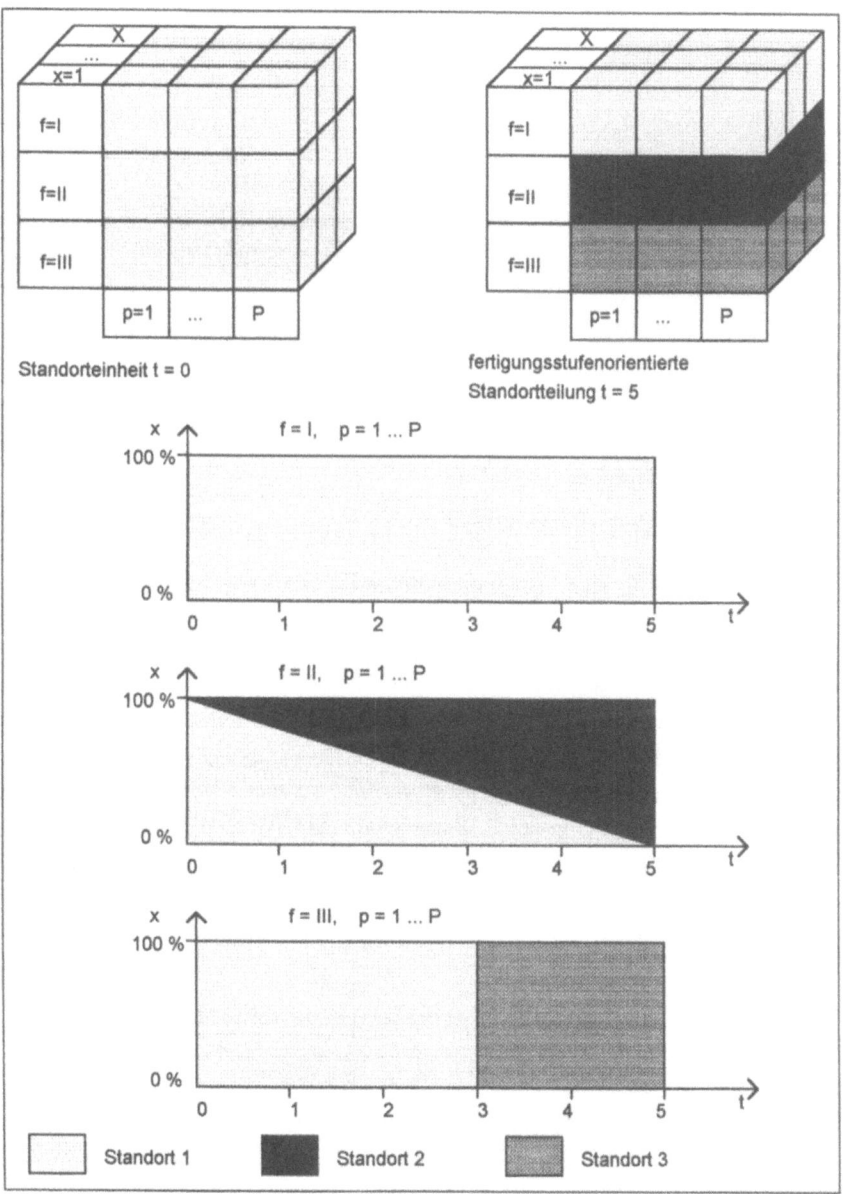

*Abbildung 2.5: Beispiel für die Formulierung einer Standortstrukturänderung*

Das Beispiel zeigt eine Aufteilung des Standortes (A4)[6] mit Änderung der Grundform der Standortstruktur (B2) von der Standorteinheit in eine fertigungsstufenorientierte Standortteilung. Für die Fertigungsstufe II wird ein Potentialauf- und -abbau durch die Unternehmung selbst unterstellt (C1). Dieser beginnt sofort (E1) und wird sukzessiv durchgeführt (D2). Für die Fertigungsstufe III wird ein Erwerb des Standortes von einer anderen Unternehmung vorgesehen (C2). Das ermöglicht eine schlagartige Standortstrukturänderung (D1), die allerdings erst mit einer Verzögerung beginnt (E2). Für die Fertigungsstufe I ist keine Änderung der Standortstruktur erforderlich. Das Merkmal F wird hier nicht beschrieben, da es nur bei Standortteilung oder Standortdiversifikation von Bedeutung ist.

## 2.2. Ableitung von Entscheidungszielen aus dem Zielsystem der Unternehmung

### 2.2.1. Grundlagen zur Ableitung von Entscheidungszielen

Die Entscheidung für eine bestimmte Alternative zur Veränderung der Standortstruktur setzt das Vorhandensein von Kriterien bzw. Zielen[7] voraus, die zur Beurteilung der alternativen Veränderungen der Standortstruktur herangezogen werden und an denen sich die Auswahl der "richtigen" Alternative orientiert. Als "richtig" wird diejenige Alternative bezeichnet, die dem formulierten Zielsystem am weitestgehenden entspricht bzw. bei deren Durchführung die Unternehmung den größten Nutzen[8] erzielt. Kriterien bzw. Ziele für eine konkrete Entscheidung werden als Entscheidungsziele[9] bezeichnet. Sie werden aus den oberen Unternehmungszielen über eine Mittel-Zweck-Beziehung abgeleitet[10]. Es wird davon ausgegangen, daß die oberen Unternehmungsziele in den Dimensionen[11] Zielinhalt, Zielausmaß und zeitlicher Bezug formuliert sind und daß ihre

---

[6] Die Angaben in Klammern in diesem Absatz beziehen sich auf die Merkmale aus Abschnitt 2.1.2.
[7] Die Begriffe Kriterium und Ziel werden hier synonym verwandt.
[8] Zum Nutzenbegriff vgl. Abschnitt 4.3.
[9] Vgl. HAUSCHILDT (1977) S. V. In der Literatur werden die Begriffe Handlungsziele, vgl. HEINEN (1976) S. 117, und Sektoralziele, vgl. BERTHEL (1973) S. 4, synonym verwandt.
[10] Vgl. BERTHEL (1973) S. 4. HAMEL (1989) Sp. 2311 weist auf die Möglichkeit hin, daß über eine fortschreitende Integration einzelner Entscheidungsziele im Sinne eines "bottom up" Ansatzes Unternehmungsziele bestimmt werden können.
[11] Zur Struktur des unternehmerischen Zielsystems vgl. HEINEN (1976) S. 59ff.

Beziehungen zueinander bekannt sind, so daß von einem Zielsystem gesprochen werden kann. Bezüglich des Zielinhalts wird weiter davon ausgegangen, daß das Zielsystem sowohl Sozialziele, Wertziele als auch Sachziele enthält[12].

Sozialziele drücken das angestrebte Verhalten der Unternehmung gegenüber Personen oder Personengruppen innerhalb und außerhalb der Unternehmung aus. Sie können als monetäre und nicht monetäre Größen formuliert werden.

Wertziele werden sowohl durch Ergebnisgrößen als auch durch Liquiditätsgrößen oder jeweils Komponenten davon ausgedrückt. Es handelt sich grundsätzlich um monetäre Größen oder aus monetären Größen gebildete Verhältniszahlen.

Sachziele beziehen sich auf das Leistungsprogramm der Unternehmung. Sie schreiben Art und Umfang der zu erbringenden Leistung fest. Es sind nicht monetäre Ziele, die jedoch auch monetär ausgedrückt werden können.

Die Festlegung der oberen Unternehmungsziele ist ein Zielkonflikt-Zielkompromiß-Prozeß der an der Unternehmung interessierten Personen oder Personengruppen[13], denen die Unternehmung zur Instrumentalisierung ihrer Interessen dient[14]. Diese Meta-Entscheidung soll nicht Gegenstand dieser Betrachtung sein[15].

Ausgehend von dem nach seinem Zielinhalt näher beschriebenen Zielsystem der Unternehmung wird im folgenden Abschnitt eine Zusammenstellung[16] wichtiger Kriterien für die Wahl einer Alternative zur Veränderung der Standortstruktur gegeben. Bei der Formulierung dieser Entscheidungsziele muß darauf geachtet werden, daß sie die theoretischen Anforderungen nach[17]:

- Realistik oder Erreichbarkeit der Ziele,
- Operationalität oder präziser Bestimmung nach Zielinhalt, Zielausmaß und Zeitbezug der Ziele sowie Festlegung der Zuständigkeit,

---

[12] Vgl. HAHN (1985) S. 10.
[13] Vgl. BIDLINGMAIER/SCHNEIDER (1976) Sp. 4732.
[14] Vgl. SCHMIDT (1977) S. 49ff.
[15] Zum Zielbildungsprozeß vgl. NAGEL (1992) Sp. 2626ff und die dort angeführte Literatur.
[16] Diese Zusammenstellung erhebt keinen Anspruch auf Vollständigkeit. Sie soll aber exemplarisch zeigen, wie aus einem System von Unternehmungszielen Entscheidungsziele abgeleitet werden können.
[17] Vgl. WILD (1982) S. 55f.

- Ordnung oder Definition der Beziehungen der Ziele zueinander in Form von Zweck-Mittel-Beziehungen und Gewichtung der Ziele,
- Konsistenz oder Abstimmung der Ziele aufeinander und Gewährleistung der Widerspruchsfreiheit,
- Aktualität, Vollständigkeit und Durchsetzbarkeit sowie
- Organisationskongruenz, Transparenz und Überprüfbarkeit

erfüllen. Darüber hinaus sind die wesentlichen Gesichtspunkte wiederzugeben, die im realen Fall einer Standortstrukturänderung zu beachten sind, also praktische Relevanz besitzen[18].

Als Auslöser für die Überprüfung der gegebenen Standortstruktur wurde einleitend die Erkenntnis angeführt, daß eine Veränderung der gegebenen Standortstruktur durch Senkung der Produktionskosten einen Beitrag zu einem langfristig definierten Ergebnisziel der Unternehmung leisten kann. Entscheidungsziele dürfen allerdings nicht nur aus einem Unternehmungsziel abgeleitet werden, sondern müssen auch die anderen Ziele aus dem Zielsystem der Unternehmung berücksichtigen. Das haben auch empirische Forschungen bestätigt, die für komplexe neuartige Entscheidungen - wie der hier behandelten Entscheidung über die Änderung der Standortstruktur - die Berücksichtigung ganzer Zielbündel nachgewiesen haben[19]. Darüber hinaus kann die Ableitung mehrerer Entscheidungsziele aus einem Unternehmungsziel erfolgen[20].

Auch eine Formulierung von Entscheidungszielen muß in den Dimensionen Zielinhalt, Zielausmaß und zeitlicher Bezug der Ziele erfolgen. Den Ausführungen zu den Zielinhalten und deren Meßbarkeit sowie zum zeitlichen Bezug der Ziele wird eine Betrachtung bezüglich des Zielausmaßes, bei der sich zwei Möglichkeiten unterscheiden lassen, vorangestellt. Einerseits können Ziele so fixiert werden, daß eine Optimierung der Zielgröße angestrebt wird. Eine Optimierung kann allerdings nur erfolgen, wenn sämtliche Alternativen bekannt sind[21]. Ist hingegen nur eine begrenzte Anzahl von Alternativen bekannt, kann der Entscheidungsträger diejenige Alternative mit dem höchsten

---

[18] Vgl. RUDHARDT (1978) S. 143.
[19] Vgl. FRITZ u.a. (1988) S. 567ff.
[20] Vgl. DUHNKRACK (1984) S. 119f.
[21] Vgl. HEINEN (1976) S. 82. Sämtliche Alternativen werden in mathematischen Optimierungsmodellen untersucht, bei denen das zu optimierende Ziel in die Zielfunktion aufgenommen wird, und weitere Ziele als Restriktionen formuliert werden, die den Alternativenraum einschränken. Vgl. HEINEN (1976) S. 52ff.

Zielerreichungsgrad auswählen[22]. Andererseits können Ziele als Anspruchsniveau, das mindestens erfüllt sein muß, formuliert werden. Das führt zur Aussonderung von Alternativen, die diesem Anspruchsniveau nicht entsprechen. Wenn keine Alternative das Anspruchsniveau erfüllt, müssen entweder weitere Alternativen gesucht oder das Anspruchsniveau (nach unten) angepaßt werden.

Während die als Anspruchsniveau formulierten Ziele lediglich dazu dienen, die Anzahl der zu betrachtenden Alternativen einzugrenzen, und hier als Entscheidungsziele im weiteren Sinn bezeichnet werden, erfüllen die als Extremalziele formulierten Entscheidungsziele im engeren Sinn die Aufgabe, aus der Menge der zulässigen Alternativen diejenige mit der besten Zielerfüllung auszuwählen. Für die Beurteilung der verbliebenen Alternativen anhand der Entscheidungsziele im engeren Sinn bedarf es der Formulierung der Beziehungen zwischen diesen Zielen. Dies kann durch Gruppierung der Ziele in Ober-, Zwischen- und Unterziele erfolgen[23] und durch Angabe der Artpräferenz des Entscheidungsträgers, die sich beispielsweise in einer Gewichtung der Ziele ausdrücken kann[24]. Zunächst wird auf die Entscheidungsziele im engeren Sinn eingegangen.

### 2.2.2. Formulierung der Entscheidungsziele

#### 2.2.2.1. Entscheidungsziele im engeren Sinn

Ausgehend von einem als Unternehmungsziel formulierten Ergebnisziel kann dieses bzw. seine Komponenten als Entscheidungsziel formuliert werden. Als wichtigstes Ziel kann die **Maximierung/Minimierung des positiven/negativen Ergebnisbeitrags**[25] einer alternativen Standortstrukturänderung zum Ergebnisziel der Gesamtunternehmung angesehen werden. Der Ergebnisbeitrag setzt sich aus den Komponenten Maximierung der standortstrukturabhängigen positiven Wertgrößen (z.B. geringere Personalkosten) und der Minimierung der standort-

---

[22] Vgl. HEINEN (1976) S. 85.
[23] Vgl. HEINEN (1976) S. 102.
[24] Vgl. die Ausführungen zur Nutzwertanalyse in Abschnitt 4.3.
[25] Der Ergebnisbeitrag wird verstanden als Veränderung des Ergebnisses bei Durchführung einer bestimmten Alternative zur Standortstrukturänderung im Vergleich zur Beibehaltung der gegebenen Standortstruktur (Unterlassungsalternative).

strukturabhängigen negativen Wertgrößen (z.B. Abfindungen für Mitarbeiter)[26] zusammen. Die positiven und negativen Wertgrößen können jeweils direkt erfaßt und periodisch oder diskontiert über den Planungshorizont dargestellt werden.

Aufgrund der Eingrenzung auf Standortstrukturänderungen zur Reduzierung der Herstellkosten kann die Forderung aufgestellt werden, daß Umfang und Qualität des Leistungsprogramms demjenigen vor Änderung der Standortstruktur entsprechen. Wird zusätzlich die Möglichkeit, daß mit bestimmten Produktionsstandorten ein "Herkunfts-good-will"[27] verbunden sein kann, vernachlässigt, kann von standortstrukturunabhängigen Erträgen aus dem Leistungsprogramm ausgegangen werden. Daraus wird im folgenden Abschnitt ein Entscheidungsziel im weiteren Sinn abgeleitet.

Die negative Ergebnisbeeinflussung ist durch Aufwendungen für die Errichtung neuer oder die Erweiterung bestehender Produktionsstandorte sowie für die völlige oder teilweise Stillegung bestehender Produktionsstandorte bedingt. Dazu zählen u.a. Abfindungen für Mitarbeiter, die aufgrund von Standortstrukturänderungen erforderlich werden sowie Anlaufaufwand für die Erweiterung oder den Aufbau der Produktion.

Positive Ergebnisbeeinflussungen werden durch Erträge aus der Veräußerung von Anlagegegenständen bei der völligen oder teilweisen Stillegung bestehender Produktionsstandorte sowie durch eine Verringerung der Aufwendungen erzielt. Die Verringerung der Aufwendungen ist eine Folge der günstigeren Konstellation der Standortfaktoren[28], die durch eine geänderte Standortstruktur hervorgerufen

---

[26] Im folgenden wird das Begriffspaar Aufwand und Ertrag zur sprachlichen Vereinfachung und damit verständlicheren Formulierung verwendet, ohne damit eine Festlegung über eine zu verwendende Ergebnisgröße zu treffen. Zu alternativen Ergebnisbegriffen vgl. z.B. SCHIERENBECK (1989) S. 57.
[27] Vgl. z.B. BLOECH (1979) Sp. 1876.
[28] Eine grundlegende Abhandlung zu Standortfaktoren befindet sich bei BEHRENS (1971) S. 47ff, deren Inhalt schaubildartig bei KAPPLER/REHKUGLER (1991) S. 220 zusammengefaßt ist.

wird. Standortfaktoren, die insbesondere bei einer Veränderung der Standortstruktur im internationalen Rahmen eine große Bedeutung haben, sind[29]:

- Wechselkurse,
- Stundenlöhne, Soziallöhne, Arbeitszeit,
- Produktivität,
- Steuern und sonstige Abgaben z.B. aufgrund von Umweltauflagen.

Eine vollständige Erfassung aller standortstrukturabhängigen Ergebnisbeeinflussungen soll durch das in Abschnitt 5.2. formulierte mathematische Modell gewährleistet werden.

Die Messung des Ergebnisbeitrags der alternativen Standortstrukturänderungen ist nicht als Selbstzweck zu verstehen, sondern dient einerseits zur Analyse der Einflüsse der Aktionsparameter einer Standortstrukturänderung auf das Ergebnis bzw. seine Komponenten und andererseits zur Darstellung des Einflusses einer Standortstrukturänderung auf die langfristige Ergebnisplanung der Gesamtunternehmung.

Die Zusammenfassung der positiven und negativen Wertkomponenten kann zu Problemen führen, wenn die Wirkung einer Standortstrukturänderung den Planungshorizont übersteigt, wie das bei den standortstrukturabhängigen positiven Wertgrößen zu wünschen wäre, und gleichzeitig eine direkte Erfassung des Ergebnisbeitrags angestrebt wird. In diesem Fall könnte eine indirekte Erfassung der Ergebnisbeiträge in Form einer Unternehmungsbewertung der Gesamtunternehmung ex ante in Abhängigkeit von der gewählten Alternative zur Standortstrukturänderung erfolgen[30].

Zusätzlich zur Maximierung/Minimierung des Ergebnisbeitrags der Standortstrukturänderung kann das Entscheidungsziel **Minimierung der Beeinträchtigung von periodenbezogenen oder gliedbetriebbezogenen Ergebnissen** aus den Unternehmungszielen abgeleitet werden.

Ein weiteres aus den oberen Wertzielen der Unternehmung abzuleitendes Entscheidungsziel ist die **Minimierung des Bedarfs an finanziellen Mitteln**. Eine solche Zielsetzung kann dann eine Rolle spielen, wenn die Beschaffungsmöglichkeiten von Eigenkapital und/oder Fremdkapital für eine Standortstruktur-

---

[29] Vgl. BIERICH (1988a) S. 827ff.
[30] Vgl. RUDHARDT (1978) S. 149.

änderung begrenzt sind, weil die Standortstrukturänderung in Konkurrenz zu anderen Maßnahmen steht oder der Zugang der Unternehmung zum Kapitalmarkt behindert ist. Eine solche Zielsetzung würde zur Bevorzugung einer Alternative führen, die die Freisetzung und Bindung von finanziellen Mitteln - bei sonst gleichen Zielausprägungen (ceteris paribus Bedingungen) - weitestgehend in Einklang bringt, gegenüber einer Alternative, der dies nicht gelingt.

Aus dem Bereich der den oberen Unternehmungszielen zuzuordnenden Sozialziele läßt sich als Entscheidungsziel die **Minimierung der Beeinträchtigung der Sozialziele** ableiten. Als Beispiel mag hier die Entlassung von Arbeitskräften dienen. So kann konkret formuliert werden, die Anzahl der standortstrukturbedingt zu entlassenden Mitarbeiter am Inlandsstandort zu minimieren. Ähnliche Ziele könnten auch für das Verhältnis zu unternehmungsexternen Personen oder Gruppen formuliert werden.

Sofern nicht risikoneutrales Verhalten des Entscheidungsträgers unterstellt wird, muß auch das Sicherheitsstreben in die Entscheidungszielbildung einbezogen werden. Das Ziel der **Minimierung des mit der Standortstrukturänderung verbundenen Risikos** stellt besondere Anforderungen an die Messung der Zielerreichung. Eine Möglichkeit besteht darin, Wahrscheinlichkeitsverteilungen statt einwertiger Größen der Zielgrößen für die Bewertung der Alternativen zugrunde zu legen. Hierbei handelt es sich eigentlich nicht um ein eigenständiges Ziel, sondern vielmehr um die Formulierung der Sicherheitspräferenz des Entscheidungsträgers.

### 2.2.2.2. Entscheidungsziele im weiteren Sinn

Eine Formulierung von Entscheidungszielen im weiteren Sinn kann grundsätzlich auch für Zielinhalte erfolgen, für die bereits ein Entscheidungsziel im engeren Sinn formuliert wurde. Dies kann z.B. für das Ziel Maximierung/Minimierung eines positiven/negativen Ergebnisbeitrags in der Form erfolgen, daß eine **Überschreitung des Ergebnisbeitrags der Unterlassungsalternative** (dieser Ergebnisbeitrag ist gleich null) gefordert wird, d.h. alle Alternativen, die zu einer Verschlechterung des Ergebnisses führen, eliminiert werden. Gleiches gilt für die Einhaltung **periodenbezogener oder gliedbetriebbezogener Mindestwerte für die zu erzielenden Ergebnisse** (z.B. Vermeidung eines Verlustausweises der Gesamtunternehmung oder eines Gliedbetriebs).

Aus dem Unternehmungsziel der Sicherung des dauerhaften Fortbestands der Unternehmung, der bei Verletzung bestimmter gesetzlicher Vorschriften aus dem Konkursrecht nicht mehr gegeben ist, lassen sich die **Vermeidung der Überschuldung und der Illiquidität** als Entscheidungsziele ableiten. Diese gelten für die gesamte Dauer der Wirkung der Entscheidung über eine Änderung der Standortstruktur, wobei die Bedeutung der Standortstrukturänderung gegenüber anderen Einflußgrößen abnimmt, wenn die zeitliche Distanz zwischen der eigentlichen Durchführung der Standortstrukturänderung und dem betrachteten Zeitraum zunimmt. Auch die Einhaltung anderer gesetzlicher Vorschriften, die nicht unmittelbar aus den monetären Konsequenzen der Alternativen erkennbar sind, kann die Entscheidungsziele im weiteren Sinn ergänzen.

Für die oberen Sozialziele lassen sich Anspruchsniveaus in der Form bestimmen, daß eine **Einhaltung der oberen Sozialziele oder die Einhaltung einer begrenzten Beeinträchtigung dieser Ziele** gefordert wird. Das könnte z.B. die Begrenzung der Entlassungen von Mitarbeitern auf einen Umfang sein, der von anderen Unternehmungen der Region abgefangen werden kann.

Die **Beibehaltung des Leistungsprogramms nach Art, Menge und Qualität** stellt ein aus dem oberen Sachziel abzuleitendes Entscheidungsziel dar, das allerdings nur für den hier behandelten Fall einer Änderung der Standortstruktur zur Senkung der Produktionskosten seine Bedeutung erhält.

Das Ziel der Minimierung des Risikos findet sein Äquivalent in den Entscheidungszielen im weiteren Sinn indem die oben formulierten **Anspruchsniveaus mit einer bestimmten Wahrscheinlichkeit nicht unterschritten bzw. überschritten werden** dürfen. So kann z.B. formuliert werden, daß der Ergebnisbeitrag mit einer Wahrscheinlichkeit von 95% über dem definierten Anspruchsniveau liegen muß.

### 2.2.2.3. Paradigmatische Darstellung von Entscheidungszielen

Die Darstellung von Beispielen für Entscheidungsziele erfolgt tabellarisch in der Abbildung 2.6, die nach den Zielinhalten und dem Zielausmaß gegliedert ist.

|  | Formulierung als Extremalziel (Entscheidungsziele im engeren Sinn) | Formulierung als Anspruchsniveau (Entscheidungsziele im weiteren Sinn) |
|---|---|---|
| Sozialziel | Minimierung der Anzahl der standortstruktur- bedingt zu entlassenden Mitarbeiter am Inlands- standort | Begrenzung der Entlassungen von Mitarbei- tern auf x % der Belegschaft |
| Wertziel Ergebnisgrößen | Maximierung des posi- tiven Ergebnisbeitrags | Überschreitung des Ergebnisbeitrags der Unterlassungsalternative |
| Liquiditäts- größen | Minimierung des Bedarfs an finanziellen Mitteln | Vermeidung der Illiquidität |
| Sachziel |  | Beibehaltung des Leistungsprogramms nach Art, Menge und Qualität |

*Abbildung 2.6: Paradigmatische Darstellung von Entscheidungszielen*

## 2.3. Der Einfluß der Veränderung des Umsystems auf die Problemstruktur

Planung, verstanden als ein systematischer, zukunftsbezogener Problemlösungs- prozeß[31], beinhaltet immer auch die Zugrundelegung bestimmter Annahmen über künftige Umweltsituationen[32]. Da kein genaues Wissen über die Zukunft möglich ist[33], sind die Annahmen über das Umsystem der Unternehmung mit Unsicherheit behaftet. Vor allem bei der generellen Zielplanung und der strategischen Planung, zu letzterer gehört auch die Planung von Standortstrukturänderungen[34], führen die Grenzen der Erfassung und Auswertung von Informationen in bezug auf die Umwelt der Unternehmung (z.B. Begrenzung der Zeitspanne innerhalb derer die

---

[31] Vgl. z.B. ARBEITSKREIS "INTEGRIERTE UNTERNEHMUNGSPLANUNG" (1991) S. 812.
[32] Vgl. HAHN (1985) S. 39.
[33] Vgl. BRONNER (1989) Sp. 592.
[34] Vgl. zur Einordnung der Planung von Standortstrukturänderungen in ein Planungssystem Abschnitt 1.3.1.

jeweiligen Informationen Aktualität besitzen) zu mangelnder Sicherheit von Prognosen über die künftigen Umweltzustände[35].

Die Prognose der für die Planung von Standortstrukturänderungen relevanten Umwelteinflüsse kann in unterschiedlichem Maß mit Unsicherheit behaftet sein. Schon der hier nicht betrachtete Fall, daß nur Standorte im Inland, an denen schon bisher produziert wird, in die Planung einbezogen werden, kann Prognoseprobleme bezüglich der Entwicklung der für die Beurteilung der Vorteilhaftigkeit von Handlungsalternativen relevanten Größen aufwerfen.

Die Prognosegenauigkeit der relevanten Größen nimmt unter anderem bei Einbeziehung neuer Märkte und/oder neuer Produktionsverfahren in die Planung ab. Bei Einbeziehung neuer Märkte sind insbesondere Produktpreise und Absatzmengen unsicher und bei Einbeziehung neuer Fertigungsverfahren sind es die Herstellungskosten, bzw. die die Herstellungskosten determinierenden Kostenbestandteile, und die Produktionsmenge, die gegebenenfalls durch den Inbetriebnahmezeitpunkt beeinflußt wird[36]. Auch wenn solche Größen in gleicher Weise auf unterschiedliche Alternativen zur Standortstrukturänderung wirken, haben sie dennoch eine Bedeutung bei der Beurteilung der Vorteilhaftigkeit dieser Alternativen, wenn Aussagen über die Robustheit[37] einzelner Alternativen in bezug auf Änderungen des Umsystems in die Beurteilung einbezogen werden.

Durch die Erweiterung der Untersuchung auf Standorte in unterschiedlichen Ländern und auf Standorte, an denen die Unternehmung bisher nicht präsent ist, erhöht sich die Unsicherheit. Die zunehmende Unsicherheit resultiert einerseits daraus, daß sich der Informationsbedarf für die standortabhängigen Größen um die Anzahl der einbezogenen Länder vervielfacht, die Informationsbeschaffung für ausländische Standorte schwieriger als für inländische Standorte ist und für neue Standorte schwieriger als für bestehende. Andererseits werden Prognoseprobleme für die die ausländischen Standorte betreffenden Größen durch das Wechselkursrisiko und durch politische Risiken[38] hervorgerufen.

Die mit der Wechselkursprognose verbundene Unsicherheit hängt von der zu prognostizierenden Währung ab. So bestehen z.B. relativ geringe Probleme bei

---

[35] Vgl. ARBEITSKREIS "INTEGRIERTE UNTERNEHMUNGSPLANUNG" (1991) S. 818f.
[36] Vgl. BLOHM/LÜDER (1991) S. 248.
[37] Vgl. HANSSMANN (1987) S. 128ff und LIEBL (1992) S. 216.
[38] Vgl. SCHMIDT (1990) S. 732.

der Prognose von Relationen der Währungen der EG-Mitgliedsstaaten untereinander, während in der Literatur über besondere Schwierigkeiten, die die Prognose z.B. der Währungsrelationen zwischen DM und US-$ bereitet, berichtet wird[39]. So wird die Erfahrung einer Unternehmung angeführt, die zu bestimmten Zeitpunkten eine Prognose des DM/US-$ Wechselkurses für einen Zeitraum von bis zu einem Jahr bei führenden Banken einholt. Als besonders eklatantes Beispiel sei hier eine Befragung aus dem Juli 1980 angeführt, die für den Juli des Folgejahres Prognosen von 1,60 DM/US-$ bis 1,70 DM/US-$ ergab. Der tatsächliche Kurs lag bei 2,50 DM/US-$[40].

Es besteht ein Zusammenhang zwischen der Entwicklung von Wechselkursen und der Entwicklung des Preisniveaus von international handelbaren Gütern, so daß bei der Berücksichtigung variabler Wechselkurse in der Planung immer auch von einem schwankenden Geldwert ausgegangen werden muß[41]. Die Errechnung der Veränderung des Wechselkurses aufgrund unterschiedlicher Inflationsraten in den betrachteten Ländern führt aber allein noch nicht zu einer brauchbaren Prognose des Wechselkurses, denn weitere Einflüsse (z.B. Kursspekulationen, Maßnahmen der Notenbanken) führen zu Schwankungen der Wechselkurse, die bei der Ableitung aus den Inflationsraten nicht erfaßt werden[42].

Politische Risiken bestehen hinsichtlich des Geschäftsklimas, der politischen Stabilität und der Transferierbarkeit des investierten Kapitals und der Erträge. Auswirkungen dieser Risiken können ganz entscheidenden Einfluß auf die Entwicklung der zur Beurteilung von Handlungsalternativen relevanten Größen haben. Ein Hilfsmittel zur Beurteilung dieser Risiken ist der Beri-Index (Business Environment Risk Information), der durch Befragung von Experten ermittelt wird[43].

---

[39] Vgl. ARBEITSKREIS "INTEGRIERTE UNTERNEHMUNGSPLANUNG" (1991) S. 824.
[40] Vgl. ARBEITSKREIS "INTEGRIERTE UNTERNEHMUNGSPLANUNG" (1991) S. 825.
[41] Vgl. STEHLE (1982) S. 480.
[42] Vgl. BELL (1983) S. 185ff.
[43] Vgl. HAKE (1982) S. 463ff.

## 3. Grenzen der Leistungsfähigkeit relevanter Modellansätze in bezug auf die Problemstruktur

Die Anforderungen an ein zu entwickelndes Entscheidungsmodell wurden im 2. Abschnitt erläutert. In diesem Abschnitt wird zunächst gezeigt, daß kein bestehendes Entscheidungsmodell diese Anforderungen erfüllt. Daran anschließend wird aus Komponenten bestehender Modellansätze ein Konzept für ein neues Entscheidungsmodell entwickelt, das sämtlichen Anforderungen gerecht wird.

### 3.1. Relevante Modellansätze

Es werden sowohl Ansätze von Modellen betrachtet, die speziell für die Unterstützung von Standortentscheidungen (Standortmodelle) entwickelt wurden[1] als auch solche Modellansätze, die nicht vorrangig der Unterstützung von Standortentscheidungen dienen, aber grundsätzlich auch dafür geeignet sind. Zu der zweiten Gruppe zählen insbesondere Investitionsrechnungen und Gesamtunternehmungsmodelle, wie in den folgenden Ausführungen gezeigt wird.

Eine Standortentscheidung oder die Entscheidung über eine Standortstruktur ist aus betriebswirtschaftlicher Sicht für eine Unternehmung gleichzeitig eine Investitionsentscheidung[2], so daß auch Verfahren der Investitionsrechnung[3] zur Unterstützung der Entscheidung herangezogen werden können[4].

Entscheidend am Ansatz der Gesamtunternehmungsmodelle[5] ist, daß nicht ein Aspekt isoliert betrachtet, sondern das gesamte Unternehmungsgeschehen mengen- und wertmäßig abgebildet wird. Dies kann mit unterschiedlichem Abstraktionsgrad auch innerhalb eines Modells erfolgen. Unternehmungsgesamtmodelle

---

[1] Ein Überblick über Standortentscheidungsmodelle wird insbesondere in Lehrbüchern zur Industriebetriebslehre und in einschlägigen Monographien gegeben. Zu den bekanntesten zählen BLOECH (1990), KAPPLER/REHKUGLER (1991), LÜDER (1990), sowie BLOECH (1970), DOMSCHKE/DREXL (1985), GRUNDMANN u. a. (1968), HANSMANN (1974), HUMMELTENBERG (1981) und LIEBMANN (1971).
[2] Vgl. BIERICH (1988a) S. 832 und BLOECH (1990) S. 74.
[3] Einen Überblick über die Verfahren der Investitionsrechnung verschaffen stellvertretend für viele BLOHM/LÜDER (1991), KRUSCHWITZ (1990) oder LÜCKE (1991). Weitere Quellen finden sich in dem kommentierten Literaturüberblick bei KRUSCHWITZ/ DECKER (1992) S. 98f.
[4] Vgl. BLOECH (1990) S. 74 und KAISER (1989) Sp. 1847.
[5] Überblicke bzw. einführende Darstellungen finden sich bei HARTMANN (1980), MERTENS/GRIESE (1991) S.214ff, NAYLOR (1979b) und ROSENKRANZ (1990).

ermöglichen die Untersuchung der Unternehmungsentwicklung bei Veränderung von externen und/oder internen Einflußgrößen und gegebenenfalls die zielorientierte Gestaltung[6]. Gesamtunternehmungsmodelle werden meist in Form von Simulationsmodellen formuliert, die insbesondere "what-if" und "how-to-achieve" Fragestellungen unterstützen und in der Modellgestaltung so flexibel sind, daß sie sich gut an die Wirklichkeit anpassen lassen. Sie beinhalten in der Regel ein Finanzmodell, mit dem sich Auswirkungen auf die Komponenten des Zielsystems abbilden lassen[7].

Aufgrund der geschilderten Eigenschaften von Gesamtunternehmungsmodellen lassen sich diese grundsätzlich auch für Entscheidungen einsetzen, die der Standortentscheidung vergleichbar sind. Das wurde z.B. für den Erwerb ganzer Unternehmungen gezeigt[8]. Es gibt allerdings kein Gesamtunternehmungsmodell, das eine Unternehmung mit Fertigungseinrichtungen in unterschiedlichen Ländern so abbildet, daß damit die betriebliche Standortplanung in der hier geforderten Weise unterstützt würde[9].

Die Zuordnung einzelner Modelle zu den genannten Modellansätzen ist nicht eindeutig durchführbar. So gibt es Modelle, die Elemente aus allen drei Modellansätzen enthalten. Das gilt z.B. für die in Abschnitt 3.2. behandelten Modelle zur simultanen Optimierung. Diese können sowohl den Standortmodellen, der Investitionsrechnung als auch den Gesamtunternehmungsmodellen zugerechnet werden. Deshalb wird im folgenden der Schwerpunkt auf die Untersuchung der in diesen Modellansätzen zur Anwendung gelangenden Instrumente gelegt. Es wird die Eignung dieser Instrumente für einen Einsatz in dem zu entwickelnden Modell untersucht.

### 3.2. Ansätze zur simultanen Optimierung

In Abschnitt 2 wurde gezeigt, daß die zu betrachtende Standortentscheidung zu den Entscheidungen gehört, bei denen die Ungewißheit über zukünftige Entwicklungen erheblich ist, mehrere Ziele zu beachten sind, Auswirkungen über mehrere Perioden zu erwarten sind, starke Interdependenzen zu anderen Entscheidungen

---

[6] Vgl. HAHN/HÖLTER/STEINMETZ (1990) S. 688.
[7] Vgl. z.B. ADELBERGER (1976) S. 10 und BUCHINGER/SCHWARZ (1979) S. 133.
[8] Vgl. BELL (1983) und BRUNNER (1977).
[9] Vgl. MERTENS (1982) S. 53ff und MERTENS/GRIESE (1991) S. 214ff.

vorliegen und unendlich viele Handlungsalternativen bestehen. Ein an diese Entscheidungssituation angepaßtes Entscheidungsmodell müßte die jeweils genauere oder differenziertere Ausprägung[10] der in Abbildung 3.1 dargestellten Kriterien[11] aufweisen.

| Kriterium | mögliche Ausprägungen |
|---|---|
| Zeitbezug | 1 mehrperiodisch<br>2 einperiodisch |
| Berücksichtigung unvollkommener Informationen über Umweltzustände | 1 stochastisch<br>2 deterministisch |
| Berücksichtigung mehrfacher Zielsetzungen | 1 multikriteriell<br>2 monokriteriell |
| Einbeziehung anderer betrieblicher Funktionen | 1 simultan<br>2 sukzessiv |
| Lösungsverfahren | 1 Optimierung<br>2 Simulation (heuristisch, autonom) |

*Abbildung 3.1:*   *Klassifizierung von Standortmodellen nach wichtigen Konstruktionsmerkmalen*

Eine verbreitete Möglichkeit, mehrere Ausprägungen der Kriterien, die dieser Entscheidungssituation entsprechen, in einem Modell zu integrieren, sind simultane Optimierungsmodelle[12]. Diese folgen dem Ansatz, über simultane Berücksichtigung möglichst vieler Entscheidungen das Interdependenzproblem zu lösen. Sie werden gleichzeitig so formuliert, daß analytische Lösungsverfahren Anwendung finden können. Zu den Modellen, die neben anderen betrieblichen Entscheidungen auch die Wahl von Standorten beinhalten, gehört ein Modell von JACOB[13].

Dieses für diese Richtung grundlegende Modell erlaubt eine simultane Bestimmung des Produktionsprogramms unter Berücksichtigung einer Preis-/Absatz-

---
[10] Diese sind in der Abbildung durch eine 1 gekennzeichnet.
[11] Das Kriterium "Einbeziehung anderer betrieblicher Funktionen" kann sowohl für die Klassifizierung von Standortmodellen nach den einfließenden Entscheidungsvariablen als auch nach Konstruktionsmerkmalen eingesetzt werden.
[12] BÄUERLE (1989) S. 175ff charakterisiert die mit diesem Begriff verbundene Denkrichtung.
[13] Vgl. JACOB (1967) S. 233ff.

funktion und der Standortverteilung mehrerer Produktionsstandorte für eine Mehrproduktunternehmung. Darauf aufbauend entstanden ähnliche und zum Teil stark erweiterte Modelle[14], die in der umfassendsten Ausprägung zusätzlich die Investitionsplanung und die Transportplanung simultan berücksichtigen[15]. Während diese Modelle auch mehrperiodisch formuliert wurden[16], fehlen Ansätze zur Berücksichtigung mehrerer Ziele und die Berücksichtigung von Unsicherheit über die Umweltzustände.

Analytische Lösungsalgorithmen, die das Auffinden einer optimalen Lösung gewährleisten, führen einerseits zu Problemen aufgrund der mangelnden numerischen Lösbarkeit der Modelle und andererseits zu Problemen aufgrund der Anforderungen an die Formulierung des Modells, die in mangelnder Abbildungsgenauigkeit zum Ausdruck kommen. Zum Problem der mangelnden numerischen Lösbarkeit führen BLOHM/LÜDER aus: "Effizient lösbare Modelle sind oft nicht wirklichkeitsnah, während wirklichkeitsnah formulierte Modelle nicht mehr effizient gelöst werden können."[17] Aufgrund der rasanten Entwicklungen bei Hard- und Software scheint dieses Problem in absehbarer Zeit an Bedeutung zu verlieren[18].

Die Forderung nach simultaner Berücksichtigung möglichst vieler Entscheidungen läßt die Frage nach der optimalen Komplexität der Modelle aufkommen und die Probleme der praktischen Durchführbarkeit der Informationsbeschaffung deutlich werden[19]. Für den praktischen Einsatz solcher Modelle ist ein hohes Maß an Ressourcen erforderlich.

Grundsätzlich stehen für Modelle der linearen Optimierung auch Ansätze zur Berücksichtigung unvollkommener Informationen über die Umweltzustände und mehrerer Zielgrößen zur Verfügung[20]. Erwähnt seien hier nur die Verfahren des Chance Constrained Programming bzw. des Goal Programming. Es gibt allerdings keine Modelle, die Erweiterungen in beide Richtungen beinhalten. Auch die

---

14 Vgl. BLOECH (1970) S. 191ff, HANSMANN (1974) S. 49ff, LIEBMANN (1971) S. 112ff und MÜLLER (1983) S. 183ff.
15 Vgl. HANSMANN (1974) S. 41ff.
16 Vgl. LIEBMANN (1971) S. 112ff.
17 BLOHM/LÜDER (1991) S. 303.
18 Vgl. HEINHOLD (1989) S. 693. Anderer Meinung ist BÄUERLE (1987) S. 110f.
19 Vgl. HEINHOLD (1989) S. 693f.
20 Vgl. DINKELBACH (1982) S. 57ff.

Erweiterung in eine Richtung führt schon zu einer Verschärfung der oben aufgeführten Probleme.

Bei der Modellkonstruktion muß unter Berücksichtigung der jeweiligen Entscheidungssituation abgewogen werden, welche Eigenschaften zu Lasten anderer Eigenschaften vernachlässigt werden sollen, da kein Modell bekannt ist, das sämtliche dieser Entscheidungssituation entsprechenden Ausprägungen der Kriterien auf sich vereinigen kann. Vor dieser Auswahl soll geprüft werden, ob es überhaupt erstrebenswert ist, wie zunächst unterstellt, alle diese Eigenschaften in einem Modell zu vereinigen.

Kritikansätze, die den Einsatz von simultanen Optimierungsmodellen in komplexen betrieblichen Entscheidungssituationen grundsätzlich in Frage stellen, formuliert HEINHOLD[21], der untersucht, inwieweit solche Modelle entscheidungslogisch haltbar sind und inwieweit die Erkenntnisse der empirischen Entscheidungs-, Organisations- und Zielforschung mit den Modellprämissen in Einklang stehen. Im einzelnen werden folgende Argumente aufgeführt[22].

(1) Aus entscheidungslogischer Sicht spricht gegen den Ansatz der Simultanmodelle, möglichst alle Interdependenzen zwischen den betrieblichen Entscheidungen in einem Modell zu erfassen, die Nicht-Erfüllung der unten wiedergegebenen Voraussetzungen[23]:

- vernünftige Definition aller relevanter Einzelprobleme,
- vollständige Formulierung der Menge der Handlungsalternativen, deren Auswirkungen auf die Entscheidungssituation und der ergebnisbeeinflussenden Umweltzustände,
- Berücksichtigung aller denkbarer Interdependenzen, und
- Problematisierung aller Parameter.

---

[21] Vgl. HEINHOLD (1989) S. 689ff.
[22] Zur ausführlichen Begründung der hier zusammenfassend aufgeführten Argumente vgl. HEINHOLD (1989) S. 695ff. In ähnlicher Weise kritisiert auch BÄUERLE (1989) S. 178 diesen Ansatz, wenn er formuliert: "In dem Maße, in dem die Theorie auf dem Weg der 'größtmöglichen Simultanoptimierung' konsequent weiterschreitet, entfernt sie sich .. von ihrem eigentlichen Wissenschaftsziel - der Zurverfügungstellung praktisch nutzbarer Gestaltungsempfehlungen."
[23] Vgl. BRETZKE (1980) S. 129ff und HEINHOLD (1989) S. 695.

Die fehlende Erfüllbarkeit dieser Voraussetzungen führt zu der Einsicht, daß man rational nur entscheiden kann, wenn man nicht über alles gleichzeitig entscheidet[24].

Das ebenfalls als entscheidungslogisches Argument aufgeführte Problem des Planungshorizonts[25] gilt in etwas abgeschwächter Form auch für Partialmodelle und sei hier deshalb nicht näher ausgeführt.

(2) Simultane Entscheidungsmodelle gehen davon aus, daß zunächst die Schritte Suchen und Auflisten aller Entscheidungsalternativen und anschließend die Schritte Bewertung und Optimierung ausgeführt werden[26]. Eine solche Reihenfolge wurde für komplexe, novative und multipersonale Entscheidungsprozesse empirisch falsifiziert[27].

(3) Strategische Entscheidungssituationen sind durch ein mehrdimensionales Zielsystem gekennzeichnet[28]. Zum weit überwiegenden Teil beschränken sich simultane Optimierungsmodelle auf die Optimierung einer Zielgröße[29], wie z.B. Kapitalbarwert, Vermögensendwert oder Entnahme, die darüber hinaus nicht zu den empirisch festgestellten Unternehmungszielen gehören[30]. Ansätze zur Lösung dieses Problems sind entweder unbefriedigend, wie z.B. die Optimierung unter Nebenbedingungen, oder noch nicht über das abstrakte Konzept einer formaltheoretischen Theorie hinausgekommen, wie das Goal Programming[31].

(4) In empirischen Untersuchungen wird nachgewiesen, daß das unterstellte Optimierungsstreben nur in sehr geringem Umfang der tatsächlichen Zielformulierung entspricht. Es wird vielmehr das Erreichen eines Mindestanspruchsniveaus angestrebt[32].

Unter Berücksichtigung der obigen Kritikansätze an simultanen Optimierungsmodellen wird die Entscheidung hinsichtlich der bei der Konstruktion zu vernachlässigenden Eigenschaften zu Lasten der Anforderung nach simultaner Berück-

---

24 Vgl. BRETZKE (1980) S. 133.
25 Vgl. HEINHOLD (1989) S. 695.
26 Vgl. HEINHOLD (1989) S. 696.
27 Vgl. WITTE (1968) S. 644.
28 Vgl. FRITZ u.a. (1988) S. 569.
29 Vgl. BRETZKE (1980) S. 93.
30 Vgl. HEINHOLD (1989) S. 697.
31 Vgl. HEINHOLD (1989) S. 698.
32 Vgl. HAUSCHILD (1988a) S. 57.

sichtigung von Entscheidungen aus anderen betrieblichen Bereichen und zu Lasten der Forderung nach Optimierung getroffen. Demnach bleibt zu prüfen, ob es Instrumente gibt, die in einem Modell für die vorliegende Entscheidungssituation so integriert werden können, daß dieses Modell gleichzeitig Unsicherheit über zukünftige Umweltzustände, die Auswirkungen von Handlungsalternativen auf mehrere Ziele sowie mehrere Perioden berücksichtigen kann.

### 3.3. Ansätze zur Berücksichtigung von Unsicherheit

### 3.3.1. Der Informationsstand bezüglich der Umweltzustände

Die grundsätzlichen Probleme bei der Informationsbeschaffung wurden in Abschnitt 2.3. dargestellt. Daraus ist ersichtlich, daß bei der zu treffenden Entscheidung Unsicherheit über das Eintreten bestimmter Umweltzustände herrscht.

Es gibt viele Beschreibungen von Instrumenten zur Berücksichtigung von Unsicherheit, die sich auf Anwendungen zur Beurteilung von Investitionsprojekten beziehen[33]. Diese beschränken sich im allgemeinen darauf, aussagekräftigere Informationen über die Konsequenzen von Handlungsalternativen bereitzustellen. Für die Ableitung von Entscheidungen aus den gewonnenen Informationen ist zusätzlich ein Entscheidungshilfeverfahren oder eine Entscheidungsregel erforderlich.

Es wird vorgeschlagen die Ansätze zur Berücksichtigung von Ungewißheit aus der Investitionsrechnung auf Standortmodelle zu übertragen[34], was auch teilweise geschehen ist[35]. Dagegen sind speziell für Standortmodelle entwickelte Instrumente zur Berücksichtigung von Unsicherheit sehr selten[36]. Auch Gesamtunternehmungsmodelle werden in der Regel als deterministische Modelle formuliert[37].

Bei den Ansätzen zur Berücksichtigung der Unsicherheit lassen sich insbesondere Instrumente, die die Unsicherheit über Wahrscheinlichkeitsverteilungen berücksichtigen, von solchen unterscheiden, die darauf verzichten. Die Ermittlung von

---
33 Vgl. für viele BLOHM/LÜDER (1991) S. 231.
34 Vgl. LIEBMANN (1971) S. 148ff der die Verwendung von Entscheidungsbaumverfahren und Sensitivitätsanalyse anregt.
35 Vgl. STAHL (1975) S. 404ff der die Sensitivitätsanalyse auf Standortmodelle anwendet.
36 Vgl. GÖTZE/KOHL (1991) S. 7. Eine Ausnahme wird im Abschnitt 3.3.3. behandelt.
37 Vgl. MERTENS/GRIESE (1991) S. 216.

Wahrscheinlichkeiten kann entweder über empirische Häufigkeitsverteilungen der Ergebnisse gleichwertiger Entscheidungssituationen (objektive Wahrscheinlichkeiten) oder auf der Basis subjektiver Erfahrungen oder Überlegungen in Form von Glaubwürdigkeitsziffern (subjektive Wahrscheinlichkeiten) erfolgen[38]. Für die geschilderte Entscheidungssituation kommt aufgrund der fehlenden Häufigkeit gleichwertiger Entscheidungssituationen nur die Ermittlung subjektiver Wahrscheinlichkeiten in Betracht.

Mit der Annahme über das Vorliegen subjektiver Wahrscheinlichkeiten ist verbunden, daß der Entscheidungsträger in der Lage und bereit dazu ist, seine Kenntnisse in die zahlenmäßige Konkretisierung von Wahrscheinlichkeiten umzusetzen. Dies setzt eine lückenlose Kenntnis der möglicherweise eintretenden Umweltzustände voraus[39].

Wegen der Voraussetzungen für die Ermittlung von subjektiven Wahrscheinlichkeiten und den mit der Erfüllung dieser Voraussetzungen verbundenen Schwierigkeiten sollen im folgenden auch solche Instrumente betrachtet werden, die ohne die Einbeziehung von Wahrscheinlichkeiten zur Berücksichtigung der Ungewißheit dienen.

### 3.3.2. Ansätze ohne Wahrscheinlichkeitsaussagen

Zu den Ansätzen zur Berücksichtigung von Unsicherheit, die ohne die Berücksichtigung von Wahrscheinlichkeiten arbeiten, gehören die Korrekturverfahren und die Sensitivitätsanalyse. Sie werden vor allem in der Literatur zur Investitionsrechnung beschrieben[40].

**Korrekturverfahren** versuchen die Unsicherheit über Umweltzustände durch die Verwendung von "Risikoabschlägen" oder "Risikoaufschlägen" auf die ursprünglichen Schätzungen der exogenen Variablen zu berücksichtigen. Diesem Verfah-

---

[38] Vgl. zur Unterscheidung zwischen objektiven und subjektiven Wahrscheinlichkeiten ALBACH (1976) Sp. 4037, der allerdings nur bei Vorliegen objektiver Wahrscheinlichkeiten den Begriff Risiko verwendet.
[39] Vgl. SCHNEIDER (1990) S. 342. SCHEFFLER (1992) S. 242 zieht daraus die Schlußfolgerung, daß auf eine Quantifizierung von Wahrscheinlichkeiten in solchen Entscheidungssituationen verzichtet werden muß.
[40] Vgl. BLOHM/LÜDER (1991) S. 232ff und KRUSCHWITZ (1990) S. 264ff.

ren werden einhellig verschiedene Mängel nachgewiesen[41], so daß es hier nicht weiter betrachtet wird.

Bei der **Sensitivitätsanalyse** sollen Beziehungen zwischen exogenen und endogenen Größen eines Modells in der Form aufgedeckt werden, daß überprüft wird, inwieweit eine oder mehrere exogene Größen vom ursprünglichen Wertansatz abweichen dürfen, ohne einen vorgegebenen Wert für eine oder mehrere endogene Größen zu über- oder unterschreiten. Darüber hinaus erlaubt die Sensitivitätsanalyse Aussagen über die Veränderung des Wertes einer oder mehrerer endogener Größen bei vorgegebener Abweichung einer oder mehrerer exogener Größen vom ursprünglichen Wertansatz[42].

Eine Sonderform der Sensitivitätsanalyse ist die auch zur Analyse von Gesamtunternehmungsmodellen angewendete Pseudorisikoanalyse[43] bei der neben der Ermittlung der endogenen Größen aufgrund der ursprünglich geschätzten Werte für exogene Größen auch die Auswirkungen optimistischer und pessimistischer Schätzungen für die exogenen Größen ermittelt werden.

### 3.3.3. Entscheidungstheoretisch orientierte Ansätze

Zu den aus der Investitionsrechnung bekannten Ansätzen, die Wahrscheinlichkeiten für Umweltzustände berücksichtigen, gehören die Risikoanalyse und die flexible Planung nach Art des Entscheidungsbaumverfahrens[44].

Das **Entscheidungsbaumverfahren** unterscheidet zwischen der ursprünglichen Entscheidung und zustandsabhängigen Folgeentscheidungen, die ihrerseits Auswirkungen auf die Vorteilhaftigkeit der ursprünglichen Entscheidung haben. Der Entscheidungsbaum dient zur graphischen Darstellung einer komplexen Problemstruktur[45]. Er enthält neben Entscheidungsknoten, die ein Entscheidungsereignis kennzeichnen, Zufallsereignisknoten, die den Eintritt eines Zufallsereignisses

---

[41] Vgl. BLOHM/LÜDER (1991) S.234 und PERRIDON/STEINER (1991) S. 99f.
[42] Vgl. BLOHM/LÜDER (1991) S. 235.
[43] Vgl. NAYLOR (1979b) S. 33.
[44] Vgl. BLOHM/LÜDER (1991) S. 264ff und KRUSCHWITZ (1990) S. 271ff.
[45] Vgl. PERRIDON/STEINER (1991) S. 122.

markieren, und Ergebnisknoten zum Ausweis der Konsequenzen von Entscheidungen und Zufallsereignissen am Ende einer Periode[46].

Prinzipiell ließe sich auch das hier behandelte Entscheidungsproblem so formulieren, daß das Entscheidungsbaumverfahren zur Anwendung gelangen könnte. Dies würde allerdings bei der Einbeziehung vieler unsicherer Größen dazu führen, daß mit außerordentlich stark verästelten Zustandsbäumen gearbeitet werden müßte[47]. Für diesen Fall scheint nur eine simulative Analyse praktisch durchführbar. Dies gilt insbesondere auch dann, wenn nicht nur der Erwartungswert sondern eine Wahrscheinlichkeitsverteilung zur Beurteilung der Handlungsalternativen herangezogen werden soll[48].

Eine solche simulative Analyse ermöglicht die im nächsten Absatz beschriebene Risikoanalyse. Die Abhängigkeit der Entscheidung über die Änderung der Standortstruktur in der ersten Periode von Zufallsgrößen und die Entscheidung über die Änderung der Standortstruktur in den folgenden Perioden kann durch eine entsprechende Formulierung der Handlungsalternativen ebenfalls berücksichtigt werden[49], so daß das Entscheidungsbaumverfahren nicht weiter betrachtet wird.

Die **Risikoanalyse** ermöglicht es, Wahrscheinlichkeitsverteilungen für die endogenen Größen eines Modells aus sicheren und unsicheren Informationen über die exogenen Größen eines Modells abzuleiten[50]. Die Risikoanalyse gewinnt ihre praktische Bedeutung durch den von HERTZ[51] vorgeschlagenen Einsatz der Monte-Carlo-Technik für die Computersimulation. In einem Simulationslauf wird für sämtliche unsicheren Eingangsgrößen ein Wert durch Zufallsauswahl realisiert und der Wert der endogenen Variablen ermittelt. Bei entsprechender Anzahl von Simulationsläufen ergeben sich Wahrscheinlichkeitsverteilungen für die endogenen Größen, die dann für eine Entscheidungsfindung herangezogen werden können.

---

[46] Vgl. BLOHM/LÜDER (1991) S. 265.
[47] Vgl. KRUSCHWITZ (1990) S. 290.
[48] Vgl. BLOHM/LÜDER (1991) S. 270.
[49] Vgl. Abschnitt 5.2.2.2.1.
[50] Vgl. KRUSCHWITZ (1990) S. 271.
[51] Vgl. HERTZ (1964) S. 95ff.

Darüber hinaus gibt es Ansätze zur Berücksichtigung von Unsicherheit, die für spezielle Standortmodelle entwickelt wurden[52], und solche, die in Gesamtunternehmungsmodellen eingesetzt werden[53]. Da es sich in diesen Fällen entweder um den Einsatz der bereits erwähnten Risikoanalyse handelt, oder um eine Abbildung der Problemstellung auf das Grundmodell der Entscheidungstheorie, die es erfordert, alle relevanten Zukunftsentwicklungen im Rahmen entsprechend aufwendiger Ergebnismatrizen zu entwickeln[54], werden diese nicht gesondert betrachtet.

Somit muß eine Entscheidung für das einzusetzende Verfahren zwischen der Risikoanalyse und der Sensitivitätsanalyse gefällt werden.

### 3.3.4. Sensitivitätsanalyse versus Risikoanalyse

Bisher wurde nicht untersucht, inwieweit die erwähnten Verfahren für mehrperiodische Entscheidungsprobleme einsetzbar sind. Sowohl die Sensitivitätsanalyse als auch die Risikoanalyse erfüllen diese Voraussetzung, so daß eine nähere Betrachtung dieser Instrumente in Bezug auf die Problemstruktur erforderlich ist.

Die **Sensitivitätsanalyse** verzichtet auf die Verwendung von Wahrscheinlichkeitsverteilungen. Damit entfallen die grundsätzlichen Bedenken gegen die Schwierigkeiten bei der Ermittlung der Wahrscheinlichkeiten für exogene Größen des Modells. Sie löst allerdings das Problem der Entscheidung bei Unsicherheit nicht, sondern vermittelt lediglich einen Überblick über die Bedeutung der Unsicherheit für die Lösung des anstehenden Entscheidungsproblems[55]. Dies kann durch die Ermittlung derjenigen exogenen Variablen geschehen, die für das Entscheidungsproblem ausschlaggebend sind[56]. Darüber hinaus erlaubt die Sensitivitätsanalyse die Bestimmung einer Spannweite der für möglich gehaltenen Ausprägungen der endogenen Variablen, die einen groben Anhaltspunkt für das Ausmaß der Unsicherheit bietet[57].

---

[52] Vgl. HAHN (1981) S. 13ff, der das Grundmodell der Entscheidungstheorie auf das HUFF'sche Gravitationsmodell abbildet. Zum HUFF'schen Gravitationsmodell vgl. KOTSCHEDOFF (1976) S. 177ff.
[53] Vgl. BELL (1983) und BRUNNER (1977).
[54] Vgl. KRUSCHWITZ (1990) S. 280.
[55] Vgl. HAX (1970) S. 131 und KILGER (1965) S. 341.
[56] Vgl. KRUSCHWITZ (1990) S. 271.
[57] Vgl. BLOHM/LÜDER (1991) S. 239.

Für die Anwendung der **Risikoanalyse** müssen folgende Voraussetzungen gegeben sein[58]:

- als zufallsabhängig angenommenen Größen sind wirklich zufallsabhängig,
- für die zufallsabhängigen Größen können Wahrscheinlichkeitsverteilungen angegeben werden und
- stochastische Abhängigkeiten zwischen zufallsabhängigen Größen werden berücksichtigt.

Unter diesen Voraussetzungen erlaubt die Risikoanalyse eine weitergehende Berücksichtigung der Unsicherheit als die Sensitivitätsanalyse.

Zusammenfassend bleibt zwischen den Vorteilen in Form der Aussagekraft der Risikoanalyse gegenüber der Sensitivitätsanalyse auf der einen Seite und den Nachteilen aufgrund des zusätzlichen Aufwands bei der Schätzung von Wahrscheinlichkeiten für das Eintreten von Umweltzuständen sowie der aufwendigeren rechentechnischen Verarbeitung auf der anderen Seite abzuwägen. Hier wird aufgrund der Bedeutung, die der Berücksichtigung der Unsicherheit bei der Entscheidungsfindung beigemessen wird, die aufwendigere und aussagekräftigere Risikoanalyse vorgezogen und damit unterstellt, daß die Möglichkeit besteht, Wahrscheinlichkeitsverteilungen für das Eintreten von Umweltzuständen zu ermitteln.

### 3.4. Ansätze zur Berücksichtigung mehrerer Zielgrößen

### 3.4.1. Integration eines Entscheidungshilfeverfahrens in das Modell

Das wesentliche Merkmal zur Abgrenzung der Entscheidungsmodelle von Erklärungs- bzw. Prognosemodellen ist, daß Entscheidungsmodelle die Auswahl einer Handlungs-alternative anhand eines Zielsystems erlauben[59]. Dies wird durch die Integration eines Entscheidungshilfeverfahrens in das Modell erreicht. In wenig komplexen Entscheidungssituationen kann das einzusetzende Entscheidungshilfeverfahren trivial sein[60]. Das gilt z.B. bei Betrachtung nur einer Zielgröße, der Annahme vollkommener Informationen über die Umweltzustände, dem Vorliegen

---

[58] Vgl. BLOHM/LÜDER (1991) S. 262f.
[59] Vgl. Abschnitt 3.2.
[60] Vgl. BAMBERG/COENENERG (1991) S. 41.

einer unbegrenzten Zielsetzung (Minimierung oder Maximierung) und einer begrenzten Anzahl bekannter Alternativen. Damit stellt auch die Integration in ein Modell kein eigenständiges Problem dar. Bei Vorliegen komplexer Entscheidungssituationen, wie der hier betrachteten, wird diskutiert, ob eine Bewertung von Handlungsalternativen durch ein Entscheidungshilfeverfahren im Modell vorgenommen werden soll, oder ob vielmehr der Benutzer eines Modells aufgrund der durch das Modell zur Verfügung gestellten Informationen durch Abwägen der Vor- und Nachteile der verschiedenen Handlungsalternativen eine mehr oder weniger intuitive Entscheidung treffen sollte[61].

Es werden zunächst die Argumente, die gegen eine Integration eines Entscheidungshilfeverfahrens in ein Modell sprechen, aufgeführt.

Für eine eindeutig, intersubjektiv nachprüfbare Vorteilhaftigkeitsaussage ist die Umsetzung der Höhen-, Arten-, Zeit- und Sicherheitspräferenzen in einen einheitlichen Maßstab (eine Nutzengröße) für die Beurteilung der Konsequenzen einer Handlungsalternative erforderlich[62]. Die Umsetzung von Präferenzen in eine Nutzengröße stellen unter anderem hohe Anforderungen an das Differenzierungsvermögen des Entscheidungsträgers. Die vorgeschlagenen Verfahren zur Reduktion dieser Komplexität, wie z.B. die Verfahren der Diskontierung als Ausdruck für die Berücksichtigung der Zeitpräferenz, führen zu Einschränkungen bei der Berücksichtigung der Präferenzen des Entscheidungsträgers[63].

Die empirische Zielforschung hat eine Interdependenz zwischen Zielbildungsprozeß und Problemlösungsprozeß in der Form aufgezeigt, daß der Entscheidungsprozeß von einem Zielsuchprozeß überlagert wird[64]. Im Extremfall werden Ziele nur noch nachträglich durch den Entscheidungsträger festgelegt, um diesem als Rechtfertigung seiner Entscheidung zu dienen[65]. Die Anwendung eines Entscheidungshilfeverfahrens setzt dagegen das Vorhandensein eines Zielsystems voraus.

---

[61] Vgl. SCHEFFLER (1992) S. 244.
[62] Vgl. SCHEFFLER (1992) S. 243.
[63] Vgl. SCHEFFLER (1992) S. 243.
[64] Vgl. HAUSCHILDT (1988b) S. 77 und WITTE (1992) Sp. 558.
[65] Vgl. SCHIERENBECK (1989) S. 67.

Darüber hinaus wird die Aussagekraft von Entscheidungshilfeverfahren durch die Offenheit der Problemstruktur und die Schwierigkeit bei der Verarbeitung unvollkommener Informationen eingeschränkt[66].

Für den Einsatz eines Entscheidungshilfeverfahrens spricht zum einen die Fülle der Informationen, die gerade bei der Durchführung einer Risikoanalyse aller Handlungsalternativen vom Entscheidungsträger zu verarbeiten sind. Diese schließt eine unmittelbare Entscheidungsfindung durch den Entscheidungsträger aus[67]. Deshalb ist der Einsatz von Entscheidungshilfeverfahren, die dem Entscheidungsträger eine systematische, nachvollziehbare und logisch fundierte Auswertung der verfügbaren Informationen ermöglichen[68], Voraussetzung für die Entscheidungsfindung.

Ein Benutzerdialog zur Festlegung der Ziele kann im Modell integriert werden, so daß auch Änderungen des Zielsystems während der Entscheidungsfindung berücksichtigt werden können.

Aufgrund der angeführten Vorteile von Entscheidungshilfeverfahren werden hier die Schwierigkeiten bei deren Einsatz und deren Unzulänglichkeiten nicht als so gravierend angesehen, daß auf den Einsatz von Entscheidungshilfeverfahren ganz verzichtet werden sollte.

### 3.4.2. Abbildung der Zielgrößen im Modell

Es ist die Ermittlung der Konsequenzen von Handlungsalternativen bezüglich sämtlicher relevanter Zielgrößen durch das Modell anzustreben. Da es sich um mathematische Modelle handelt, können nur Konsequenzen auf solche Zielgrößen im Modell abgebildet werden, die quantifizierbar sind. Der im Modell abzubildende Ausschnitt des Realsystems ist so zu wählen, daß möglichst viele der quantifizierbaren Zielgrößen auch tatsächlich quantifiziert werden können. Unabhängig von dem Ausschnitt des Realsystems, der im Modell abgebildet wird, besteht die Möglichkeit der Einbeziehung nicht-quantifizierter und nicht-quantifizierbarer Zielgrößen in die Entscheidungsfindung durch die Wahl eines entsprechenden Entscheidungshilfeverfahrens. Während die Wahl eines entsprechenden

---

[66] Vgl. SCHEFFLER (1992) S. 244.
[67] Vgl. HILDENBRAND (1988) S. 220.
[68] Vgl. EISENFÜHR (1989) Sp. 397.

Entscheidungshilfeverfahrens Gegenstand der folgenden Abschnitte ist, sollen zunächst Überlegungen zur Bestimmung des Ausschnittes aus dem Realsystem untersucht werden.

In den verschiedenen dynamischen Verfahren der Investitionsrechnung[69] werden Investitionen durch ihre Zahlungsreihe beschrieben, die sich aus Ein- und Auszahlungen zusammensetzt und typischerweise mit einer Auszahlung beginnt[70]. Danach können auch nur Aussagen über die Vorteilhaftigkeit von Zahlungsreihen getroffen werden. Diese beinhalten z.b. nicht die Wirkungen von Investitionen auf Periodenergebnisse. Einzelinvestitionen, auch bei Einbeziehung in Investitionsprogramme, werden isoliert betrachtet. Darüber, wie sich eine Investition oder im betrachteten Fall die Standortstruktur in das Gesamtsystem der Unternehmung einfügt, können keine Aussagen getroffen werden. Auswirkungen von Investitionen auf nicht-monetäre Zielsetzungen werden in dynamischen Investitionsrechnungen nicht dargestellt.

Auch die mathematischen Modelle für die Standortplanung beschränken sich in der Regel auf die Darstellung der Konsequenzen bezüglich der Zielgrößen Umsatz, Kosten oder Gewinn[71]. Sie erlauben ebenfalls keine Aussagen darüber, wie sich Standortentscheidungen auf das Gesamtsystem der Unternehmung auswirken.

Demgegenüber bilden Gesamtunternehmungsmodelle die Konsequenzen von Handlungsalternativen auf eine große Anzahl von Zielgrößen ab. Innerhalb der monetären Zielgrößen lassen sich neben der Zielgröße Gewinn auch - z.B. über die Integration eines Finanzmodells - die Konsequenzen auf die Liquidität aufzeigen. Gesamtunternehmungsmodelle ermöglichen die Aufnahme von reinen Mengengrößen (z.B. Personalzahlen), die ebenfalls als Zielgrößen dienen können[72].

Aufgrund dieser Ausführungen muß die Wahl eines Modellansatzes erfolgen, der einen breiteren Ausschnitt des realen Systems im Modell abzubilden in der Lage ist, als dies bei Investitionsrechnungen und bei Standortmodellen der Fall ist.

---

[69] In die Argumentation nicht einbezogen ist die Nutzwertanalyse, die den später behandelten Entscheidungshilfeverfahren zugerechnet wird. Zu den übrigen Verfahren vgl. die in Abschnitt 3.1. angegebene Literatur.
[70] Vgl. BLOHM/LÜDER (1991) S. 55 und SCHNEIDER (1990) S. 34.
[71] Vgl. BLOECH (1990) S. 66ff.
[72] Vgl. Abschnitt 3.1. und die dort angegebene Literatur.

Deshalb soll der Ansatz der Gesamtunternehmungsmodelle bei der Formulierung eines Modells für die Standortstrukturplanung verfolgt werden.

### 3.4.3. Multiattributive Entscheidungshilfeverfahren im deterministischen Modell

Sowohl multiattributive als auch multiobjektive Entscheidungshilfeverfahren gehören zu den multikriteriellen Entscheidungshilfeverfahren[73]. Während multiattributive Verfahren auf die Auswahl einer Alternative aus wenigen Alternativen konzipiert sind, ermöglichen multiobjektive Verfahren die Suche nach einer den Zielen entsprechenden Alternative. Im folgenden werden multiattributive Verfahren betrachtet, da bei Verzicht auf die Suche nach einer optimalen Lösung von wenigen zu beurteilenden Alternativen ausgegangen werden kann. Die Auswahl der zu betrachtenden Alternativen muß damit außerhalb des Modells erfolgen.

Die multiattributiven Verfahren werden in Verfahren unterteilt, die die Kompensierbarkeit schlechter Ausprägungen einer Zielgröße durch eine gute Ausprägung einer anderen Zielgröße zulassen, und Verfahren, bei denen dies nicht der Fall ist[74].

Zu den nicht-kompensatorischen Verfahren gehört das Verfahren der lexikographischen Ordnung[75]. Bei diesem Verfahren legt der Entscheidungsträger eine Reihenfolge der Zielgrößen nach deren Bedeutung fest. Zunächst werden die Handlungsalternativen bezüglich der bedeutendsten Zielgröße bewertet. Nur wenn mehr als eine Handlungsalternative die optimale Ausprägung dieser Zielgröße aufweist, wird die zweitrangige Zielgröße zur Bewertung herangezogen. Solche Verfahren scheinen für die Verarbeitung der Fülle der zur Verfügung stehenden Informationen ungeeignet und werden deshalb nicht weiter untersucht.

Die kompensatorischen Verfahren werden weiter in Rangfolgeverfahren, Kompromißverfahren und Konkordanzverfahren unterteilt[76].

---

[73] Vgl. HWANG/YOON (1981) S. 2ff. Diese Unterscheidung ist auch in der deutschsprachigen Literatur üblich. Vgl. z.B. WEBER (1991) S. 397 und ZIMMERMANN/ GUTSCHE (1991) S. 34ff.
[74] Vgl. HWANG/YOON (1981) S. 24f.
[75] Vgl. BAMBERG/COENENBERG (1991) S. 50f und HWANG/YOON (1981) S. 74ff.
[76] Vgl. HWANG/YOON (1981) S. 25.

Rangfolgeverfahren weisen den betrachteten Handlungsalternativen einen Gesamtnutzen durch Aggregation von Teilnutzen zu. Die Alternative mit dem höchsten Gesamtnutzen wird selektiert. Zu diesen Verfahren gehören unter anderem die Nutzwertanalyse[77] und das Verfahren des Analytischen-Hierarchie-Prozesses[78]. Während Anwendungen der Nutzwertanalyse auch für die Standortplanung bekannt sind[79], wurde die Anwendung des Analytischen-Hierarchie-Prozesses auf die Standortplanung bisher nicht beschrieben. Ebenfalls unter die Rangfolgeverfahren einzuordnen ist ein Ansatz, bei dem die Verknüpfung von Zielgrößen mit den Mitteln der Aussagenlogik durchgeführt wird[80].

Kompromißverfahren führen zur Auswahl derjenigen Handlungsalternative, die einer Idealvorstellung am nächsten kommt. Darunter ist das auch auf die Standortplanung angewendete Verfahren der Polaritätsprofile einzuordnen[81].

Die Konkordanzverfahren führen einen Vergleich der Ausprägungen einzelner Zielgrößen von je zwei Handlungsalternativen durch. Die Präferenz von Handlungsalternativen wird in Konkordanzmatrizen zusammengefaßt. Das Ergebnis ist der Grad der Dominanz einzelner Handlungsalternativen, der in einer Dominanzmatrix dargestellt wird[82]. Diese Gruppe wird im wesentlichen durch die ELECTRE-Verfahren[83] sowie durch ORESTE und PROMETHÉE[84] repräsentiert. Diese Verfahren lassen Intransitivitäten und/oder Unvergleichbarkeiten zu, so daß sie nicht zu einer schwachen Ordnung wie bei den Rangfolge- und Kompromißverfahren führen. Es ist keine Anwendung der Konkordanzverfahren auf die Standortplanung bekannt.

Vor einer Auswahl des in dem zu entwickelnden Modell einzusetzenden Verfahren soll die Eignung auch für die Analyse stochastischer Systemsimulationen untersucht werden.

---

[77] Vgl. BECHMANN (1978) und ZANGEMEISTER (1976).
[78] Vgl. SAATY (1980) S. 1ff und LILLICH (1992) S. 75ff.
[79] Vgl. KAPPLER/REHKUGLER (1991) S. 230ff und LÜDER (1990) S. 36ff.
[80] Vgl. BLOECH (1970) S. 128ff und SMIDT/REIS (1963) S. 18ff.
[81] Zur Anwendung des Verfahrens der Polaritätsprofile auf die Standortplanung vgl. UPHOFF (1978) S. 205ff.
[82] Vgl. HILDENBRAND (1988) S. 224 und HWANG/YOON (1981) S. 115.
[83] Vgl. ROY (1980) S. 484ff.
[84] Vgl. SCHNEEWEISS (1991) S. 296 und die dort angegebene Literatur.

### 3.4.4. Multiattributive Entscheidungshilfeverfahren im stochastischen Modell

Während bei den bisher vorgestellten Entscheidungshilfeverfahren schon Präferenzen für Art, Höhe und Zeit der Zielgrößen einen Einfluß auf die Entscheidung haben, ergibt sich in der vorliegenden Entscheidungssituation zusätzlich das Problem, daß Präferenzen bezüglich der Sicherheit berücksichtigt werden müssen. Das hier anzuwendende Verfahren der Risikoanalyse liefert Ergebnisse in der Form, daß für jede Zielgröße und für jede Handlungsalternative die Ausprägungen sämtlicher gezogener Stichproben für die Auswertung mittels eines Entscheidungshilfeverfahrens zur Verfügung stehen.

Für die Entscheidungshilfeverfahren, die für deterministische Modelle entwickelt wurden, werden die im folgenden aufgeführten Möglichkeiten zur Berücksichtigung der Wahrscheinlichkeitsverteilungen der Zielgrößen vorgeschlagen. Diese entsprechen zum Teil den Vorschlägen zur Berücksichtigung von Unsicherheit für die Simulation selbst:

(1) Gewichtung der Ausprägungen einer Zielgröße mit ihren Eintrittswahrscheinlichkeiten (Erwartungswert-Prinzip),

(2) Verwendung der optimistischen, pessimistischen und wahrscheinlichen Ausprägung einer Zielgröße zur Errechnung einer optimistischen, pessimistischen und wahrscheinlichen Größe des Nutzwertes. "Der Entscheidungsträger trifft dann seine Auswahlentscheidung, indem er bei jeder Alternative nicht nur deren wahrscheinlichen Nutzwert, sondern entsprechend seiner subjektiven Risikoeinstellung auch die mögliche Spannweite des Nutzwertes berücksichtigt."[85]

(3) Verwendung der Wahrscheinlichkeitsverteilungen der Konsequenzen zur Ermittlung einer Wahrscheinlichkeitsverteilung des Gesamtnutzwertes. Diese Ermittlung kann entweder analytisch oder unter Verwendung eines Simulationsverfahrens erfolgen.

---

[85] RISCHMÜLLER (1980) S. 514.

(4) Erweiterung der zu betrachtenden Zielgrößen um verschiedene Risikomaßzahlen für eine Zielgröße, die dann ebenfalls einer Gewichtung unterzogen werden müssen[86].

Während bei (1) Risikoneutralität des Entscheidungsträgers unterstellt wird, bedingen (2) und (3) die Fähigkeit des Entscheidungsträgers auf die Spannweite bzw. die Wahrscheinlichkeitsverteilung des Gesamtnutzens seine Risikopräferenzen adäquat anzuwenden[87]. Bei (4) wird die Bedingung der Nutzenunabhängigkeit der Zielgrößen schwerer zu erfüllen sein als bei deterministischen Entscheidungshilfeverfahren, auch wenn nur die Forderung nach bedingter Nutzenunabhängigkeit erhoben wird. Die fehlende theoretische Rechtfertigung der Aggregation der attributweisen Bewertungen zur Gesamtbewertung ist ohnehin ein Schwachpunkt der obigen Verfahren.

Diese Einschränkung gilt nicht für Entscheidungshilfeverfahren, die speziell für diese Entscheidungssituation entwickelt wurden. Diese ziehen eine Gesamtnutzenfunktion aller Präferenzen des Entscheidungsträgers zur Beurteilung der Handlungsalternativen in der Weise heran, daß der Erwartungswert des Nutzwertes als eindimensionales Zielkriterium dienen kann. Diese Entscheidungshilfeverfahren sind unter der Bezeichnung Multi-Attribute-Utility-Theory (MAUT) bekannt[88]. Die Multi-Attribute-Utility-Theory setzt das explizite Formulieren von Risiko-Nutzenfunktionen voraus. Hierbei handelt es sich zwar um ein theoretisch fundiertes und in sich geschlossenes Verfahren, das jedoch seine Grenzen in der praktischen Anwendung durch Akzeptanzvorbehalte der Entscheidungsträger gegenüber einigen grundlegenden Prämissen und dem Verfahrensablauf selbst hat[89].

Deshalb soll für das zu entwickelnde Modell auf ein aus theoretischer Sicht weniger befriedigendes aber aus praktischer Sicht besser akzeptiertes deterministisches Verfahren zurückgegriffen werden, das durch einen der obigen Ansätze zur Berücksichtigung von Wahrscheinlichkeitsverteilungen der Zielgrößen erweitert wird. Der Ansatz (1) wird wegen der fehlenden Berücksichtigung der Risikoneigung des Entscheidungsträgers abgelehnt. Es wird der Ansatz (4) ausgewählt,

---

[86] EMMERT (1974) S. 109ff unterbreitet diesen Vorschlag für die Nutzwertanalyse und HILDENBRAND (1988) S. 223ff zeigt eine Anwendung dieses Vorschlags auf das Verfahren ELECTRE. Ohne Bezug zu einem konkreten Verfahren formuliert diesen Vorschlag auch EISENFÜHR (1989) Sp. 404.
[87] Vgl. RISCHMÜLLER (1980) S. 514.
[88] Vgl. KEENY/RAIFFA (1976) S. 282ff und RISCHMÜLLER (1980) S. 498ff.
[89] Vgl. RISCHMÜLLER (1980) S. 516.

weil dieser keine weiteren Anforderungen an den Entscheidungsträger hinsichtlich der Interpretation der Ergebnisse stellt, wie dies bei den Ansätzen (2) und (3) der Fall ist.

Der Ansatz (4) eignet sich grundsätzlich für den Einsatz mit allen deterministischen multiattributiven Entscheidungshilfeverfahren. Es wird das Verfahren der Nutzwertanalyse für den Einsatz in dem zu entwickelnden Modell ausgewählt, weil bei diesem Verfahren aufgrund seiner Bekanntheit in der Unternehmungspraxis und der leichten Nachvollziehbarkeit der Rechenschritte die geringsten Akzeptanzprobleme erwartet werden.

### 3.5. Konsequenzen für die Entwicklung des Modells

Zusammenfassend bleibt festzuhalten, daß ein Modell mit folgenden Eigenschaften entwickelt werden soll:

- Konzentration auf die Entscheidung über die Standortstruktur von Fertigungsstandorten ohne die Berücksichtigung anderer betrieblicher Entscheidungen,
- Auswahl aus einer begrenzten Anzahl von Handlungsalternativen mit dem Anspruch, eine satisfizierende Lösung zu finden,
- Abbildung der Konsequenzen von Handlungsalternativen auf ein multiattributives mehrperiodisches Zielsystem durch die Formulierung eines Gesamtunternehmungsmodells,
- Einsatz der Risikoanalyse zur Generierung von Wahrscheinlichkeitsverteilungen für Zielgrößen zur expliziten Berücksichtigung der Unsicherheit, und
- Einsatz eines multiattributiven Entscheidungshilfeverfahrens in Verbindung mit einem Verfahren zur Berücksichtigung von Wahrscheinlichkeitsverteilungen der Zielgrößen zur Unterstützung der Entscheidungsfindung.

Eine ausführliche Beschreibung der ausgewählten Modellansätze und Verfahren mit den zu beachtenden Besonderheiten für die konkrete Anwendung erfolgt in Abschnitt 4.

## 4. Konzeption eines Modellansatzes zur Planung und Kontrolle von Standortstrukturänderungen

Aufgrund der oben aufgeführten Konsequenzen aus der Analyse relevanter Modellansätze ergibt sich, daß eine Kombination folgender Modellansätze und Verfahren in einem Modell zur Planung und Kontrolle von Standortstrukturänderungen zum Einsatz gelangen sollte:

- simulatives Gesamtunternehmungsmodell,
- Risikoanalyse,
- Nutzwertanalyse bei unsicherer Zielerreichung.

Obige Modellansätze und Verfahren, ihre Beziehungen zueinander und ihre Integration in ein Gesamtkonzept werden in diesem Abschnitt beschrieben.

### 4.1. Simulative Gesamtunternehmungsmodelle

#### 4.1.1. Begriffsabgrenzung

Mit dem Begriff der **Simulation** wird in der betriebswirtschaftlichen Literatur sowohl die Abbildung eines Originalsystems durch ein mathematisches Modell als auch die Durchführung von Berechnungsexperimenten anhand dieses Modells verbunden[1].

Der erste Definitionsbestandteil drückt aus, daß zur Gewinnung von Erkenntnissen über ein System nicht das Originalsystem herangezogen wird, sondern Aussagen aus dem Verhalten eines Modells abgeleitet werden, die Rückschlüsse auf das Verhalten des Originalsystems ermöglichen[2]. Experimente werden an einem Modell statt in der Wirklichkeit durchgeführt, weil das Experimentieren mit dem Originalsystem unmöglich, zu gefährlich oder zu teuer wäre[3].

Als Technik zur Vorbereitung der Simulation mit einem mathematischen Modell dient die aus der Systemanalyse und -synthese bestehende Systemforschung[4]. Die Systemanalyse beinhaltet die Abgrenzung des zu untersuchenden Realitätsaus-

---

[1] Vgl. BEA (1977) S. 201, KOLLER (1976) Sp. 3537, MERTENS (1982) S. 1, NAYLOR (1971) S. 2 und NAYLOR u.a. (1966) S. 2.
[2] Vgl. KRÜGER (1974) S. 22.
[3] Vgl. MERTENS (1982) S. 1.
[4] Vgl. BAETGE/FISCHER (1989a) Sp. 1785.

schnitts und die Auswahl der innerhalb dieses Realitätsausschnitts abzubildenden Elemente, deren Beziehungen zueinander sowie der Eigenschaften der Elemente und Beziehungen[5]. Die Systemsynthese erfolgt durch die Beschreibung der Systemgrößen anhand von Modellvariablen und der Zusammenhänge zwischen den Systemgrößen anhand von Modellrelationen, die in einem mathematischen Modell zusammenfassend abgebildet werden[6]. Die Isolation des Untersuchungsgegenstandes aus dem Gesamtbereich der Wirklichkeit und die Vereinfachungen bei der Abbildung des Originalsystems im Modell machen den Untersuchungsgegenstand einer Analyse leichter zugänglich[7]. Der Grad der erforderlichen Abbildungsgenauigkeit hängt von dem Untersuchungsgegenstand und den Zielen der Untersuchung ab[8]. Die Auswahl der wirklich relevanten Einflußfaktoren hat Vorrang vor einer möglichst großen Abbildungsgenauigkeit. Dieses gilt auch wegen der mit steigender Abbildungsgenauigkeit zunehmenden Kosten[9].

Der zweite Definitionsbestandteil trifft eine Aussage über das Verfahren, das bei der Berechnung der endogenen Variablen der Modelle angewendet wird[10]. Dabei handelt es sich um das Verfahren des Experiments, das im Gegensatz zu analytischen oder heuristischen Verfahren nicht vorrangig für die Suche nach einem Optimum ausgelegt ist. Durch Simulationsexperimente wird aus einer begrenzten Anzahl vorgegebener Alternativen diejenige mit der höchsten Zielerreichung ausgewählt, sofern diese ein definiertes Anspruchsniveau erfüllt. Analytische Verfahren haben dagegen den Vorteil, daß die zu untersuchenden Alternativen nicht vorgegeben werden müssen, sondern die optimale Alternative mit Hilfe des Verfahrens generiert bzw. entworfen wird. Eingeschränkt gilt dieser Vorteil auch für heuristische Verfahren, die allerdings lediglich die Annäherung an ein Optimum unterstützen, nicht jedoch dessen Aufspüren sicherstellen[11].

Aus der Anwendung des Verfahrens des Experiments ergeben sich auch Auswirkungen auf die Abbildung des Originalsystems im Modell. So unterliegen Simulationsmodelle keinen Einschränkungen aufgrund der Lösungsverfahren und er-

---

5 Vgl. BAETGE/FISCHER (1989a) Sp. 1785.
6 Vgl. BAETGE/FISCHER (1989b) Sp. 1950.
7 Vgl. BEA (1977) S. 201 und KOLLER (1976) Sp. 3537.
8 Vgl. KOLLER (1976) Sp. 3538.
9 Vgl. SCHUG (1980) S. 8.
10 Vgl. GAL/GEHRING (1981) S. 21f und KRÜGER (1974) S. 27.
11 Zur Kombination der Simulation mit heuristischen Verfahren vgl. SCHUG (1980) S. 224ff.

möglichen durch spezielle Problembezogenheit eine relativ große Realitätsnähe und hohe praktische Aussagefähigkeit[12].

Charakteristisch für die Anwendung der Simulation zur Bearbeitung betriebswirtschaftlicher Fragestellungen ist ferner der Einsatz dynamischer Modelle für die "Erstellung einer Zustandsgeschichte eines realen Systems mit Hilfe eines formalen Systems"[13] und die Verwendung digitaler Rechner, die erst die Durchführung größerer Berechnungsexperimente ermöglichen[14]. Aus diesem Grund wurden die hier erwähnten Charakteristika von einigen Autoren zusätzlich in die Definition des Simulationsbegriffs aufgenommen[15].

Bei der Bildung eines Modells zur Planung und Kontrolle von Standortstrukturänderungen ist das zugrundeliegende Originalsystem die gesamte Unternehmung mit mehreren Fertigungsstandorten und Teilen des die Unternehmung umgebenden Systems. Das erfordert die Bildung eines Modells nach dem Konzept der **Gesamtunternehmungsmodelle**[16].

### 4.1.2. Grundstruktur eines simulativen Gesamtunternehmungsmodells

Ein Gesamtunternehmungsmodell stellt funktionale Beziehungen zwischen verschiedenen Kategorien von die Unternehmung beschreibenden Größen dar, die wie folgt beschrieben werden können[17]:

*(4.1)* $\quad Y_t = f(Y_0, Y_{t-t^*}, X_t, E_t, Z_t)$

Zur Darstellung des Outputs dienen endogene Variablen $Y_t = (y_{1t}, y_{2t}, \ldots, y_{Nt})$, die über das Modell berechnet werden. Der Modellinput besteht aus[18]:

---

[12] Vgl. GAL/GEHRING (1981) S. 168. Zu weiteren Vorteilen der Simulation gegenüber analytischen Verfahren vgl. MERTENS (1982) S. 118ff.
[13] WITTE (1973) S. 18.
[14] Vgl. GAL/GEHRING (1981) S. 168.
[15] Vgl. u.a. LUDEWIG (1975) S. 2.
[16] Vgl. zum Konzept der Gesamtunternehmungsmodelle Abschnitt 3.1.
[17] Vgl. HANSSMANN (1987) S. 23 und KOLLER (1976) Sp. 3538.
[18] Vgl. HANSSMANN (1987) S. 80f, NAYLOR u.a. (1966) S. 10ff, ROSENKRANZ (1990) S. 24 und ZWICKER (1981) S.33f.

1. Informationen über die Umwelt der Unternehmung, ausgedrückt durch Zufallsvariablen $Z_t = (z_{1t}, z_{2t}, ..., z_{Mt})$ oder sonstige exogene Variablen $X_t = (x_{1t}, x_{2t}, ..., x_{Lt})$ in Abhängigkeit von dem Informationsstand,
2. Informationen über die Beeinflussung des Modells über den Benutzer, ausgedrückt durch Entscheidungsvariablen $E_t = (e_{1t}, e_{2t}, ..., e_{Rt})$ und
3. Informationen über die Entwicklung des Modells in vorhergehenden Perioden, ausgedrückt durch Anfangswerte $Y_0 = (y_{10}, y_{20}, ..., y_{P0})$ und durch endogene Variablen des Modells aus der Periode $t$-$t$*, die als rückgekoppelte endogene Variablen $Y_{t-t*} = (y_{1t-t*}, y_{2t-t*}, ..., y_{Nt-t*})$ bezeichnet werden.

Die Abbildung 4.1 zeigt die Grundstruktur eines simulativen Gesamtunternehmungsmodells auf.

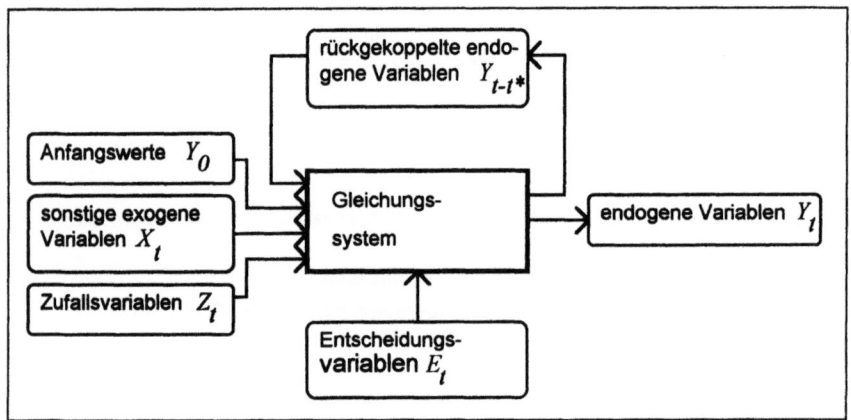

*Abbildung 4.1:   Grundstruktur eines simulativen Gesamtunternehmungsmodells*

Die sonstigen exogenen Variablen werden als Parameter bezeichnet, wenn sie über den gesamten Betrachtungszeitraum konstant sind[19].

Die Beschreibung der Input-Output-Beziehungen der im Modell enthaltenen Variablen erfolgt durch ein mathematisches Gleichungssystem, in dem verschiedene Typen von Modellrelationen zum Einsatz gelangen können[20]:

• Verhaltensgleichungen,

---
[19] Vgl. MÜLLER (1969) S. 69 und ZWICKER (1981) S. 33.
[20] Vgl. ROSENKRANZ (1979) S. 151ff.

- Identitäten oder Definitionen,
- technologische oder institutionelle Beziehungen,
- Gleichgewichts- und Randbedingungen und
- logische Beziehungen.

Zur Veranschaulichung des Gleichungssystems kann die graphische Darstellung der Modellstruktur eingesetzt werden. In der Abbildung 4.2 wird ein Beispiel für die Gestaltung der dabei zu verwendenden Symbole gegeben.

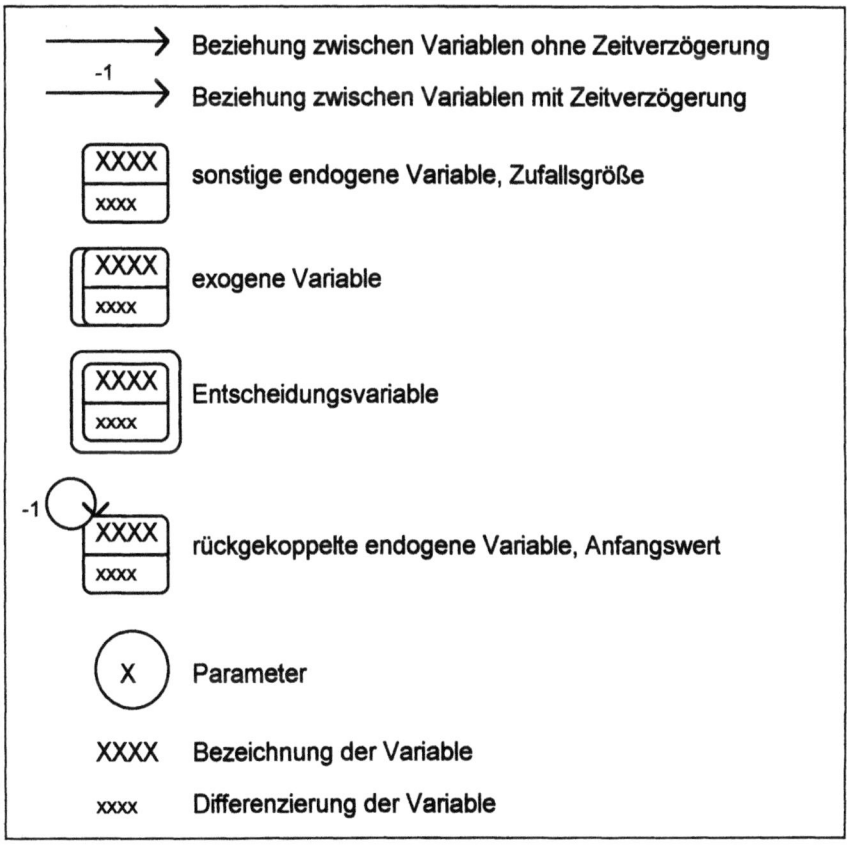

*Abbildung 4.2: Symbole zur Darstellung der Modellstruktur*

### 4.1.3. Methodische Vorgehensweise bei der Entwicklung simulativer Gesamtunternehmungsmodelle

Der Einsatz der Simulationsmethode zur Planung und Kontrolle von Standortstrukturänderungen läßt sich anhand der im Modellierungsprozeß eines Simulationsmodells zu durchlaufenden Schritte erläutern, wobei diese im konkreten Fall von der in Abbildung 4.3 angegebene Reihenfolge abweichen können[21]. Einzelne Modellierungsschritte können auch parallel durchlaufen oder ihrerseits in Teilabschnitte gegliedert werden. Insbesondere kann eine Rückkehr zu vorgelagerten Schritten erforderlich werden, wenn im Laufe des Modellierungsprozesses sichtbar wird, daß die formulierte Zielsetzung nicht erreicht wird[22].

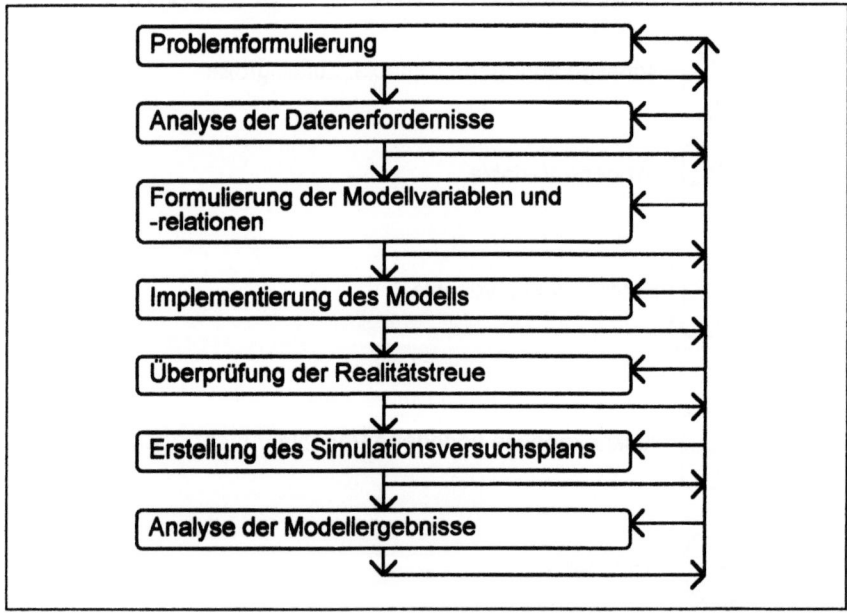

*Abbildung 4.3: Phasen im Modellierungsprozeß simulativer Gesamtunternehmungsmodelle*

---

[21] In ähnlicher Weise werden die Schritte eines Simulationsexperiments auch bei BAUKNECHT/KOHLAS/ZEHNDER (1976) S. 37, GORDON (1972) S. 30, NAYLOR (1971) S. 11 und SCHMIDT (1985) S. 63 geordnet.
[22] Vgl. ROSENKRANZ (1990) S. 39f.

Die Phase der **Problemformulierung** steht am Anfang der Entwicklung eines Simulationsmodells[23]. Die Problemformulierung unterliegt aber einer ständigen Überprüfung und gegebenenfalls Überarbeitung beim Fortschreiten des Simulationsexperiments.

Durch Simulationsmodelle können Untersuchungen mit unterschiedlichen Zielsetzungen unterstützt werden. Simulationsmodelle sind geeignet zur[24]:

- Beschreibung der Struktur des abgebildeten Systems,
- Erklärung oder Prognose des Systemverhaltens und
- Exploration der Auswirkungen von Handlungsalternativen auf das Systemverhalten (Beantwortung von "what-if" und "how-to-achieve" Fragestellungen) und damit als Modelle zur Vorbereitung von Entscheidungen.

Die Zielsetzung von simulativen Gesamtunternehmungsmodellen ist meist die Beantwortung von "what-if" Fragestellungen[25]. Zur genauen Formulierung der zu bearbeitenden Fragestellung gehören:

- die Festlegung der Systemelemente, durch die die Handlungsalternativen ausgedrückt werden sollen[26],
- die Festlegung des Zielsystems zur Bewertung der Auswirkungen der Handlungsalternativen[27] und
- die Festlegung des Ausschnitts aus der Wirklichkeit, der bei der Simulation betrachtet werden soll[28].

Neben der Ermittlung der Daten, die für die Durchführung der Simulation erforderlich sind, ist bei der **Analyse der Datenerfordernisse** zu untersuchen, ob die erforderlichen Daten überhaupt vorhanden sind, mit welchem Aufwand die gegebenenfalls nicht vorhandenen Daten zu beschaffen sind und ob die Qualität der Daten für den Einsatz im Simulationsmodell ausreichend ist. Daten bilden die Grundlage für[29]:

---

[23] Vgl. ROSENKRANZ (1990) S. 40.
[24] Vgl. KRÜGER (1974) S.43.
[25] Vgl. ROSENKRANZ (1990) S. 23.
[26] Vgl. MANDL (1977) S. 57.
[27] Vgl. NAYLOR u.a. (1966) S. 26.
[28] Vgl. HARBORDT (1974) S. 66.
[29] Vgl. MANDL (1977) S. 57.

- die Schätzung von Zufallsgrößen, sonstigen exogenen Variablen und Parametern,
- die Bestimmung der Anfangswerte für alle Variablen, und
- das Testen des Modells auf Übereinstimmung mit der Wirklichkeit (Validierung).

Insofern können Erkenntnisse über die Datenqualität Rückkopplungen zur Phase der Problemformulierung, z.b. bezüglich des betrachteten Ausschnitts aus der Wirklichkeit haben. Ebenso können die vorhandenen Daten in der Phase der Modellformulierung z.b. den Grad der optimalen Abbildungsgenauigkeit beeinflussen.

Nachdem in der Phase der Problemformulierung bereits der durch das Modell abzubildende Realitätsausschnitt bestimmt wurde und Aussagen über die Handlungsalternativen sowie über das zur Bewertung der Handlungsalternativen einzusetzende Zielsystem festgehalten wurden, wird in der Phase der **Formulierung der Modellvariablen und -relationen** über die Abbildung von Systemelementen durch Variablen und die Verknüpfung von Variablen durch Relationen entschieden. In Abhängigkeit von der Bedeutung für das untersuchte Problem können mehrere Systemelemente zu einer Variablen zusammengefaßt oder überhaupt nicht im Modell abgebildet werden. Ziel dieser Maßnahme ist ein leichterer Überblick und ein besseres Verständnis für das untersuchte Problem[30]. Anschließend müssen die Beziehungen des Systems durch logische und mathematische Anweisungen (Modellrelationen) wiedergegeben werden[31].

Ein wesentliches Problem in dieser Phase ist die Wahrung eines vernünftigen Verhältnisses zwischen der Abbildungsgenauigkeit und dem Aufwand für die Programmierung und Durchführung der Simulationsexperimente[32]. Darüber hinaus kann es Schwierigkeiten bereiten, bestimmte Sachverhalte überhaupt durch Variablen auszudrücken[33], komplexe Beziehungen zwischen Variablen als mathematische Relationen zu formulieren oder signifikante Variablen oder Relationen als solche zu identifizieren[34].

---

[30] Vgl. KOLLER (1976) Sp. 3537.
[31] Vgl. LANDWEHR (1979) S. 22.
[32] Vgl. NAYLOR u.a. (1966) S. 30.
[33] Zu den Imponderabilien vgl. FORRESTER (1961) S. 57 und MÜLLER (1969) S. 69.
[34] Vgl. NAYLOR u.a. (1966) S. 32.

Ein verbreiteter Vorschlag, einigen der genannten Schwierigkeiten entgegenzuwirken, besteht in einer modulartigen Vorgehensweise bei der Konstruktion des Modells[35]. Dabei erscheint es besonders erstrebenswert, solche Zusammenhänge, die nur durch simultane Gleichungssysteme ausgedrückt werden können, innerhalb eines Moduls zu beschreiben, damit die einzelnen Module rekursiv angeordnet werden können[36].

Sofern die Simulationsvariablen und -parameter nicht direkt den vorhandenen Daten entnommen werden können, wird eine Schätzung der Variablen und Parameter erforderlich. Eine Schätzung kann subjektiv aufgrund von Werturteilen, Meinungen und Vorstellungen oder statistisch aus gegebenen historischen Daten erfolgen[37].

Die subjektiven Verfahren beruhen entweder auf dem Expertenurteil einer einzelnen Person oder auf dem einer Gruppe. Wird das Expertenurteil durch eine Gruppe gebildet, können bei einer offenen Gruppendiskussion negative Einflüsse durch dominierende Persönlichkeiten in der Gruppe oder durch Gruppenzwang entstehen. Diese werden durch eine Entwicklungsrichtung von Verfahren zu vermeiden gesucht, zu deren bekanntesten die Delphi-Methode gehört[38], die unter Verwendung eines formalen Fragebogens und Wiederholung der Befragung, nachdem das Gruppenurteil der ersten Befragung den Befragten mitgeteilt wurde, eine Prognose erzeugt.

Zu den statistischen Verfahren, die für die Schätzung von Variablen und Parametern in Gesamtunternehmungsmodellen eingesetzt werden können, gehören[39]:

- Interpolation, Extrapolation,
- Glättungs- und Differenzenmodelle
  - Gleitende Mittelwerte
  - Trendelimination und Differenzenmodelle
  - Exponential-Smoothing-Modelle,
- Box-Jenkins-Modelle,
- Trendmodelle,
- Ökonometrische Modelle.

---
[35] Vgl. HARBORDT (1974) S. 91ff und MANDL (1977) S. 59.
[36] Vgl. NAYLOR u.a. (1966) S. 33.
[37] Vgl. ROSENKRANZ (1990) S. 73.
[38] Vgl. ALBACH (1970) S. 15ff und SCHÖLLHAMMER (1970) S. 131f.
[39] Vgl. ROSENKRANZ (1990) S. 74ff und die dort angegebene Literatur.

In der Phase der **Implementierung des Modells** erfolgen sowohl die Programmierung des Simulationsmodells als auch die Verifikation des Computerprogramms[40]. Bevor die eigentliche Programmierung durchgeführt werden kann, muß in Abhängigkeit von der zur Verfügung stehenden Hardware ein Programmiersystem ausgewählt werden. Für den Einsatz zur Simulation von Gesamtunternehmungsmodellen eignen sich folgende Programmiersysteme[41]:

- allgemeine Programmiersprachen (z.b. FORTRAN, COBOL),
- Expertensystemshells (z.B. KBMS),
- Datenbankverwaltungssysteme (z.B. dBASE),
- Simulationssprachen (z.B. PLANCODE, SIMPLAN)[42],
- Planungssprachen (z.B. FCS, SystemW) und
- Tabellenkalkulationsprogramme (z.B. EXCEL, Lotus123).

Die zur Verfügung stehende Hardware (Großrechner, Abteilungsrechner oder Arbeitsplatzrechner) stellt keine grundsätzliche Beschränkung bei der Auswahl einer der oben genannten Kategorien von Programmiersystemen dar, obwohl bestimmte Kombinationen besonders häufig anzutreffen sein dürften (z.B. Tabellenkalkulationsprogramm und Arbeitsplatzrechner).

Neben der zur Verfügung stehenden Hardware sind bei der Entscheidung über die Software noch folgende Sachverhalte zu berücksichtigen[43]:

- die Effizienz der verschiedenen Programmiersysteme bei Compilierung bzw. Interpretierung und Rechenzeit,
- die Schwierigkeiten des Übersetzens des mathematischen Modells in ein Programmiersystem und die diesbezüglichen Fähigkeiten des Programmierers sowie
- der Aufwand, um den gewünschten Output (z.B. graphische Darstellungen) zu erzeugen.

Einen Einfluß auf die Eignung von Programmiersystemen hat vor allem die Verfügbarkeit von erforderlichen numerischen Techniken wie Lösungsalgorithmen

---

[40] Vgl. LANDWEHR (1979) S. 26.
[41] Vgl. CHAMONI/WARTMANN (1990) S. 358ff.
[42] Nicht alle Simulationssprachen sind auch für die Programmierung von Gesamtunternehmungsmodellen geeignet. Viele bekannte Simulationssprachen, wie z.B. GPSS, SIMSCRIPT und GASP eignen sich vorwiegend für die Simulation von Warteschlangenmodellen. Vgl. NAYLOR (1979a) S. 20.
[43] Vgl. MANDL (1977) S. 61.

für simultane Gleichungssysteme, Erzeugung von Zufallszahlen und Abbildung von Wahrscheinlichkeitsverteilungen[44].

Die abschließende Verifikation beinhaltet die Überprüfung, ob das Computerprogramm fehlerfrei arbeitet und mit dem mathematischen Modell übereinstimmt[45].

Die **Überprüfung der Realitätstreue** soll zeigen, ob das Modell die Struktur und das Verhalten des zugrundeliegenden Systems im gewünschten Umfang widerspiegelt[46]. Sie wird erforderlich, da bei der Abbildung der Realität auf ein mathematisches Modell[47] Vereinfachungen vorgenommen werden, die sich bei der Anwendung des Modells als richtig oder falsch erweisen können. Diese Vereinfachungen beziehen sich insbesondere auf[48]:

- die Festlegung des Ausschnitts aus der Wirklichkeit,
- die Vernachlässigung von Systemelementen, die unwichtig erscheinen,
- die Abbildung komplizierter funktionaler Zusammenhänge durch einfachere,
- die Abbildung von empirisch ermittelten Wahrscheinlichkeitsverteilungen durch besonders gut zu handhabende Wahrscheinlichkeitsverteilungen,
- die Vernachlässigung der Unabhängigkeit von Zufallsvariablen,
- die vorgenommenen Zusammenfassungen (z.B. von Produkten zu Produktgruppen) und
- die Vernachlässigung von Änderungen bestimmter exogener Variablen mit der Zeit.

Die Überprüfung, ob die vorgenommenen Vereinfachungen die Aussagefähigkeit des Modells beeinträchtigen oder nicht, kann durch folgende Maßnahmen erfolgen[49]:

- Plausibilitätsüberlegungen,
- empirische Überprüfung der im Modell getroffenen Annahmen und
- Überprüfung der Modellergebnisse an historischen Daten.

---

[44] Vgl. NAYLOR u.a. (1966) S. 37.
[45] Vgl. BRATLEY/FOX/SCHRAGE (1987) S. 8.
[46] Vgl. MIZE/COX (1968) S. 154.
[47] Einige Autoren zählen zur Validierung auch die Überprüfung der Abbildung des mathematischen Modells durch ein Computerprogramm, die hier als Verifikation bezeichnet wird und in der Phase der Modellimplementierung behandelt wurde. Vgl. z.B. MEYER/SCHNEIDER/STÜBEL (1983) S. 352.
[48] Vgl. BRATLEY/FOX/SCHRAGE (1987) S. 9ff.
[49] Vgl. NAYLOR/FINGER (1967) S. 93ff.

Während Plausibilitätsüberlegungen eher dazu geeignet sind, grobe Fehler im Modell aufzudecken, stehen zur Durchführung der beiden anderen Maßnahmen eine Anzahl statistischer Tests zur Verfügung[50], die auch geringe Unterschiede zwischen dem Modellverhalten und dem Verhalten des zugrundeliegenden Systems aufdecken[51]. Die Durchführung statistischer Tests gelingt allerdings nur, wenn die erforderliche Datenbasis gegeben ist, was bei den hier zu behandelnden Problemen eher die Ausnahme sein dürfte.

Bei modulartig strukturierten Modellen können auch zunächst einzelne Bausteine auf ihre Validität untersucht werden[52]. Das entbindet aber nicht davon, auch das Zusammenspiel der einzelnen Module und damit des gesamten Modells zu überprüfen.

Eine Überprüfung der Realitätstreue muß nicht zwangsläufig erst nach durchgeführter Programmierung erfolgen, sondern kann, sofern dies nicht den Einsatz eines Computerprogramms erfordert, sofort nach der Modellbildung vorgenommen werden[53].

In der Phase der **Erstellung des Simulationsversuchsplans** müssen die zu untersuchenden Faktorenkombinationen festgelegt werden. Als Faktoren werden die experimentell veränderbaren Größen bezeichnet[54]. Bei simulativen Gesamtunternehmungsmodellen zur Beantwortung von "what-if" Fragestellungen zählen dazu einerseits die Entscheidungen und andererseits die unterschiedlichen Umweltzustände.

Da eine vollständige Faktorenauslegung, das heißt für jede mögliche Faktorenkombination werden die abhängigen Variablen berechnet, schon bei relativ geringer Anzahl von Faktoren zu verhältnismäßig hohem Rechenaufwand führt[55], wurden verschiedene Verfahren entwickelt, um die erwünschten Ergebnisse mit nur einem Teil der möglichen Faktorenkombinationen zu erzielen. Diese legen entweder vor Beginn des Simulationsexperiments die einzubeziehenden Fakto-

---

[50] Zu den anzuwendenden statistischen Tests vgl. die einschlägige Fachliteratur, z.B. FORRESTER (1961) S. 115ff, HARBORDT (1974) S. 190ff und LAW/KELTON (1982) S. 343ff.
[51] Vgl. SCHUG (1980) S. 13.
[52] Vgl. LANDWEHR (1979) S. 30.
[53] Vgl. NAYLOR u.a. (1966) S. 35.
[54] Vgl. HARBORDT (1974) S. 211.
[55] Vgl. MERTENS (1982) S. 21.

renkombinationen fest (statische Faktorenauslegung) oder wählen im Laufe des Simulationsexperiments in Abhängigkeit vom jeweils letzten Ergebnis die nächste Faktorenkombination mit dem Ziel, die Faktorenkombination in Richtung auf einen gewünschten Zustand der endogenen Variablen zu verändern (dynamische Faktorenauslegung)[56].

Eine Möglichkeit, unterschiedliche Umweltzustände in den Simulationsversuchsplan einzubeziehen, ist die Risikoanalyse, deren Anwendung auf simulative Gesamtunternehmungsmodelle im Abschnitt 4.2. detailliert erläutert wird.

Die Anzahl durchzuführender Simulationsläufe für eine Faktorenkombination steht in Abhängigkeit von den vorgegebenen Toleranzgrenzen für den zufälligen Fehler. Die erforderliche Anzahl der Simulationsläufe kann durch den Einsatz bestimmter Verfahren für die Erzeugung von Zufallszahlen unter Beibehaltung der geforderten Genauigkeit reduziert werden[57].

Zur **Analyse der Modellergebnisse** gehören die Sammlung und die Aufbereitung der durch das Simulationsexperiment erzeugten Daten und die Interpretation der Ergebnisse[58]. Durch die Aufbereitung der Daten sollen diese der Interpretation besser zugänglich gemacht werden. Die Aufbereitung der Daten kann in graphischer Form erfolgen[59] oder durch Bildung statistischer Kenngrößen für eine Gruppe von Modellergebnissen. Aufgrund der Fülle an Informationen, die als Ergebnis einer Simulation vom Entscheidungsträger zu verarbeiten sind, kann der Einsatz eines Entscheidungshilfeverfahrens erforderlich werden. Ein mögliches Verfahren wird in Abschnitt 4.3. vorgestellt.

### 4.2. Anwendung der Risikoanalyse auf simulative Gesamtunternehmungsmodelle

#### 4.2.1. Begriffsabgrenzung

Das Ziel der **Risikoanalyse** besteht darin, Wahrscheinlichkeitsverteilungen für endogene Größen eines mathematischen Modells aus sicheren und unsicheren

---

[56] Zu den einzelnen Verfahren vgl. MERTENS (1982) S. 23ff.
[57] Vgl. MERTENS (1982) S. 35ff.
[58] Vgl. NAYLOR u.a. (1966) S. 41.
[59] Vgl. GOLLING (1980) S. 121.

Informationen über die relevanten Inputgrößen abzuleiten[60]. Die Risikoanalyse ist ein Verfahren, dessen Einsatz überwiegend in Verbindung mit der Investitionsrechnung beschrieben wird[61]. Die Anwendung ist allerdings nicht auf die Investitionsrechnung beschränkt[62], sondern auch für Gesamtunternehmungsmodelle geeignet[63]. Aus der Anwendung der Risikoanalyse auf Gesamtunternehmungsmodelle ergeben sich gegenüber Gesamtunternehmungsmodellen ohne Risikoanalyse zusätzliche Kosten wegen höherer Computerlaufzeiten und aufwendigerer Programmierung sowie erhöhte Anforderungen hinsichtlich der Überprüfung der Realitätstreue der Modelle, der Erstellung des Simulationsversuchsplans und der Analyse der Simulationsergebnisse[64].

Die Risikoanalyse ist nicht zwangsläufig auf eine simulative Vorgehensweise angewiesen. Die analytische Durchführung[65] unterliegt allerdings Beschränkungen hinsichtlich der Art der einsetzbaren Wahrscheinlichkeitsverteilungen und der Anzahl der zu berücksichtigenden Zufallsgrößen, so daß ihr nur theoretische Bedeutung zukommt[66] und sie in dieser Arbeit nicht weiter betrachtet wird.

Abschließend sei noch eine Abgrenzung des Begriffs der Risikoanalyse zu den in der Literatur zur Simulation häufig vorkommenden Begriffen der stochastischen Simulation und der Monte-Carlo-Technik vorgenommen. Als stochastisch werden Simulationsmodelle bezeichnet, bei denen entweder die Relationen zwischen Variablen wahrscheinlichkeitsabhängig sind, oder - wie bei der Risikoanalyse - mit Wahrscheinlichkeitsverteilungen für Inputgrößen gearbeitet wird[67]. Unter der Bezeichnung Monte-Carlo-Technik werden mehrere Techniken und Verfahren zusammengefaßt, die neben der in der Simulation eingesetzten Methode zur Erzeugung von Zufallszahlen mit vorgegebener statistischer Verteilung für die

---

[60] Die Definition erfolgt in Anlehnung an KRUSCHWITZ (1990) S. 271, der diese allerdings auf die Investitionsrechnung beschränkt.
[61] Vgl. die grundlegende Arbeit von HERTZ (1964) S. 95ff und die Lehrbuchdarstellungen bei BLOHM/LÜDER (1991) S. 247ff, KRUSCHWITZ (1990) S. 271ff und PERRIDON/STEINER (1991) S. 115ff.
[62] Vgl. LIEBL (1992) S. 63ff und PERRIDON/STEINER (1991) S. 115.
[63] Vgl. NAYLOR (1979a) S. 20f und STAHLKNECHT (1972) S. 212.
[64] Vgl. NAYLOR (1979a) S. 21.
[65] Vgl. HILLIER (1963) S. 443ff, HILLIER (1975) S. 195ff und WAGLE (1967) S. 13ff.
[66] Vgl. BLOHM/LÜDER (1991) S. 263.
[67] Vgl. NAYLOR u.a. (1966) S. 17.

Abbildung von Zufallsprozessen auch Lösungsverfahren für anderweitig nicht zu lösende komplizierte Differential- bzw. Integralgleichungen enthalten[68].

### 4.2.2. Methodische Vorgehensweise bei der Durchführung einer Risikoanalyse

Für die Durchführung einer Risikoanalyse mit einem Gesamtunternehmungsmodell sind folgende, gegenüber der oben beschriebenen methodischen Vorgehensweise bei der Formulierung eines simulativen Gesamtunternehmungsmodells zusätzliche Aufgaben durchzuführen[69]:

- Auswahl der als unsicher erachteten Inputgrößen,
- Schätzung der Wahrscheinlichkeitsverteilungen,
- Schätzung der stochastischen Abhängigkeiten,
- Ermittlung der Ergebnisverteilungen,
- Analyse und Interpretation der Ergebnisverteilungen.

Zunächst sind die **Zufallsgrößen** aus der Menge der exogenen Variablen zu **bestimmen**. Über welche der exogenen Variablen mehr als eine einwertige Schätzung in das Simulationsexperiment einfließen sollte, hängt von der erzielbaren Prognosegenauigkeit und von der Empfindlichkeit der Ergebnisse gegenüber Prognosefehlern ab[70].

Die Prognosegenauigkeit einzelner Größen läßt sich durch eine summarische Auswertung von Kontrollrechnungen abschätzen[71]. Darüber hinaus können Schwierigkeiten bei der Schätzung einer einwertigen Größe für eine exogene Variable darauf hindeuten, daß diese mit Unsicherheit behaftet ist.

Die Empfindlichkeit der Ergebnisse gegenüber Prognosefehlern kann durch Experimente mit dem Modell festgestellt werden, indem exogene Variablen wie bei der Sensitivitätsanalyse geändert werden oder mit unterschiedlichen Wahrscheinlichkeitsverteilungen für eine Inputgröße gearbeitet wird[72].

---

[68] Vgl. KOXHOLT (1967) S. 33f und WITTE (1973) S. 25.
[69] Vgl. BLOHM/LÜDER (1991) S. 247.
[70] Vgl. BLOHM/LÜDER (1991) S. 247.
[71] LÜDER (1969) S. 139ff zeigt dies für Investitionsrechnungen.
[72] Vgl. HERTZ (1964) S. 103.

Bei der **Schätzung der Wahrscheinlichkeitsverteilungen** ist abzuwägen, ob die vorhandenen Informationen ausreichend sind, um eine Wahrscheinlichkeitsverteilung eines bestimmten Typs (theoretische Wahrscheinlichkeitsverteilung) zu schätzen, oder ob eine empirische Wahrscheinlichkeitsverteilung zu verwenden ist.

Über die Schätzung von Wahrscheinlichkeitsverteilungen bzw. deren Verteilungsparametern aus vorhandenen Informationen existieren ausführliche Beschreibungen in der Simulationsliteratur[73]. Besondere Bedeutung kommen der Normalverteilung, deren Parameter aus der Schätzung des Erwartungswertes und der maximal möglichen Abweichung abgeleitet werden können[74], und der Beta-Verteilung, deren Parameter aus der Schätzung eines pessimistischen, eines realistischen und eines optimistischen Wertes abgeleitet werden können[75], zu.

Ist die Schätzung einer Wahrscheinlichkeitsverteilung eines bestimmten Typs nicht möglich, z.B. aufgrund eines zu geringen Informationsstandes, kann es erforderlich sein, eine empirische Wahrscheinlichkeitsverteilung zugrunde zu legen[76]. Eine empirische Wahrscheinlichkeitsverteilung wird entweder direkt geschätzt oder durch Transformation aus einer Gewichtsdichtefunktion gewonnen. Handelt es sich um kontinuierliche Variablen, bietet die lineare Interpolation die Möglichkeit, aus diskreten Schätzungen eine kontinuierliche Verteilung zu erzeugen[77].

Neben den zusätzlichen Informationen, die durch die Einbeziehung von Wahrscheinlichkeitsverteilungen in der Risikoanalyse berücksichtigt werden, ist es ebenfalls möglich, **stochastische Abhängigkeiten** zwischen einzelnen Zufallsgrößen zu **berücksichtigen**. Stochastisch abhängig sind zwei Zufallsgrößen dann, wenn die Realisation einer Zufallsgröße (abhängige Variable) durch die Realisation einer anderen Zufallsgröße (unabhängige Variable) beeinflußt wird. Stochastische Abhängigkeiten können durch die Schätzung von Korrelationskoeffizienten bzw. Kovarianzen oder die Einführung bedingter Wahrscheinlichkeitsverteilungen in einem Modell berücksichtigt werden[78]. In der Literatur

---

[73] Vgl. BRATLEY/FOX/SCHRAGE (1987) S. 124ff und LAW/KELTON (1982) S. 155ff.
[74] Vgl. HILLIER (1963) S. 446.
[75] Vgl. HEIDER (1969) S. 81ff und WAGLE (1967) S. 19.
[76] Vgl. LAW/KELTON (1982) S. 176.
[77] Vgl. BLOHM/LÜDER (1991) S. 249.
[78] Vgl. BLOHM/LÜDER (1991) S. 250.

werden einige pragmatische Ansätze zur Berücksichtigung stochastischer Abhängigkeiten vorgestellt[79].

Bei Vernachlässigung von stochastischen Abhängigkeiten droht die Gefahr von Fehlinformationen. Durch folgende Beobachtung wird dies allerdings relativiert: "... ohne oder mit nur grober Berücksichtigung stochastischer Abhängigkeiten gewonnene Wahrscheinlichkeitsverteilungen des Projektergebnisses [weichen] zumindest in ihren entscheidungsrelevanten Parametern (z.B. Erwartungswert, Varianz) häufig gar nicht so sehr von Verteilungen ab .., bei deren Ermittlung man sich um eine detaillierte Erfassung der stochastischen Abhängigkeiten bemüht hat."[80]

Die simulative **Ermittlung der Wahrscheinlichkeitsverteilungen der Ergebnisgrößen** erfolgt in einem iterativen Prozeß. Aus den sicheren Inputgrößen und den Zufallsgrößen, deren Ausprägungen in jedem Simulationslauf mittels eines Zufallszahlengenerators neu bestimmt werden, erfolgt die Berechnung der Ergebnisgrößen. Aus den Ergebnisgrößen sämtlicher Simulationsläufe werden dann die Ergebnisverteilungen ermittelt. Der Ablauf wird in Abbildung 4.4 dargestellt[81].

---

[79] Vgl. BLOHM/LÜDER (1991) S. 250ff und die dort angeführte Literatur.
[80] LÜDER (1979) S. 230.
[81] Vgl. MERTENS (1982) S. 112.

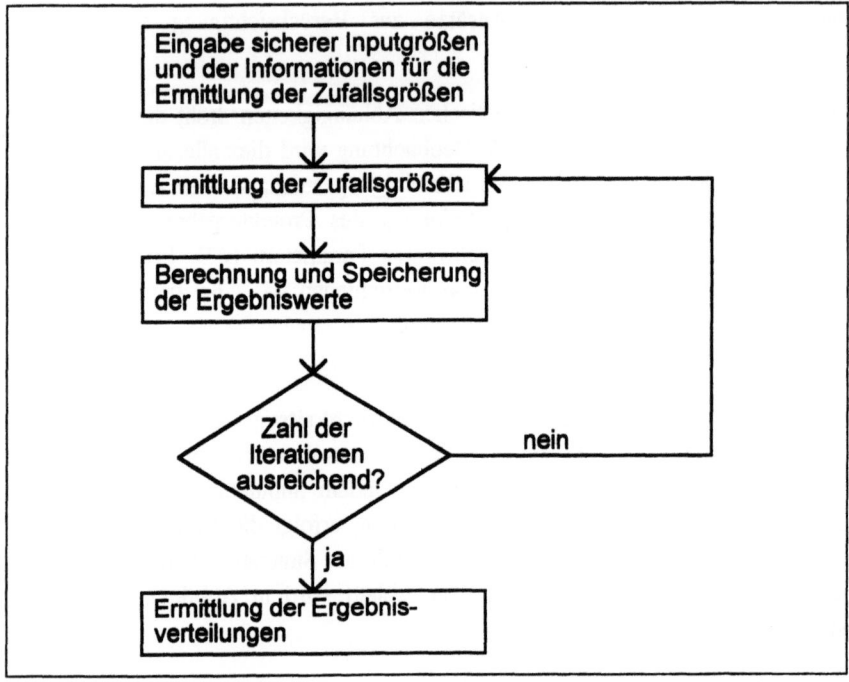

*Abbildung 4.4: Ermittlung der Ergebnisverteilungen in der Risikoanalyse*

Voraussetzung für die Ermittlung der Zufallsgrößen ist das Vorliegen von Zufallszahlen, die der ermittelten Wahrscheinlichkeitsverteilung der Zufallsgrößen entsprechen. Diese werden entweder durch spezielle Zufallszahlengeneratoren oder durch Inversion von in einem [0,1]-Intervall gleichverteilten Zufallszahlen an der Verteilungsfunktion erzeugt[82].

Die Anzahl der durchzuführenden Simulationsläufe ist von der verlangten Genauigkeit der Prognose abhängig. Die erforderliche Zahl der Simulationsläufe kann entweder analytisch bestimmt werden[83] oder das Simulationsexperiment wird abgebrochen, wenn sich die Änderungen der Ergebnisverteilungen nur noch innerhalb eines vorgegebenen Rahmens bewegen.

---

[82] Vgl. BRATLEY/FOX/SCHRAGE (1987) S. 145ff und LAW/KELTON (1982) S. 219ff.
[83] Vgl. ROSENKRANZ (1990) S. 119f.

Zur **Analyse und Interpretation von Ergebnisverteilungen** können diese Ergebnisverteilungen graphisch als Risikoprofile[84] dargestellt werden. Die Analyse und Interpretation kann außerdem durch die Ableitung von Risikomaßzahlen, wie z.B. Mittelwert und Varianz[85], aus den Ergebnisverteilungen unterstützt werden. Die Risikomaßzahlen können ihrerseits in einem Entscheidungshilfeverfahren als Inputgrößen dienen. Ein solches Entscheidungshilfeverfahren, das zur Analyse und Interpretation der Ergebnisverteilungen einer Risikoanalyse von Gesamtunternehmungsmodellen geeignet erscheint, wird im folgenden Abschnitt vorgestellt.

### 4.3. Nutzwertanalyse bei unsicherer Zielerreichung

### 4.3.1. Begriffsabgrenzung

Die Anwendung der Risikoanalyse auf simulative Gesamtunternehmungsmodelle führt dazu, daß für sämtliche betrachteten Alternativen Ergebnisverteilungen für die endogenen Variablen vorliegen. Neben diesen quantifizierten Informationen können auch nicht quantifizierte Informationen für die Beurteilung der Vorteilhaftigkeit einer Alternative herangezogen werden.

Die Nutzwertanalyse stellt ein Verfahren dar, das eine "Menge komplexer Handlungsalternativen mit dem Zweck [analysiert], die Elemente dieser Menge entsprechend den Präferenzen des Entscheidungsträgers bezüglich eines *multidimensionalen* Zielsystems zu ordnen. Die Abbildung dieser Ordnung erfolgt durch die Angabe der *Nutzwerte* (Gesamtwerte) der Alternativen."[86]

Die Anwendung der Nutzwertanalyse setzt voraus, daß die entscheidungsrelevante Alternativenmenge explizit gegeben und dem Entscheidungsträger bekannt ist[87]. Die Nutzwertanalyse erfordert Präferenzurteile des Entscheidungsträgers, bei denen es sich zwangsläufig um subjektive Urteile handeln muß. Sie führt somit nicht zu einer objektiv richtigen Entscheidung, sondern ermöglicht es vielmehr, die Präferenzen des Entscheidungsträgers so in die Entscheidungsfindung

---

[84] Vgl. HERTZ (1964) S.105.
[85] Vgl. LANDWEHR (1979) S. 34.
[86] ZANGEMEISTER (1976) S. 45.
[87] Vgl. WEBER (1992) Sp. 1436.

einzubeziehen, daß die Transparenz und Nachvollziehbarkeit der Entscheidung gewährleistet wird[88].

### 4.3.2. Methodische Vorgehensweise bei der Durchführung einer Nutzwertanalyse

Die methodische Vorgehensweise bei der Durchführung einer Nutzwertanalyse läßt sich in folgende Handlungsschritte gliedern[89]:

- Ableitung der Zielgrößen,
- Gewichtung der Zielgrößen,
- Messung der Zielerreichung,
- Transformation der Zielerreichung in Teilnutzen,
- Aggregation der Teilnutzen zum Gesamtnutzen und
- Auswahl der besten Alternative.

Die **Zielgrößen**, verstanden als subjektive Kriterien des Entscheidungsträgers zur Beurteilung konkreter Handlungsalternativen, sind aus dem Zielsystem der Unternehmung **abzuleiten**[90]. Die Zielgrößen sollten so formuliert sein, daß:

- alle wichtigen Aspekte des Problems abgedeckt werden (Vollständigkeit)[91],
- mit Hilfe einer nominalen, ordinalen oder kardinalen Maßskala die Zielerreichung der Alternativen gemessen werden kann (Operationalität)[92],
- jeweils unterschiedliche Eigenschaften der zu untersuchenden Alternativen erfaßt werden können (Redundanzfreiheit)[93] und
- das Zielsystem durch möglichst wenig Zielgrößen beschrieben werden kann (Minimalität)[94].

Darüber hinaus muß bei bestimmten Aggregationsvorschriften die Nutzenunabhängigkeit bzw. die bedingte Nutzenunabhängigkeit gewährleistet sein. Zielgrö-

---

[88] Vgl. WEBER (1992) Sp. 1446 und BLOHM/LÜDER (1991) S. 195.
[89] Vgl. BECHMANN (1978), BLOHM/LÜDER (1991) S. 175 und WEBER (1992) Sp. 1436, die teilweise eine andere Terminologie und eine abweichende Gliederung und Reihenfolge der Schritte verwenden.
[90] Vgl. hierzu auch die Ausführungen in Abschnitt 2.2.
[91] Vgl. KEENEY/RAIFFA (1976) S. 50.
[92] Vgl. BLOHM/LÜDER (1991) S. 166.
[93] Vgl. KEENEY/RAIFFA (1976) S. 51f.
[94] Vgl. KEENEY/RAIFFA (1976) S. 52.

ßen sind nutzenunabhängig, wenn die zwischen den Ausprägungen einer Zielgröße gegebene Präferenzrelation nicht durch andere Zielgrößen und deren Ausprägungen gestört wird. Bedingte Nutzenunabhängigkeit ist dagegen bereits dann gegeben, wenn Zielgrößen nur innerhalb des entscheidungsrelevanten Bereichs nutzenunabhängig sind[95].

Einen Vorteil bietet die hierarchische Strukturierung der Zielgrößen sowohl für die Prüfung einiger der oben aufgeführten Anforderungen an die Formulierung der Zielgrößen (Redundanzfreiheit, Vollständigkeit) als auch für die folgende Gewichtung der Zielgrößen[96].

Die **Gewichtung der Zielgrößen** beinhaltet eine subjektive Einschätzung bezüglich der relativen Bedeutung der einzelnen Zielgrößen durch den Entscheidungsträger. In der Literatur findet sich eine Vielzahl von Verfahren zur Gewichtung von Zielgrößen[97], von denen hier nur die Direct-Ratio-Methode[98] dargestellt wird, die sich durch ihre einfache Handhabung auszeichnet.

Bei dieser Methode wird zunächst die Zielgröße, der die geringste Bedeutung zugemessen wird, mit dem Gewicht $g'_{i^*}=10$ versehen. Für jede weitere Zielgröße werden Gewichte $g'_i>10$ mit $i \neq i^*$ zugeordnet, die angeben, um wieviel bedeutender diese Zielgröße im Vergleich zur unbedeutendsten Zielgröße ist. Anschließend erfolgt eine Normierung von $g'_i$ auf 1. Der normierte Wert wird mit $g_i$ bezeichnet.

Bei der **Messung der Zielerreichung** $e_{ij}$ wird festgestellt, welchen Beitrag die Alternative $A_j$ zur Erreichung des Ziels $Z_i$ leistet[99]. Sofern es sich bei den Zielgrößen um endogene Variablen eines mathematischen Modells handelt, kann eine kardinale Messung der Zielerreichung erfolgen. Für nicht quantifizierte Zielgrößen ist lediglich eine klassifikatorische Messung der Zielerreichung (nominale Messung), die gegebenenfalls um eine Präferenzordnung ergänzt werden kann (ordinale Messung), möglich[100].

---

[95] Vgl. ZANGEMEISTER (1976) S. 78ff.
[96] Vgl. BLOHM/LÜDER (1991) S. 177.
[97] Vgl. WEBER (1992) Sp. 1442 und die dort angeführte Literatur.
[98] Vgl. EDWARDS (1977) S. 328.
[99] Vgl. WEBER (1992) Sp. 1438.
[100] Vgl. BLOHM/LÜDER (1991) S. 182.

Zur **Transformation der Zielerreichung in Teilnutzen** $n_{ij}$ sollte eine Transformationsfunktion

*(4.2)* $n_{ij}=f(e_{ij})$,

in der die Präferenzen des Entscheidungsträgers zum Ausdruck kommen, angegeben werden. Anschließend werden die gewichteten Teilnutzenwerte $N_{ij}$ entsprechend der Formel

*(4.3)* $N_{ij}=n_{ij} \cdot g_i$

ermittelt. Es sollte eine einheitliche Nutzenskala für alle Zielgrößen gewählt werden, bei der es sich möglichst, wegen der anschließenden Aggregation der gewichteten Teilnutzen, um eine Kardinalskala handeln sollte[101].

Drei verschiedene Typen von Transformationsfunktionen lassen sich unterscheiden[102]:

- diskrete Transformationsfunktionen, für die eine ordinale Skalierung der Zielerreichung ausreichend ist,
- stückweise konstante Transformationsfunktionen, für die eine kardinale Skalierung der Zielerreichung erforderlich ist, und
- kontinuierliche Transformationsfunktionen, für die ebenfalls eine kardinale Skalierung der Zielerreichung erforderlich ist.

Eine einfache Möglichkeit, die Zielerreichung in Teilnutzen zu transformieren, bietet sich unter Verwendung der besten $e_{ij}{}^{max}$ und der schlechtesten Ausprägung $e_{ij}{}^{min}$ der Zielerreichung. Je nach Zielgröße kann der niedrigste oder der höchste Wert der Zielerreichung der beste sein, was bei der Sortierung zu berücksichtigen ist. Diese kontinuierliche Transformationsfunktion läßt sich wie folgt darstellen:

*(4.4)* $$n_{ij} = \frac{e_{ij}^{min} - e_{ij}}{e_{ij}^{min} - e_{ij}^{max}}.$$

---

[101] Vgl. BLOHM/LÜDER (1991) S. 182.
[102] Vgl. DREYER (1975) S. 60ff.

Die **Aggregation der gewichteten Teilnutzen zum Gesamtnutzen** $N_j$ kann durch einfache Addition nach der Formel

$$(4.5) \quad N_j = \sum_{i=1}^{I} N_{ij}$$

erfolgen, wenn folgende Bedingungen erfüllt sind[103]:

- Nutzenunabhängigkeit der Zielgrößen,
- kardinale Messung der Teilnutzen und
- Verwendung einer einheitlichen Kardinalskala zur Messung der Teilnutzen.

Die Verwendung der Addition für die Zusammenfassung der Teilnutzen ist nicht unumstritten. Sie setzt die abhängigkeitsfreie Formulierung der Zielgrößen voraus. Ist dies nicht möglich, können Abhängigkeiten zwischen Zielgrößen durch die Formulierung anderer Aggregationsvorschriften berücksichtigt werden[104]. Aus Sicht der Praktikabilität ist aber das oben vorgestellte Verfahren der Addition vorzuziehen[105].

Die **Auswahl der besten Alternative** erfolgt aufgrund des Gesamtnutzens. Es wird diejenige Alternative ausgewählt, für die $N_j=max$ gilt. Sofern nicht alle für die Bewertung der Alternativen relevanten Zielgrößen im Modell abgebildet wurden, muß der Entscheidungsträger diese noch zusätzlich bei seiner Entscheidungsfindung berücksichtigen.

Zur Untersuchung, inwieweit das von der Nutzwertanalyse erzeugte Ergebnis von den Präferenzen des Entscheidungsträgers abhängig ist, wird der Einsatz der Sensitivitätsanalyse empfohlen[106].

Zusammenfassend sei das Rechenschema der Nutzwertanalyse in der Abbildung 4.5 dargestellt[107].

---

[103] Vgl. DREYER (1975) S. 130f und ZANGEMEISTER (1976) S. 282.
[104] Vgl. DREYER (1975) S. 125ff.
[105] Vgl. BLOHM/LÜDER (1991) S. 187.
[106] Vgl. WEBER (1992) Sp. 1443.
[107] Vgl. BECHMANN (1978) S. 30.

| Alter-native | | $A_1$ | | | ... | $A_J$ | | |
|---|---|---|---|---|---|---|---|---|
| Zielgröße | Ge-wicht | Zieler-reichung | Teil-nutzen | gewich-teter Teil-nutzen | | Zieler-reichung | Teil-nutzen | gewich-teter Teil-nutzen |
| $Z_1$ | $g_1$ | $e_{11}$ | $n_{11}=$ $f(e_{11})$ | $N_{11}=$ $g_1 n_{11}$ | | $e_{1J}$ | $n_{1J}=$ $f(e_{1J})$ | $N_{1J}=$ $g_1 n_{1J}$ |
| ... | | | | | | | | |
| $Z_I$ | $g_I$ | $e_{II}$ | $n_{II}=$ $f(e_{II})$ | $N_{II}=$ $g_I n_{II}$ | | $e_{IJ}$ | $n_{IJ}=f(e_{IJ})$ | $N_{IJ}=$ $g_I n_{IJ}$ |
| Nutz-werte | | | | $N_1= \sum_{i=1}^{I} N_{i1}$ | | | | $N_J= \sum_{i=1}^{I} N_{iJ}$ |

*Abbildung 4.5: Rechenschema der Nutzwertanalyse*

### 4.3.3. Anwendung der Nutzwertanalyse auf die Problemstellung

Einige Autoren empfehlen, die Nutzwertanalyse im Rahmen von Investitionsbeurteilungen oder Beurteilungen von Standortalternativen auf nicht-quantifizierte bzw. nicht-monetäre Zielgrößen zu beschränken und diese - zumindest bei Renditeinvestitionen - nur als Ergänzung zu den Ergebnissen ebenfalls durchgeführten Investitionsrechnungen bzw. quantitativer Standortmodelle zu betrachten[108]. Von der Einbeziehung auch monetärer Zielgrößen in die Nutzwertanalyse wird vor allem wegen der damit verbundenen Schwierigkeiten bei der Erfüllung der Voraussetzung der Nutzenunabhängigkeit abgeraten[109]. Wird allerdings die Forderung nach Nutzenunabhängigkeit erfüllt, steht der gleichzeitigen Berücksichtigung von monetären und nicht monetären, qualitativen und quantitativen Zielen nichts entgegen[110].

---

[108] Vgl. z.B. LÜDER (1990) S. 40.
[109] Vgl. BLOHM/LÜDER (1991) S. 195.
[110] Vgl. WEBER (1992) Sp. 1437.

Ein Vorschlag, die Informationen, die aufgrund von Wahrscheinlichkeitsverteilungen der Zielgrößen vorliegen (z.B. erzeugt durch eine Risikoanalyse), im Rahmen einer Nutzwertanalyse zu verarbeiten, bezieht sich darauf, den betrachteten Zielgrößen eine oder mehrere Risikomaßzahlen (z.B. Erwartungswert und Varianz) zuzuordnen[111]. Diese Erweiterung der Zielgrößen führt dazu, daß ein Mehrfachzielproblem unter Unsicherheit auf ein Mehrfachzielproblem unter Sicherheit reduziert wird[112].

Ausgehend von hierarchisch gegliederten Zielgrößen könnte eine Erweiterung um Risikomaßzahlen durch Einfügen einer Hierarchiestufe ober- oder unterhalb bestehender Hierarchiestufen erfolgen. Dies ist in den Abbildungen 4.6 und 4.7 für die Risikomaßzahlen $R_l$, mit $l=1...L$ und die Zielgrößen $Z_{ik}$, mit $i=1...I$ und $k=1...K$ dargestellt[113]. Die Hierarchiestufe, in der mehrere Risikomaßzahlen aggregiert werden, ist durch Quadrate, die anderen Hierarchiestufen sind durch Kreise gekennzeichnet.

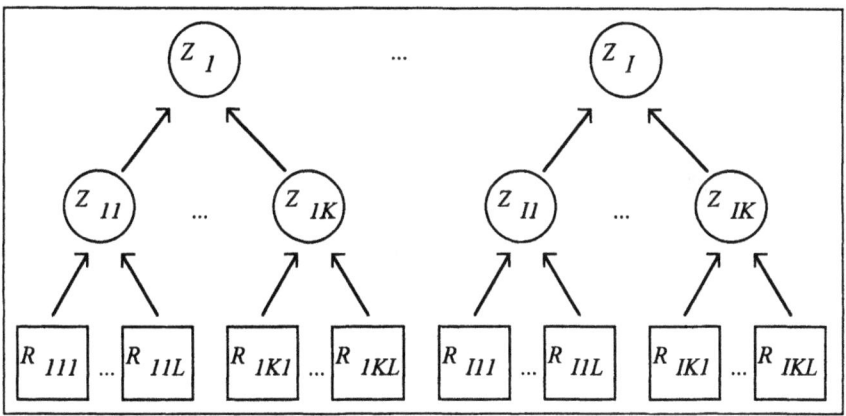

*Abbildung 4.6: Ergänzung der Zielgrößen auf der untersten Hierarchiestufe um Risikomaßzahlen*

---

[111] Vgl. EMMERT (1974) S. 109ff.
[112] Vgl. EISENFÜHR (1989) Sp. 404.
[113] Vgl. HILDENBRAND (1988) S. 225, der eine ähnliche Darstellung für die Ergänzung der Zielgrößen auf der untersten Hierarchieebene zeigt.

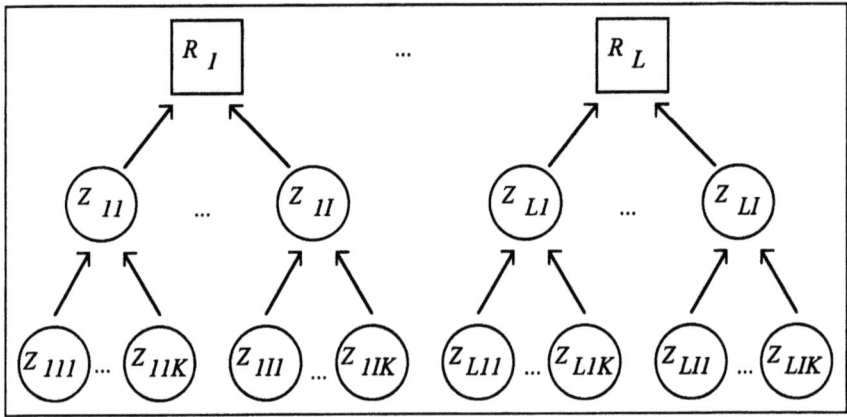

*Abbildung 4.7: Ergänzung der Zielgrößen auf der obersten Hierarchiestufe um Risikomaßzahlen*

In beiden dargestellten Alternativen wird von einer Aggregation unterschiedlicher Risikomaßzahlen nach dem Rechenschema der Nutzwertanalyse ausgegangen. Das bedeutet, daß für jede Risikomaßzahl ein Teilnutzen bestimmt und additiv verknüpft wird. Diese Vorgehensweise wirft das Problem der fehlenden Nutzenunabhängigkeit der Risikomaßzahlen einer Zielgröße auf.

Die Entscheidungstheorie bietet z.B. mit dem μσ-Prinzip eine Möglichkeit an, diese Schwierigkeiten zu umgehen. Nach dem μσ-Prinzip wird der Teilnutzen einer Zielgröße als Risikonutzen mit Hilfe einer Risikopräferenzfunktion aus den Risikomaßzahlen Erwartungswert (μ) und Varianz (σ) ermittelt, ohne zuvor die Risikomaßzahlen in Teilnutzen zu transformieren[114].

Aufgrund der einfacheren Vorgehensweise soll trotz der fehlenden Nutzenunabhängigkeit an der additiven Verknüpfung der Teilnutzen der Risikomaßzahlen festgehalten werden. Bei Anwendung der gewählten Vorgehensweise lassen sich, eine entsprechende Wahl der die Risikopräferenz des Entscheidungsträgers ausdrückenden Größen vorausgesetzt, ebenfalls Risikopräferenzfunktionen bestimmen, die denjenigen bei Anwendung des μσ-Prinzips ähnlich sind.

Die Risikoeinstellung des Entscheidungsträgers wird sowohl durch die Festlegung der Transformationsfunktion (hohes Risiko = beste Ausprägung oder niedriges

---

[114] Vgl. BAMBERG/COENENBERG (1991) S. 88ff.

Risiko = beste Ausprägung) als auch durch die Festlegung der Gewichte für die Risikomaßzahlen berücksichtigt. Für den Fall linearer Transformationsfunktionen und die Zuordnung des höchsten Teilnutzens für die Alternative mit der geringsten Varianz ergeben sich die in der Abbildung 4.8 dargestellten Indifferenzkurven. Die Steigung der Indifferenzkurven hängt von der Gewichtung der Risikomaßzahlen Erwartungswert und Varianz ab. Die Richtung der aufsteigenden Präferenz ist in der Abbildung mit einem Pfeil gekennzeichnet.

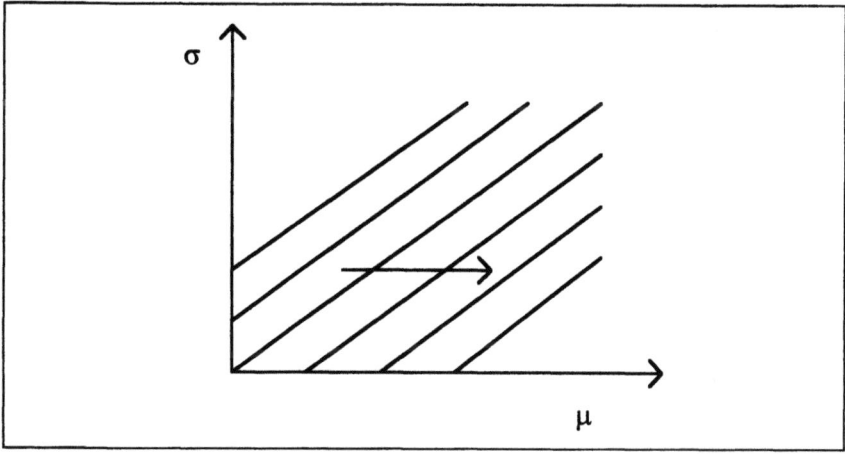

*Abbildung 4.8: Indifferenzkurven für den Risikonutzen bei Anwendung der Nutzwertanalyse*

Die gewählte Vorgehensweise kann demnach auch als Anwendung des μσ-Prinzips mit spezieller Ausprägung der Risikopräferenzfunktion interpretiert werden.

## 4.4. Integration in ein Gesamtkonzept

Die Teilaufgaben der vorgestellten Modellansätze und Verfahren, deren Durchführung die geforderte Unterstützung der Planung und Kontrolle von Standortstrukturänderungen gewährleistet, weisen Ähnlichkeiten bzw. Überschneidungen auf, die eine Zusammenfassung nach den Phasen

- Problemformulierung,
- Formulierung des mathematischen Modells,
- Deduktion von Informationnen aus dem Modell und
- Analyse der Modellergebnisse

ermöglichen. So bilden die Teilaufgaben der Bestimmung und Gewichtung der Zielgrößen aus der Nutzwertanalyse einen wesentlichen Inhalt der Problemformulierung im Rahmen der Erstellung simulativer Gesamtunternehmungsmodelle.

Unter der Bezeichnung Formulierung des mathematischen Modells werden sowohl Teilaufgaben aus der Risikoanalyse, die im wesentlichen der Aufbereitung des Modellinputs dienen, als auch die eng verknüpften Aufgaben Analyse der Datenerfordernisse, Formulierung der Modellvariablen und -relationen sowie Überprüfung der Realitätstreue aus der Simulation zusammengefaßt.

Die Deduktion von Informationen aus dem Modell beinhaltet Teilaufgaben, die der Erleichterung der Informationsgewinnung dienen und solche, die die eigentliche Informationsgewinnung zum Inhalt haben.

Die Teilschritte der Nutzwertanalyse von der Transformation der Zielerreichung bis zur Auswahl der besten Alternative bilden die wesentlichen Inhalte der Analyse der Modellergebnisse. Sie ermöglichen die Berücksichtigung einer Vielzahl von Informationen, die auch die Ergebnisverteilungen beinhalten, die durch eine Anwendung der Risikoanalyse gewonnenen werden.

In Abbildung 4.9 wird die geschilderte Zusammenfassung der Teilschritte im Überblick wiedergegeben.

| Phase | Simulation | Risikoanalyse | Nutzwertanalyse |
|---|---|---|---|
| Problemformulierung | Problemformulierung | | Bestimmung der Zielgrößen |
| | | | Gewichtung der Zielgrößen |
| Formulierung des mathematischen Modells | Analyse der Datenerfordernisse | Auswahl der als unsicher erachteten Inputgrößen | |
| | Formulierung der Modellvariablen und -relationen | Schätzung der Wahrscheinlichkeitsverteilungen | |
| | Überprüfung der Realitätstreue | Berücksichtigung stochastischer Abhängigkeiten | |
| Deduktion von Informationen aus dem Modell | Implementierung des Modells | Ermittlung der Ergebnisverteilungen | Messung der Zielerreichung |
| | Erstellung des Simulationsversuchsplans | | |
| Analyse der Modellergebnisse | Analyse der Modellergebnisse | Analyse und Interpretation der Ergebnisverteilungen | Transformation der Zielerreichung in Teilnutzen |
| | | | Aggregation der Teilnutzen zum Gesamtnutzen |
| | | | Auswahl der besten Alternative |

*Abbildung 4.9: Phasen der Modellierung eines Modells zur Planung und Kontrolle von Standortstrukturänderungen*

# 5. Entwicklung eines Modells zur Planung und Kontrolle von Standortstrukturänderungen

## 5.1. Darstellung der einzelnen Phasen im Modellierungsprozeß

Im 5. Abschnitt wird die Durchführung der für die Entwicklung eines Modells zur Planung und Kontrolle von Standortstrukturänderungen wesentlichen Teilaufgaben der Formulierung der Modellvariablen und -relationen sowie der Implementierung auf dem Arbeitsplatzrechner beschrieben. Dies geschieht unter Beachtung der Erfordernisse, die sich aus den anderen Teilaufgaben ergeben, und auf Grundlage der im 2. Abschnitt durchgeführten generellen Problemformulierung.

Eine Präzisierung der Problemformulierung und eine Beschreibung der Durchführung der weiteren Teilaufgaben erfolgt anhand der im 6. Abschnitt geschilderten Anwendung des Modells auf ein Beispiel. Auf eine detaillierte Beschreibung der Durchführung dieser weiteren Teilaufgaben wird verzichtet, wenn sie entweder nicht über die grundlegenden Ausführungen des 4. Abschnitts hinausgingen, oder die Bedeutung dieser Teilaufgaben im Rahmen des Gesamtmodells eine gesonderte ausführliche Erläuterung nicht rechtfertigten.

Ersteres gilt z.B. für die Transformation der Zielerreichung in Teilnutzen. Es wird die im 4. Abschnitt als Beispiel aufgeführte Transformationsfunktion verwendet. Ebenso werden andere im 4. Abschnitt als Beispiel aufgeführte Vorgehensweisen angewendet, sofern nicht ausdrücklich auf eine Abweichung hingewiesen wird.

Darüber hinaus wird z.B. auf die Beschreibung der Gewichtung der Zielgrößen im Rahmen der Nutzwertanalyse ganz verzichtet. Hier werden lediglich die im 6. Abschnitt verwendeten Gewichte angegeben[1], ohne daß auf ihre Ermittlung näher eingegangen wird.

## 5.2. Formulierung der Modellvariablen und -relationen

### 5.2.1. Teilmodelle und Module

Das Gesamtmodell besteht aus mehreren Teilmodellen, die für Subsysteme des Systems Unternehmung eingerichtet werden. Dem Untersuchungszweck entsprechend werden mehrere gleich aufgebaute Teilmodelle für einzelne Produktions-

---

[1] Vgl. Abschnitt 6.2.5.

standorte sowie ein Teilmodell, das den gesamten nicht zur Produktion gehörenden Teil der Unternehmung abbildet und als Teilmodell der Zentrale bezeichnet wird, gebildet. Die Teilmodelle bestehen ihrerseits aus mehreren Modulen, die zur besseren Überschaubarkeit der Teilmodelle gebildet werden und jeweils einen inhaltlich abgrenzbaren Planungskomplex beinhalten. Der Überblick über die Gesamtunternehmung wird durch Aggregation bzw. Konsolidierung aller Teilmodelle gewonnen.

Alle Produktionsstandorte sind rechtlich selbständige Einheiten eines internationalen Konzerns, dessen Konzernobergesellschaft durch das Teilmodell der Zentrale abgebildet wird. Das gesamte gezeichnete Kapital der Produktionsstandorte wird von der Zentrale gehalten. Die Produktionsstandorte verfügen ihrerseits über keine Kapitalbeteiligungen. Damit wird eine sehr einfache Konzernstruktur vorgegeben, die eine Konzentration auf spezifische Probleme der Planung und Kontrolle von Standortstrukturänderungen erlaubt, ohne daß diese durch gesellschaftsrechtliche Einflüsse überlagert werden. Durch die Führung der Produktionsstandorte als rechtlich selbständige Einheiten wird allerdings das volle Spektrum der Einflüsse, die sich aus unterschiedlichen Rechtsvorschriften der verschiedenen Länder ergeben, deutlich, was bei einer Führung als unselbständige Betriebsstätten so nicht gegeben wäre.

Es wird von einem Produktionsprozeß ausgegangen, der in mehreren Fertigungsstufen vollzogen wird. Sofern eine Differenzierung der Modellvariablen nach Fertigungsstufen erforderlich ist, erfolgt diese durch den Index $f = 1...F$. Der Output der letzten Fertigungsstufe wird als fertiges Erzeugnis und der aller vorgelagerter Fertigungsstufen als unfertiges Erzeugnis bezeichnet. Neben den unfertigen Erzeugnissen der vorgelagerten Fertigungsstufen, die entweder am selben Produktionsstandort oder an anderen Produktionsstandorten des Konzerns hergestellt werden, finden von Konzernfremden hergestellte Stoffe Eingang in den Produktionsprozeß. Der gesamte Output der Produktionsstandorte (fertige und unfertige Erzeugnisse) wird ausschließlich an Konzerngesellschaften verkauft, und zwar fertige Erzeugnisse nur an die Zentrale und unfertige Erzeugnisse nur an andere Produktionsstandorte. Die Zentrale produziert selber nicht und verkauft nur an konzernfremde Unternehmungen. Mit den obigen Festlegungen wird die Eigenfertigungs-/Fremdbezugs-Entscheidung aus dem Modell ausgeklammert, was ebenfalls der Konzentration auf die Planung und Kontrolle der Standortstrukturänderungen dient.

Die Berücksichtigung weiterer Leistungsbeziehungen zwischen den Konzerngesellschaften kann von den tatsächlichen Verhältnissen abhängig gemacht werden, da sie keine zusätzlichen Anforderungen an die Konzeption des Modells stellten. Hier soll aus Vereinfachungsgründen darauf verzichtet werden.

Das Gesamtmodell mit seinen Teilmodellen ist zusammen mit den Beziehungen zwischen den Teilmodellen in Abbildung 5.1 dargestellt.

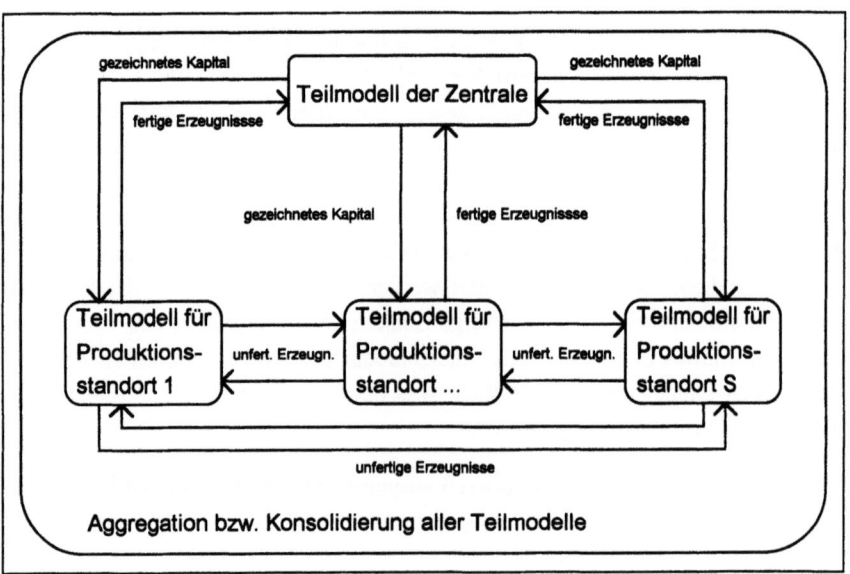

*Abbildung 5.1: Struktur des Gesamtmodells*

Die Differenzierung nach Produktionsstandorten wird durch den Index s, für s = 1...S zum Ausdruck gebracht. Sofern der Index nicht erwähnt wird, sind die Variablen entweder für alle s gleich, oder es handelt sich um Variablen für die Gesamtunternehmung, die Bestandteil des Teilmodells der Zentrale sind.

Die Perioden werden durch den Index t, für t = 1...T bestimmt. Die Länge der Perioden beträgt ein Jahr. Zeitraum- und Durchschnittsgrößen beziehen sich auf die gesamte Periode. Stichtagsgrößen beziehen sich auf das Ende der Periode.

## 5.2.2. Teilmodell für Produktionsstandorte

### 5.2.2.1. Beziehungen zwischen den Modulen

Abbildung 5.2 gibt einen Überblick über die Module des Teilmodells für Produktionsstandorte.

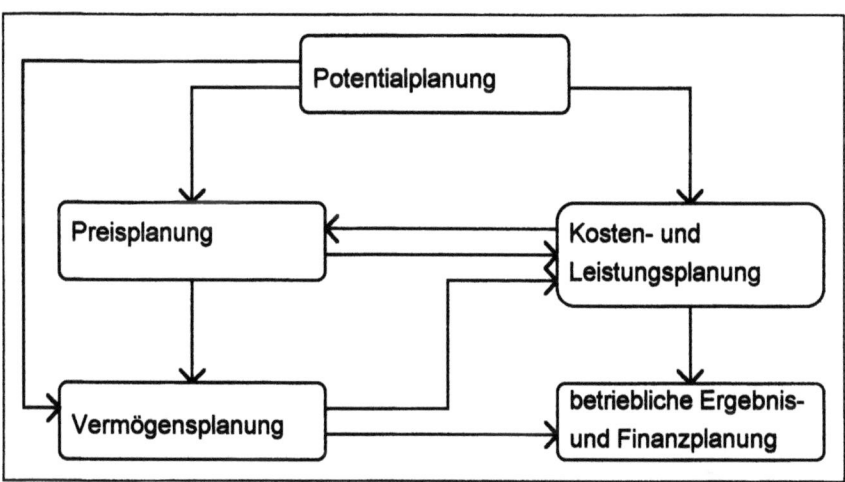

*Abbildung 5.2: Struktur des Teilmodells für Produktionsstandorte*

Die Module im Teilmodell für Produktionsstandorte wurden so ausgewählt, daß sie rekursiv angeordnet werden können[2]. Den Ausgangspunkt bildet die Potentialplanung, in der eine mengenmäßige Festlegung der erforderlichen Betriebsmittel und der erforderlichen Mitarbeiter aufgrund des im Teilmodell der Zentrale enthaltenen Produktprogrammplans vorgenommen wird. Ergebnisse der Potentialplanung finden Eingang in die Kosten- und Leistungsplanung (z.B. Bruttobedarf der direkten Mitarbeiter zur Ermittlung der Lohnkosten), in die Vermögensplanung (z.B. Anzahl der Aggregate zur Ermittlung der Abschreibungen) und in die Preisplanung (z.B. Bruttobedarf der Mitarbeiter für eine eventuell erforderliche Anhebung des Jahreslohns, -gehalts).

---

[2] Eine Ausnahme bilden die Module für die Preisplanung sowie für die Kosten- und Leistungsplanung. Bei einer weiteren Aufteilung des Moduls für die Kosten- und Leistungsplanung in ein Modul für die Kostenplanung und ein Modul für die Leistungsplanung, auf die hier wegen der einfacheren Darstellung verzichtet wird, würde auch diese Ausnahme wegfallen.

Während in der Potentialplanung eine reine Mengenplanung stattfindet, wird durch die Bewertung der Mengen mit den Größen aus der Preisplanung eine wertmäßige Planung in den anderen Modulen ermöglicht. Zusätzlich zu den Informationen aus der Potentialplanung sind für die Preisplanung Ergebnisse aus der Kostenplanung zur Ermittlung der Verrechnungspreise erforderlich. Die Vermögensplanung hat sowohl Auswirkungen auf die Kosten- und Leistungsplanung (z.B. für die Ermittlung der kalkulatorischen Zinsen) als auch auf die betriebliche Ergebnis- und Finanzplanung (z.B. für die Ermittlung der Investitionen). Die Kosten- und Leistungsplanung sowie die betriebliche Ergebnis- und Finanzplanung dienen zur Zusammenfassung der Informationen aus den vorgelagerten Modulen.

### 5.2.2.2. Modul für die Potentialplanung

### 5.2.2.2.1. Kapazitätsplanung als Grundlage der Potentialplanung

In diesem Modul wird die Kapazität je Standort, Fertigungsstufe und Periode bestimmt. Dies geschieht ausgehend von der im Modul für die Produktprogrammplanung[3] für die Gesamtunternehmung vorgenommenen Festlegung über die Art und Menge der langfristig innerhalb der künftigen Perioden zu fertigenden Produkte. Die Kapazität wird ebenfalls ausgedrückt in Art und Menge der zu fertigenden Produkte[4]. Sie stellt die einzige Entscheidungsvariable des gesamten Modells dar. Durch Festlegung der Kapazitätsveränderung einzelner Produktionsstandorte im Zeitablauf wird die Richtung und die Geschwindigkeit der Standortstrukturänderung zum Ausdruck gebracht.

Die Kapazitätsfestlegung erfolgt auf Basis eines deterministischen Produktprogrammplans. Deshalb dürfen nur solche stochastischen Größen im Produktprogrammplan berücksichtigt werden, die über eine Anpassung der Kapazität ausgeglichen werden können. Bei dieser Vorgehensweise kann das Modell nicht aufzeigen, wie gut die Anpassungsfähigkeit der verschiedenen Alternativen auf grundlegende Marktänderungen ausfällt. Bei grundlegenden Marktänderungen läßt sich vermuten, daß eine Überprüfung der Standortstrukturplanung angebracht ist.

---

[3] Vgl. Abschnitt 5.2.3.2.
[4] Zur Messung der quantitativen Kapazität vgl. LAYER (1979) Sp. 877f und STEFFEN (1980) S. 175.

Eine Entscheidung kann allerdings nur hinsichtlich der Aufteilung der insgesamt erforderlichen Kapazität auf die Produktionsstandorte getroffen werden, nicht jedoch über die Höhe der Gesamtkapazität, die durch das Produktprogramm determiniert ist. Ausnahmen sind nur dann zulässig, wenn vorübergehend eine Überkapazität gehalten wird, um Nachteile, die sich aus einer stark schwankenden Kapazität ergeben, auszugleichen.

(5.1) $\quad PPR^{*}_{tp} \leq \sum_{s=1}^{S} KAP_{tspF}$, für alle $tpf$ [5]

mit:

$PPR^{*}_{tp}$ = Anzahl der in der Periode t von der Produktart p bei deterministischer Betrachtung zu fertigenden und abzusetzenden Einheiten (Produktprogramm)

$KAP_{tspf}$ = Höhe der in der Periode t von der Produktart p am Standort s in der Fertigungsstufe f vorzuhaltenden Kapazität

Ausgehend von der Kapazität ist die Produktionsstückzahl der einzelnen Produktionsstandorte zu ermitteln, da die zu produzierende Menge laut Produktprogrammplan von der bereitgestellten Kapazität aus den angeführten Gründen abweichen kann. Für die Berechnung sämtlicher beschäftigungsvariabler Größen sind dann die Produktionsstückzahlen heranzuziehen, während für die Ermittlung der beschäftigungsfixen Größen die Kapazität zu verwenden ist.

(5.2) $\quad PSZ_{tspf} = anp_{tp} \cdot KAP_{tspf}$

(5.3) $\quad anp_{tp} = \dfrac{PPR_{tp}}{\sum_{s=1}^{S} KAP_{tspF}}$

---

[5] Im folgenden wird auf den Zusatz "für alle ..." verzichtet. Gilt eine Formel nicht für alle im Index angeführten Dimensionen, wird dies gesondert erwähnt.

mit:

$PSZ_{tspf}$ = Anzahl der in der Periode t von der Produktart p am Standort s in der Fertigungsstufe f zu fertigenden Einheiten *(Produktionsstückzahl)*

$anp_{tp}$ = Anpassungsfaktor Produktionsstückzahl an Kapazität in der Periode t für die Produktart p

$PPR_{tp}$ = Anzahl der in der Periode t von der Produktart p bei stochastischer Betrachtung zu fertigenden und abzusetzenden Einheiten *(Produktprogramm)*

Aufbauend auf der vorgegebenen Kapazität bzw. den Produktionsstückzahlen werden anschließend die erforderlichen Potentiale je Standort ermittelt. Dabei handelt es sich um die Betriebsmittelplanung (Maschinen und Grundstücke/Gebäude) sowie um die Personalplanung (Direkte und Indirekte Mitarbeiter). Die Beanspruchung der Potentiale wird durch die in Grobarbeitsplänen vorliegende Information über Vorgabezeiten und Maschinenlaufzeiten ermittelt. Grobarbeitspläne beruhen entweder auf Durchschnittswerten oder beziehen sich auf ein für die Produktart repräsentatives Produkt. Darüber hinaus finden weitere exogene Größen Verwendung in diesem Modul, die in den folgenden beiden Abschnitten erläutert werden.

Einen Überblick über das Modul für die Potentialplanung[6] gibt die Abbildung 5.3.

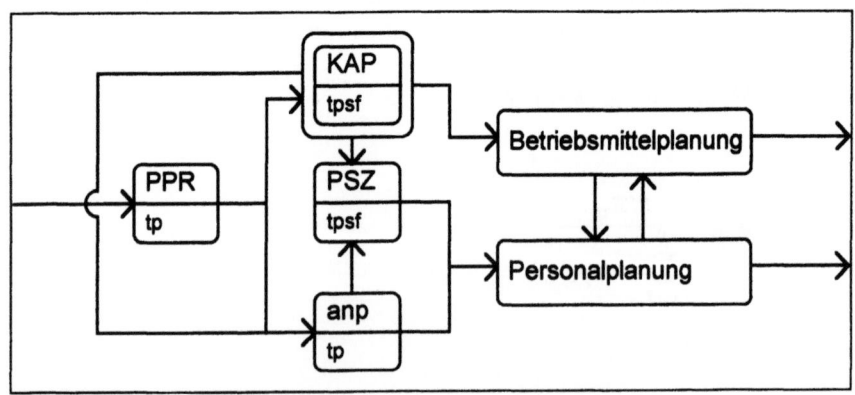

*Abbildung 5.3: Grobstruktur des Moduls Potentialplanung*

---

[6] Es werden die in der Abbildung 4.2 vorgestellten Symbole verwendet.

## 5.2.2.2.2. Betriebsmittelplanung

Als Betriebsmittel werden alle Einrichtungen und Anlagen verstanden, die zur Durchführung des betrieblichen Leistungsprozesses erforderlich sind[7]. Dazu zählen:

- Maschinen, maschinelle Anlagen und Apparaturen,
- Werkzeuge und Vorrichtungen,
- Meß- und Prüfgeräte sowie
- Grundstücke und Gebäude,
- Betriebs- und Geschäftsausstattung.
- Transportsysteme und Lagereinrichtungen,

Ausgehend von einer Automatisierung der Fertigungs- und Montageprozesse wird die Verkettung von Maschinen, maschinellen Anlagen, Apparaturen, Werkzeugen, Vorrichtungen, Meß- und Prüfgeräten zu Aggregaten unterstellt. Während die Ausstattung eines Produktionsstandortes mit Aggregaten im wesentlichen durch die tatsächlich dort zu fertigenden Erzeugnisse bestimmt wird, ist die Anschaffung aller anderen Betriebsmittel eher durch die Errichtung des Standortes als solches determiniert. Die zuletzt genannten Betriebsmittel werden unter der Bezeichnung Grundstücke/Gebäude zusammengefaßt.

Die Aufgabe der Betriebsmittelplanung[8] ist die Bestimmung der Anzahl und der Typen der zur Errichtung der vorgegebenen Kapazität erforderlichen Aggregate sowie der Größe der Grundstücke/Gebäude für jeden Produktionsstandort und jede Periode. Daraus sind die mengenmäßigen Investitionen bzw. Desinvestitionen für einzelne Aggregattypen sowie für Grundstücke/Gebäude abzuleiten.

Alle weiteren im Zusammenhang mit der Planung anlagenwirtschaftlicher Aktivitäten genannten Aufgaben wie z.B. die Anlagenbereitstellungsplanung, die innerbetriebliche Standortplanung und die Anlageninstandhaltungsplanung[9] sollen nicht simultan mit der Planung der Standortstrukturänderungen erfolgen. Insbesondere wird davon ausgegangen, daß aufgrund von Einzelinvestitionsbeurteilungen für alle betrachteten Produktionsstandorte und Fertigungsstufen der vorteil-

---

[7] Vgl. GALLUS (1979) Sp. 354.
[8] Vgl. WELGE (1985) S. 294ff.
[9] Vgl. MÄNNEL (1980) S. 146 und MÄNNEL (1989) Sp. 43ff.

hafteste Aggregattyp bekannt ist[10]. Aus Vereinfachungsgründen wird die Anzahl der Aggregattypen je Fertigungsstufe auf eins festgelegt. Damit kann für die Differenzierung der Aggregatetypen ebenfalls der Index f = 1...F verwendet werden. Die Bestimmung der Anzahl der Aggregate eines Typs erfolgt analytisch aufgrund des Mengengerüsts, das der vorgegebenen Kapazität entnommen wird, den Angaben über die Maschinenlaufzeit aus den Grobarbeitsplänen sowie der Kapazität eines Aggregats.

Die Kapazität eines **Aggregats** wird durch die Zeit, die es für die Produktion von absatzfähigen Produkten zur Verfügung steht, bestimmt. Diese wird beeinflußt durch die Anzahl und Dauer der Schichten pro Jahr, durch den Anteil der Ausschußproduktion, durch Zeiten für Rüsten, Wartung und Reparatur, die während der normalen Schichten anfallen.

Der Bruttobedarf der erforderlichen Aggregate eines Typs für jeden Standort und jede Periode ergibt sich aus dem Produkt von Kapazität, Maschinenlaufzeit und Ausschuß in Beziehung gesetzt zu der Leistungsfähigkeit eines Aggregats.

$$(5.4) \quad BBA_{tsf} = \frac{\sum_{p=1}^{P} KAP_{tspf} \cdot MLZ_{tspf}}{NBZ_{ts}}$$

mit:

$BBA_{tsf}$ = Anzahl der in der Periode t am Standort s einzusetzenden Aggregate vom Typ f (Bruttobedarf Aggregate)
$MLZ_{tpsf}$ = Zeit die ein Aggregat vom Typ f für die Produktion einer Einheit der Produktart p in der Periode t am Standort s benötigt (Maschinenlaufzeit)
$NBZ_{ts}$ = Zeit während der ein Aggregat in der Periode t am Standort s genutzt werden kann (Nettobetriebszeit)

---

[10] Damit ist auch eine Entscheidung über den Automatisierungsgrad gefällt. Diese kann nur in Abhängigkeit von der Gesamtkapazität in einer Fertigungsstufe an einem Produktionsstandort gefällt werden. Da die Gesamtkapazität aber erst nach Abschluß der Standortstrukturplanung feststeht, müssen zunächst Annahmen getroffen werden, sofern wie hier unterstellt nicht simultan geplant werden soll.

Zusätzlich zu dem Bedarf an Aggregaten in einer Periode ist zu ermitteln, ob und wieviele Aggregate eines Typs in einer Periode beschafft oder ausgesondert werden müssen. Hierzu ist die Erfassung einzelner Aggregattypen nach der verbleibenden Nutzungsdauer erforderlich. Diese wird ausgedrückt durch den Index $r = 1...R$. Investitionen oder Desinvestitionen müssen dann vorgenommen werden, wenn der Nettobedarf der Aggregate ungleich null ist. Der Nettobedarf der Aggregate ergibt sich aus dem Bruttobedarf der Aggregate abzüglich des Bruttobedarfs der Aggregate der Vorperiode zuzüglich der durch Ende der Nutzungsdauer ausscheidenden Aggregate.

Wenn der Nettobedarf der Aggregate kleiner ist als null, müssen Aggregate ausgesondert werden. Es ist festzulegen, ob zuerst Aggregate mit hoher oder solche mit niedriger Restnutzungsdauer ausgesondert werden sollen. In den folgenden Formeln wird davon ausgegangen, daß zuerst Aggregate mit geringer Restnutzungsdauer ausgesondert werden, da diese in der Regel höhere Instandhaltungskosten verursachen. Für ausgesonderte Aggregate wird unterstellt, daß diese zum Restbuchwert verkauft werden können. Ist hingegen der Nettobedarf der Aggregate größer als null, müssen neue Aggregate beschafft werden.

(5.5) $\quad NBA_{tsf} = BBA_{tsf} - BBA_{(t-1)sf} + BEA_{(t-1)sf1}$

(5.6) $\quad BEA_{tsfR} = \begin{cases} NBA_{tsf} & \text{für} \quad NBA_{tsf} > 0 \\ 0 & \text{für} \quad NBA_{tsf} \leq 0 \end{cases}$

(5.7) $\quad BEA_{tsf(r \neq R)} = \begin{cases} BEA_{(t-1)sf(r+1)} & \text{für Bedingung 1} \\ \sum_{r=1}^{r} BEA_{(t-1)sf(r+1)} + NBA_{tsf} & \text{für Bedingung 2} \\ 0 & \text{für Bedingung 3} \end{cases}$

(Bed. 1) $NBA_{tsf} \geq 0 \quad \text{oder} \quad \sum_{r=1}^{r} BEA_{tsf(r-1)} > 0$

(Bed. 2) $NBA_{tsf} \cdot -1 < \sum_{r=1}^{r} BEA_{(t-1)sf(r+1)} \quad \text{und} \quad BEA_{tsf(r-1)} = 0$

(Bed. 3) $NBA_{tsf} \cdot -1 \geq \sum_{r=1}^{r} BEA_{(t-1)sf(r+1)}$

mit:

$NBA_{tsf}$ = Anzahl der in der Periode t am Standort s zu beschaffenden oder auszusondernden Aggregate vom Typ f (Nettobedarf Aggregate)

$BEA_{tsfr}$ = Anzahl der in der Periode t am Standort s vorhandenen Aggregate vom Typ f mit der Restnutzungsdauer r (Aggregatebestand)

In der Formel 5.5 wird der Nettobedarf der Aggregate aus der Veränderung des Bruttobedarfs und den planmäßig durch Ende der Nutzungsdauer ausscheidenden Aggregaten bestimmt. Die Formel 5.6 gibt die Entscheidung wieder, ob neue Aggregate angeschafft werden sollen oder nicht. Neue Aggregate haben eine maximale Nutzungsdauer von R Perioden.

Die Anzahl der Aggregate mit einer bestimmten Restnutzungsdauer in einer Periode ist gleich der Anzahl der Aggregate mit einer um eine Periode höheren Restnutzungsdauer in der Vorperiode, sofern keine Aussonderungen vorzunehmen sind oder die erforderlichen Aussonderungen nur ältere Aggregate betreffen (Bedingung 1 in Formel 5.7). Treffen diese beiden Bedingungen nicht zu, verringert sich der Aggregatebestand mit einer bestimmten Restnutzungsdauer. Müssen mehr als oder gleich viel Aggregate ausgesondert werden wie Aggregate mit der betrachteten oder einer geringeren Restnutzungsdauer zur Verfügung stehen, ist der Aggregatebestand gleich null (Bedingung 3 aus Formel 5.7). In allen anderen Fällen ergibt sich der Aggregatebestand aus der Differenz der insgesamt auszusondernden Aggregate und den für die Aussonderung zur Verfügung stehenden Aggregaten.

Die Planung der **Grundstücke/Gebäude** erfolgt aufgrund des Flächenbedarfs der geplanten Aggregate. Dabei werden für jeden Standort nur zwei mögliche Größenklassen zugelassen, die Grundausbaustufe ($BBG_{ts}=1$) und die Erweiterungsstufe ($BBG_{ts}=1+erw_s$). Das Über- oder Unterschreiten der Grenzen zwischen den Größenklassen führt zu Investitionen oder Desinvestitionen. Die Überschreitung des Flächenbedarfs, der in der Erweiterungsstufe für die Nutzung durch Aggregate zur Verfügung gestellt werden kann, ist nicht zulässig.

$$(5.8) \quad BBG_{ts} = \begin{cases} 0 & \text{für} & BBA_{tsf} \cdot FLB_{sf} = 0 \\ 1 & \text{für} & 0 < BBA_{tsf} \cdot FLB_{sf} \leq FL_S \\ 1 + erw_S & \text{für} & FL_S < BBA_{tsf} \cdot FLB_{sf} \leq FL_S \cdot (1 + erw_S) \end{cases}$$

$$(5.9) \quad NBG_{ts} = BBG_{ts} - BBG_{(t-1)s}$$

mit:

$BBG_{ts}$ = Größenklasse der Grundstücke/Gebäude in der Periode t am Standort s (Bruttobedarf Grundstücke/Gebäude)
$NBG_{ts}$ = Veränderung der Größenklasse der Grundstücke/Gebäude in der Periode t am Standort s (Nettobedarf Grundstücke/ Gebäude)
$FLB_{sf}$ = Fläche, die ein Aggregat vom Typ f am Standort s benötigt
$FL_S$ = Fläche, die am Standort s in der Grundausbaustufe für die Nutzung durch Aggregate zur Verfügung steht
$erw_S$ = Faktor, um den die Fläche, die am Standort s in der Grundausbaustufe für die Nutzung durch Aggregate zur Verfügung steht, erweitert werden kann

Die Abbildung 5.4 zeigt die Betriebsmittelplanung im Überblick[11].

---

[11] Es werden die in Abbildung 4.2 vorgestellten Symbole verwendet.

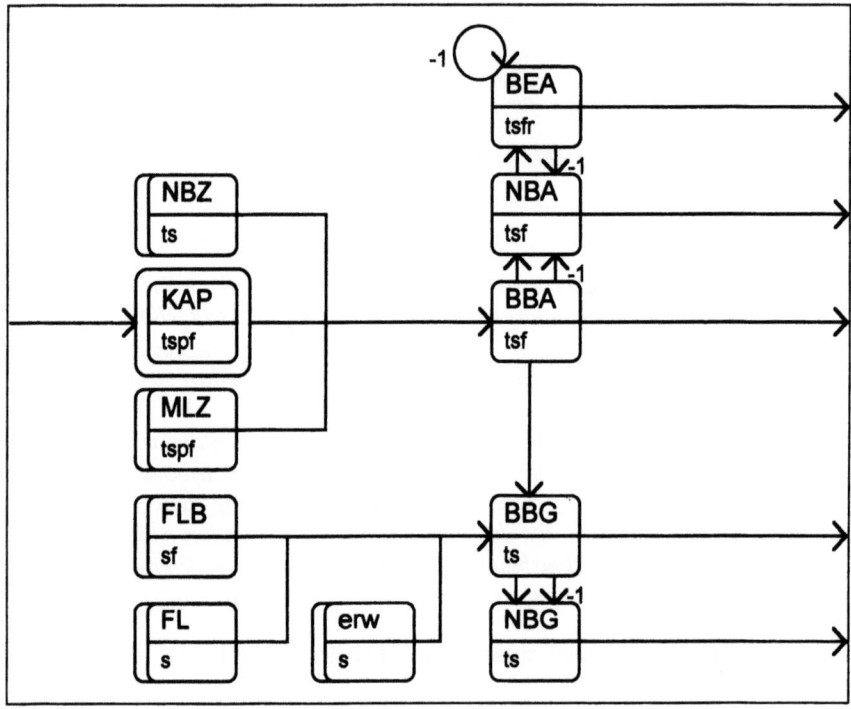

*Abbildung 5.4: Betriebsmittelplanung*

### 5.2.2.2.3. Personalplanung

"Ziel der Personalplanung ist es, die Grundlage dafür zu schaffen, daß ... die für die Verwirklichung der unternehmerischen Ziele benötigten Mitarbeiter in ausreichender Anzahl und mit der erforderlichen Qualifikation zur rechten Zeit am rechten Ort zur Verfügung stehen."[12] Die im folgenden verwendeten Definitionen und die Gliederung des Abschnitts erfolgt in Anlehnung an GAUGLER[13], sofern sie nicht anders kenntlich gemacht sind.

In der gegebenen Definition werden die vier **Dimensionen der Personalplanung** deutlich. Dies sind die quantitative, qualitative, zeitliche und lokale bzw. regio-

---
[12] BURGARD (1988) S. 315.
[13] Vgl. GAUGLER (1989).

nale Dimension. Diese vier Dimensionen müssen auch in dem Modell abgebildet werden. Die quantitative Dimension wird durch die Zahl der Mitarbeiter gemessen. Im Modell erfolgt dies durch die durchschnittlich in einer Periode erforderlichen Mitarbeiter. Es gilt die Prämisse, daß der Stichtagswert am Ende einer Periode dem Durchschnittswert der Periode entspricht. Damit werden alle Änderungen des Personalbestandes zu Beginn einer Periode durchgeführt. Diese Vereinfachung ist erforderlich, da die Ermittlung des Bruttobedarfs auch nur für ganze Perioden erfolgt.

In der qualitativen Dimension wird nach Mitarbeitergruppen differenziert. Eine Einteilung von Mitarbeitergruppen kann nach Lohn- und Gehaltsgruppen erfolgen. Diese Einteilung kann durch die Einbeziehung von Methoden der Arbeitsbewertung und der Mitarbeiterbeurteilung weiter verfeinert werden. Auf eine derartige Differenzierung soll im Rahmen des Modells unter Hinweis auf den Planungshorizont verzichtet werden. Es scheint vielmehr eine Differenzierung nach solchen Mitarbeitern, die unmittelbar an der Produktion beteiligt sind (Direkte Mitarbeiter), und solchen, die nicht unmittelbar an der Produktion beteiligt sind (Indirekte Mitarbeiter), ausreichend.

Die zeitliche Dimension ist durch die Anzahl und Dauer der historischen und der Planperioden des Modells gegeben.

Die lokale bzw. regionale Dimension erfordert eine Gesamtplanung und Teilplanungen für organisatorische Einheiten, die durch gesonderte Teilmodelle für Produktionsstandorte abgebildet werden, aus denen durch Aggregation die Gesamtplanung gewonnen werden kann.

Die Personalplanung besteht aus folgenden Teilbereichen:

- Personalbedarfsplanung,
- Personalbeschaffungsplanung,
- Personalfreisetzungsplanung,
- Personaleinsatzplanung,
- Personalentwicklungsplanung und
- Personalkostenplanung.

Sofern es sich um rein mengenmäßige Planungen handelt, und diese für die Standortentscheidung von Bedeutung sind, finden sie in diesem Abschnitt Berücksichtigung. Preis- bzw. wertbezogene Personalplanungen, die für die Standortentscheidung von Bedeutung sind, werden im Modul Preisplanung bzw. im Modul Kosten- und Leistungsplanung berücksichtigt.

Die **Personalbedarfsplanung** bildet den Kernbereich der betrieblichen Personalplanung, aus dem sich ihre übrigen Teilgebiete ableiten lassen. Das Grundschema der Personalbedarfsplanung wird in Abbildung 5.5 dargestellt.

|   | Bruttopersonalbedarf $_t$ |
|---|---|
| - | Personalbestand $_{t-1}$ |
| + | Personalabgänge $_t$ |
| - | Personalzugänge $_t$ |
| = | Nettobedarf $_t$ bzw. Überschuß $_t$ |

*Abbildung 5.5: Grundschema der Personalbedarfsplanung*

Die Ermittlung des <u>Bruttopersonalbedarfs</u> kann anhand unterschiedlicher Verfahren durchgeführt werden. Zu den Verfahren zählen Schätzverfahren, statistische Verfahren und analytische Verfahren. Es wird zunächst das Verfahren zur Ermittlung des Bedarfs an Direkten Mitarbeitern beschrieben.

Bei Anwendung der analytischen Verfahren wird zur Ermittlung des Bruttopersonalbedarfs auf die Produktprogrammplanung bzw. auf den daraus abgeleiteten Produktionsplan, der um den Zeitbedarf für Nacharbeiten zu erhöhen ist, sowie auf die Vorgabezeit[14], die den Arbeitsplänen entnommen wird, zurückgegriffen. Dadurch steht zunächst der Personalbedarf in Zeiteinheiten fest. Unter Berücksichtigung der Leistungsfähigkeit der einzelnen Mitarbeiter kann der Bruttopersonalbedarf in der Dimension Anzahl der Mitarbeiter ausgedrückt werden.

$$(5.10) \quad BBD_{ts} = \frac{\sum_{p=1}^{P} \sum_{f=1}^{F} PSZ_{tspf} \cdot VT_{tspf}}{NAZ_{ts} \cdot 60} \cdot (1 + naf_{ts})$$

---

[14] Einen Überblick über die REFA-Methode der direkten Zeitmessung, die zur Ermittlung der Vorgabezeit führt, gibt SCHOLZ (1989) S. 101f.

mit:

$BBD_{ts}$ = Anzahl der durchschnittlich in der Periode t am Standort s benötigten Direkten Mitarbeiter (Bruttobedarf Direkte Mitarbeiter)
$VT_{tspf}$ = normierte Arbeitszeit, die für die Produktion einer Einheit der Produktart p in der Fertigungsstufe f in der Periode t am Standort s benötigt wird (Vorgabezeit) in Minuten
$naf_{ts}$ = Nacharbeitsfaktor in der Periode t am Standort s
$NAZ_{ts}$ = normierte jährliche Arbeitszeit eines Direkten Mitarbeiters in der Periode t am Standort s in Stunden

Der Nacharbeitsfaktor wird in Abhängigkeit vom Netto- und Bruttopersonalbedarf für Direkte Mitarbeiter aus der Vorperiode ermittelt.

(5.11)

$$naf_{ts} = \begin{cases} naf_{0s} \cdot \alpha_1 \cdot \left( \dfrac{NBD_{(t-1)s}}{BBD_{(t-1)s}} + 1 \right) & \text{für } NBD_{(t-1)s} \geq 0 \text{ und } BBD_{(t-1)s} > 0 \\ naf_{0s} & \text{für } NBD_{(t-1)s} < 0 \text{ oder } BBD_{(t-1)s} = 0 \end{cases}$$

mit:

$NBD_{ts}$ = Anzahl der zu Beginn der Periode t am Standort s einzustellenden oder zu entlassenden Direkten Mitarbeiter (Nettobedarf Direkte Mitarbeiter)
$\alpha_1$ = zu schätzender Parameter

Die Ermittlung der Leistungsfähigkeit der Mitarbeiter muß unter Berücksichtigung der jährlichen Arbeitszeit (bei Abzug des Urlaubs), des Leistungsgrades und des Krankenstandes einschließlich sonstiger Abwesenheitszeiten erfolgen. Wenn eine Beziehung zwischen Aufbau von Mitarbeitern und Leistungsgrad bzw. zwischen Abbau von Mitarbeitern und Krankenstand festzustellen ist, sollte diese ebenfalls berücksichtigt werden.

(5.12) $NAZ_{ts} = BAZ_{ts} \cdot (1 - kst_{ts}) \cdot leg_{ts}$

(5.13)

$$kst_{ts} = \begin{cases} kst_{0s} \cdot \alpha_2 \cdot \left(1 - \dfrac{NBD_{(t-1)s}}{BBD_{(t-1)s}}\right) & \text{für } NBD_{(t-1)s} \leq 0 \text{ und } BBD_{(t-1)s} > 0 \\ kst_{0s} & \text{für } NBD_{(t-1)s} > 0 \text{ oder } BBD_{(t-1)s} = 0 \end{cases}$$

mit:

$BAZ_{ts}$ = jährliche tarifliche Arbeitszeit eines Direkten Mitarbeiters in der Periode t am Standort s in Stunden

$kst_{ts}$ = Krankenstand in Prozent vom Bruttopersonalbestand in der Periode t am Standort s

$leg_{ts}$ = Leistungsgrad in der Periode t am Standort s

$\alpha_2$ = zu schätzender Parameter

Der <u>Personalbestand</u> der Vorperiode kann dem Modell unmittelbar entnommen werden, wobei in der ersten Periode Eingangsgrößen erforderlich sind.

Die <u>Personalabgänge</u> während einer Periode können durch Pensionierung, Invalidisierung, Tod aktiver Mitarbeiter, sonstiges Ausscheiden aus dem Erwerbsleben oder durch Arbeitgeberwechsel des Mitarbeiters erfolgen. Diese Sachverhalte sollen durch die Fluktuationsrate ausgedrückt werden. Diese kann entweder exogen vorgegeben, oder durch eine Verhaltensgleichung beeinflußt werden, wenn sich beispielsweise eine Beziehung zwischen bevorstehenden Entlassungen und einem Sinken der Fluktuationsrate nachweisen läßt.

<u>Personalzugänge</u> sind Zunahmen des Personalbestandes, die ohne Beschaffungsmaßnahmen erfolgen. Dazu gehören die Übernahme von Auszubildenden, die Rückkehr aus Wehr- und Ersatzdienst, Mutterschutz, Erziehungsurlaub sowie der Eintritt bereits vertraglich eingestellter Mitarbeiter. Da diese Fälle beim Gesamtvolumen nicht von Bedeutung sind, finden sie in Form einer Korrektur der Fluktuationsrate Berücksichtigung.

(5.14) $\quad FLD_{ts} = BBD_{(t-1)s} \cdot fld_{ts}$

(5.15)

$$fld_{ts} = \begin{cases} fld_{0s} \cdot \alpha_3 \cdot \left(1 + \dfrac{NBD_{(t-1)s}}{BBD_{(1-1)s}}\right) & \text{für } NBD_{(t-1)s} \leq 0 \text{ und } BBD_{(t-1)s} > 0 \\ fld_{0s} & \text{für } NBD_{(t-1)s} > 0 \text{ oder } BBD_{(t-1)s} = 0 \end{cases}$$

mit:

$FLD_{ts}$ = Anzahl der zu Beginn der Periode t am Standort s ohne Beschaffungs- und Freisetzungsmaßnahmen eintretenden oder ausscheidenden Direkten Mitarbeiter
$fld_{ts}$ = Fluktuationsrate der Direkten Mitarbeiter in der Periode t am Standort s
$\alpha_3$ = zu schätzender Parameter

Der Nettopersonalbedarf für Direkte Mitarbeiter läßt sich in Konkretisierung des Grundschemas der Personalbedarfsplanung aus Abbildung 5.5 wie folgt darstellen.

(5.16) $NBD_{ts} = BBD_{ts} - BBD_{(t-1)s} + FLD_{ts}$

Bei der Ermittlung des Bruttopersonalbedarfs für Indirekte Mitarbeiter wird vereinfachend von einem festen Verhältnis zwischen Direkten und Indirekten Mitarbeitern ausgegangen. Dazu kann auf Erfahrungswerte zurückgegriffen werden, oder das feste Verhältnis als Vorgabe verstanden werden.

(5.17) $NBI_{ts} = BBI_{ts} - BBI_{(t-1)s} + FLI_{ts}$

(5.18) $BBI_{ts} = BBD_{ts} \cdot vdi_s \cdot \dfrac{1}{anp_t}$

(5.19) $FLI_{ts} = BBI_{(t-1)s} \cdot fli_{ts}$
(5.20)

$$fli_{ts} = \begin{cases} fli_{0s} \cdot \alpha_4 \cdot \left(1 + \dfrac{NBI_{(t-1)s}}{BBI_{(1-1)s}}\right) & \text{für } NBI_{(t-1)s} \leq 0 \text{ und } BBI_{(t-1)s} > 0 \\ fli_{0s} & \text{für } NBI_{(t-1)s} > 0 \text{ oder } BBI_{(t-1)s} = 0 \end{cases}$$

$$(5.21) \quad anp_t = \sum_{p=1}^{P} anp_{tp} \cdot \frac{\sum_{f=1}^{F} PSZ_{tpsf} \cdot VT_{tpsf}}{\sum_{p=1}^{P} \sum_{f=1}^{F} PSZ_{tpsf} \cdot VT_{tpsf}}$$

mit:

$BBI_{ts}$ = Anzahl der durchschnittlich in der Periode t am Standort s benötigten Indirekten Mitarbeiter (Bruttobedarf Indirekte Mitarbeiter)

$NBI_{ts}$ = Anzahl der zu Beginn der Periode t am Standort s einzustellenden oder zu entlassenden Indirekten Mitarbeiter (Nettobedarf Indirekte Mitarbeiter)

$FLI_{ts}$ = Anzahl der zu Beginn der Periode t am Standort s ohne Beschaffungs- und Freisetzungsmaßnahmen eintretenden oder ausscheidenden Indirekten Mitarbeiter

$fli_{ts}$ = Fluktuationsrate der Indirekten Mitarbeiter in der Periode t am Standort s

$vdi_s$ = Verhältnis Indirekte zu Direkten Mitarbeitern am Standort s

$anp_t$ = Anpassungsfaktor Produktionsstückzahlen an Kapazität in der Periode t

$\alpha_4$ = zu schätzender Parameter

Die Ermittlung des Anpassungsfaktors wird erforderlich, weil die Kosten für die Indirekten Mitarbeiter von der installierten Kapazität abhängig sind, die Anzahl der Direkten Mitarbeiter aber von der tatsächlichen Produktionsstückzahl am Standort.

Eine **Personalbeschaffungsplanung** ist dann erforderlich, wenn in der Personalbedarfsplanung ein Nettopersonalbedarf ermittelt wurde. Die Personalbedarfsplanung konzentriert sich auf rationale Dispositionen zur künftigen Deckung dieses prognostizierten Personalbedarfs. Unter Beachtung von Grundsatzentscheidungen zur Personalbeschaffung sind die Erreichbarkeit und Ergiebigkeit von unterschiedlichen Beschaffungsquellen zu prognostizieren. Für die Formulierung des Modells bedeutet dies, daß Beschränkungen für die Personalbeschaffung berücksichtigt werden müssen. Es wird davon ausgegangen, daß bei der Vorauswahl neuer Standorte auf eine ausreichende Verfügbarkeit von Arbeitskräften geachtet wurde, und bei bestehenden Standorten ein Personalaufbau in gewissem Rahmen möglich ist. Bei Überschreitung dieses Rahmens ist die Erhöhung des Lohnsatzes zur Beschaffung des benötigten Personals erforderlich[15].

Eine **Personalfreisetzungsplanung** ist erforderlich, wenn in der Personalbedarfsplanung ein Personalüberschuß ermittelt wurde. Die Personalfreisetzungsplanung umfaßt sowohl Maßnahmen, die das Ausmaß der Personalfreisetzung verringern (Abbau von Überstunden, interne Umsetzungen, Einstellungsstop usw.) als auch solche Maßnahmen, die zum Personalabbau führen (vorzeitige Pensionierungen, Abfindungszahlungen beim Abschluß von Aufhebungsverträgen, Sozialpläne zum Härteausgleich bei fristgerechten Kündigungen und Entlassungen). Im Modell wird davon ausgegangen, daß der ermittelte Personalüberschuß abgebaut wird. Dazu muß im Rahmen der Preisplanung die erforderliche Abfindungszahlung bzw. Zahlung aus dem Sozialplan festgelegt werden. Das bedeutet, daß alle Maßnahmen, die zur Verringerung der Personalfreisetzung beitragen, bereits ausgeschöpft sind.

Kurzarbeit wird dagegen im Modell nicht berücksichtigt, da dies keine Maßnahme ist, die langfristig geplant werden kann, sondern dann zum Einsatz kommt, wenn die tatsächliche Entwicklung von der Planung abweicht.

Unter der **Personalentwicklungsplanung** wird die Planung der Aus- und Weiterbildung verstanden. Im Rahmen der Standortplanung ist interessant, welchen Einfluß Größenänderungen von Produktionsstandorten auf den Aus- und Weiterbildungsbedarf haben. Z.B. stehen neu eingestellte Mitarbeiter nicht von Beginn an mit der vollen Arbeitsleistung zur Verfügung. Die Zeit, die für das Anlernen erforderlich ist, muß demnach berücksichtigt werden. Dies geschieht im Rahmen der Ermittlung der sonstigen Einmaligen Kosten. Darüber hinaus bleibt zu untersuchen, wie stark der Zusammenhang zwischen dem Anteil der Neueinstellungen und den erforderlichen Nacharbeiten ist. Dieser Zusammenhang wurde bereits bei der Ermittlung des Bruttopersonalbedarfs berücksichtigt.

Die **Personaleinsatzplanung** hat kurzfristigen Charakter und damit keinen Einfluß auf die Standortplanung.

---

[15] Vgl. Abschnitt 5.2.2.3.

Die **Personalkostenplanung** erfolgt im Rahmen des Kosten- und Leistungsmoduls.

Die Abbildung 5.6 zeigt Variablen der Personalplanung im Überblick[16].

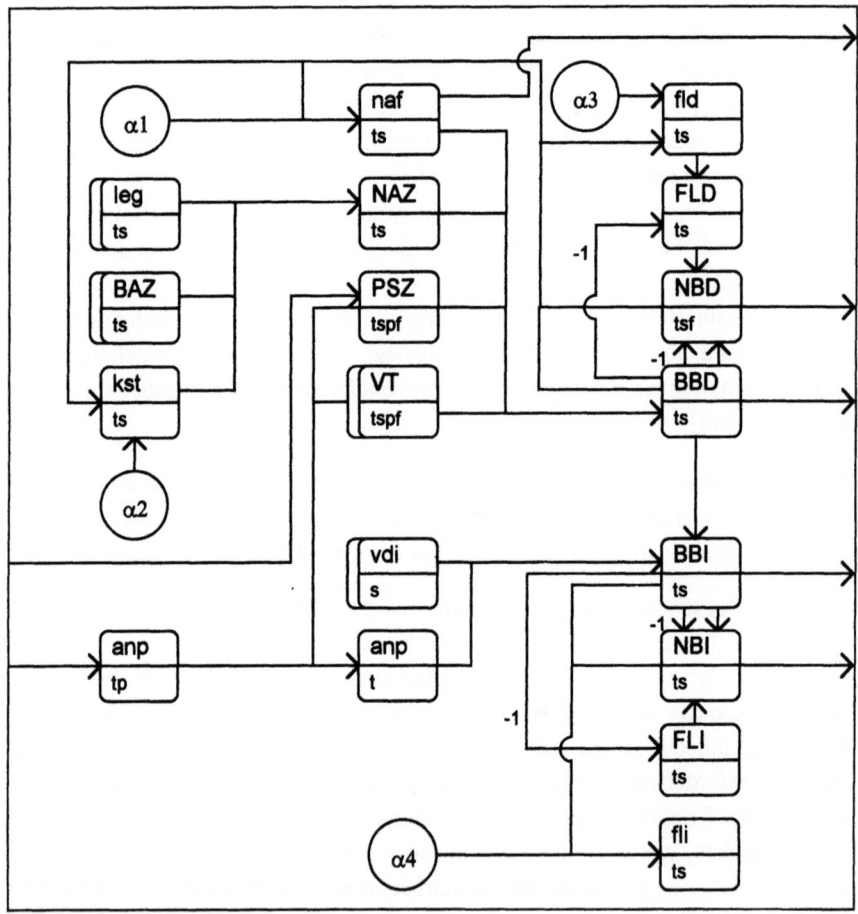

*Abbildung 5.6: Personalplanung*

---

[16] Es werden die in Abbildung 4.2 vorgestellten Symbole verwendet.

## 5.2.2.3. Modul für die Preisplanung

Aufgabe dieses Moduls ist es, die Mengeninformationen aus dem Modul für die Potentialplanung mit Preisen zu bewerten, um in den weiteren Modulen mit Wertgrößen arbeiten zu können. Die Preise können exogen vorgegeben sein oder im Modell als endogene Variablen ermittelt werden.

Es wird zunächst versucht, Beziehungen zwischen den gesuchten Preisen und im Modell vorhandenen Variablen zu finden, so daß Preise vom Modell bestimmt werden. Ist dies nicht möglich, wird das Konzept verfolgt, Preise für die einzelnen Perioden aus bekannten Preisen der Anfangsperiode und einer Preisänderungsrate zu ermitteln.

Preise müssen sowohl für den Output der Produktionsstandorte (Verrechnungspreise für fertige und unfertige Erzeugnisse) als auch für den Input (Material, Personal, Aggregate und Grundstücke/Gebäude) bestimmt werden.

Bei betrieblichen **Verrechnungspreisen** handelt es sich um Wertansätze, zu denen der unternehmungsinterne Leistungsverkehr verrechnet wird[17]. Werden diese Leistungen zwischen rechtlich selbständigen Konzernunternehmungen ausgetauscht, spricht man von Konzernverrechnungspreisen[18]. Im Modell handelt es sich um Preise für fertige Erzeugnisse, die von Produktionsstandorten an die Zentrale geliefert werden, und um Preise für unfertige Erzeugnisse, die von einem Produktionsstandort an einen anderen geliefert werden.

Die Wahl eines Systems von Konzernverrechnungspreisen ist von dem Zweck abhängig, der mit diesem verfolgt werden soll[19]. Im vorliegenden Fall soll vor allem ein aussagefähiges Ergebnis für Produktionsstandorte ermittelt werden, das im wesentlichen als Grundlage für die Beurteilung der Auswirkungen der Standortstrukturänderungen auf bilanzielle und finanzielle Größen dient.

Die Gegebenheiten in einem internationalen Konzern ermöglichen es, die Verrechnungspreisbildung auch für folgende Zwecke einzusetzen[20]:

- Ausnutzung der Steuerunterschiede zwischen den Ländern,

---

[17] Vgl. SERTL/STIEGLER (1976) Sp. 4196.
[18] Vgl. KLEIN (1982) S. 155.
[19] Vgl. HAHN (1992) S. 21.
[20] Vgl. KELLERS/LEDERLE (1984) S. 165ff, KILGER (1984) S. 18ff und POENSGEN (1973) S. 461.

- Beeinflussung der Zölle und sonstigen Abgaben,
- Kapitaltransfer über Verrechnungspreisgestaltung.

Die angeführten Aspekte sollen im Rahmen der hier vorgenommenen langfristigen Planung nicht berücksichtigt werden. Die Ermittlung des für die Verrechnungspreisbildung zwischen Konzerngesellschaften in unterschiedlichen Ländern wesentlichen Umrechnungskurses wird in Abschnitt 4.2.4 behandelt.

Die Wahl von Konzernverrechnungspreisen[21] wird durch steuer- und handelsrechtliche Vorschriften eingeschränkt[22]. So bietet sich nach deutschem Handelsrecht die Verwendung von Marktpreisen oder marktpreisähnlichen Konzernverrechnungspreisen an, soll ein Vor- oder Nachteilsausgleich nach §§ 311, 312 AktG vermieden werden. In dem hier nicht behandelten Fall eines Beherrschungs-/Gewinnabführungsvertrages oder der Eingliederung besteht diese Einschränkung nicht, da hier durch §§ 291, 300ff AktG bzw. §§ 319-327 AktG für einen Minderheiten- und Gläubigerschutz gesorgt wird. Solche Vorschriften gibt es hinsichtlich der Verrechnungspreisbildung in anderen Ländern nicht[23].

Das Steuerrecht schreibt grundsätzlich vor, daß auch Konzerngesellschaften bei der Verrechnungspreisbildung wie unabhängige Dritte zu behandeln sind (Prinzip des "dealing-at-arm's-length"). Diese Vorschrift beruht auf einer Empfehlung des Steuerausschusses der OECD[24], die in Form von Verwaltungsgrundsätzen[25] des Bundesministers der Finanzen für das Inland und über Doppelbesteuerungsabkommen auch für internationale Konzerne wirksam ist.

Für international verbundene Konzerne kommen folgende Methoden zur Ermittlung von Verrechnungspreisen in Betracht[26]:

- Preisvergleichsmethode,
- Wiederverkaufspreismethode,
- Kostenaufschlagsmethode.

---

[21] Einen Überblick über mögliche Ansätze zur Verechnungpreisbildung geben unter anderem HAX (1981) Sp. 1691ff und WEILENMANN (1989) S. 945ff, letzterer auch mit empirischen Ermittlungen.
[22] Vgl. HAHN (1992) S. 22f.
[23] Vgl. KELLERS/LEDERLE (1984) S. 166.
[24] Vgl. OECD (1981).
[25] Vgl. BMF (1983).
[26] Vgl. KLEIN/KLEIN (1989) S. 399f.

Grundsätzlich sind alle drei Methoden im Modell abbildbar. Für die Abbildung im vorliegenden Modell wird die Kostenaufschlagsmethode ausgewählt, da diese dem Umstand, daß Entscheidungen über Art und Menge der zu fertigenden Produkte in der Zentrale getroffen werden, am besten Rechnung trägt. Die Konsequenzen aus diesen Entscheidungen werden damit in der Ergebnisrechnung der Zentrale deutlich, während die Produktionsstandorte eher dem Charakter eines Cost-Centers als dem eines Profit-Centers entsprechen[27]. Gleichzeitig kann für die Ermittlung der Verrechnungspreise auf Informationen aus dem Modell zugegriffen werden. Nach dem Verfahren der Zuschlagskalkulation werden die Selbstkosten für jeden Produktionsstandort ermittelt und um einen prozentualen Gewinnaufschlag erhöht.

(5.22) $\quad VER_{tspf} = (1 + gew_s) \cdot (VT_{tspf} \cdot FMS_{ts} + MPE_{tspf} + MIP_{tspf})$

(5.23)

$$MIP_{tspf} = \frac{ESP_{tss*p(f-1)} \cdot HFB_{tss*p(f-1)} + VER_{tsp(f-1)} \cdot PSI_{tsp(f-1)} / (1 + gew_s)}{PSZ_{tspf}}$$

(5.24) $\quad FMS_{ts} = \dfrac{PKD_{ts} + FK_{ts}}{\sum\limits_{p=1}^{P} \sum\limits_{f=1}^{F} VT_{tspf} \cdot PSZ_{tspf}}$

(5.25)

$$HFB_{tss*pf} = \begin{cases} PSZ_{tspf} - PSZ_{tsp(f-1)} & \text{für} \quad PSZ_{tspf} - PSZ_{tsp(f-1)} > 0 \\ & \quad\text{und} \\ & \quad PSZ_{tspf} - PSZ_{tsp(f-1)} < PSE_{ts*pf} \\ PSE_{ts*pf} & \text{für} \quad PSZ_{tspf} - PSZ_{tsp(f-1)} \geq PSE_{ts*pf} \\ 0 & \text{für} \quad PSZ_{tspf} - PSZ_{tsp(f-1)} \leq 0 \end{cases}$$

---

[27] Zum Problem der Verrechnungspreisbildung bei vertikaler Spartenorganisation vgl. MEDICKE (1987) S. 243ff.

mit:

$VER_{tspf}$ = Erlös des Standorts s in der Periode t für eine Einheit der Produktart p als fertiges (f=F) bzw. unfertiges (f<F) Erzeugnis (Verrechnungspreis)

$MPE_{tspf}$ = Preis für das von Konzernfremden bezogene Material, das in der Periode t am Standort s für die Produktion einer Einheit der Produktart p in der Fertigungsstufe f eingesetzt wird

$ESP_{tss*pf}$ = Preis für das vom Standort s* bezogene Material, das in der Periode t am Standort s für die Produktion einer Einheit der Produktart p in der Fertigungsstufe f eingesetzt wird

$FMS_{ts}$ = Fertigungsminutensatz in der Periode t am Standort s

$PKD_{ts}$ = Personalkosten Direkte Mitarbeiter in der Periode t am Standort s

$FK_{ts}$ = fixe Kosten (ohne Einmalige Kosten) in der Periode t am Standort s

$gew_s$ = prozentualer Gewinnaufschlag für den Standort s

$MIP_{tspf}$ = Mischpreis für das Material, das in der Periode t am Standort s für die Produktion einer Einheit der Produktart p in der Fertigungsstufe f eingesetzt wird

$PSI_{tspf}$ = Anzahl der in der Periode t von der Produktart p am Standort s in der Fertigungsstufe f für die Verwendung in der nächsten Fertigungsstufe zu fertigenden Einheiten (Produktionsstückzahl intern)

$HFB_{tss*pf}$ = Bezug von Halbfabrikaten in der Periode t des Standorts s vom Standort s* für die Produktart p der Fertigungsstufe f

Es wird auf die Planung der **Materialpreise** für jedes einzelne zugekaufte Teil verzichtet. Für eine langfristige Planung erscheint es ausreichend, wenn für unterschiedliche Fertigungsstufen das gesamte zugekaufte Material eines Erzeugnisses in Abhängigkeit von der Fertigungstiefe am jeweiligen Standort geplant wird. Die Materialpreise für jedes Stück der zu fertigenden Erzeugnisse werden exogen vorgegeben, wobei ausgehend von Materialpreisen in der ersten Periode die Materialpreise der Folgeperioden über einen Materialpreisindex ermittelt werden. Werden nicht alle Fertigungsstufen im selben Produktionsstandort ausgeführt, so müssen neben den externen Bezügen auch interne Bezüge in den Materialkosten berücksichtigt werden. Die Preise errechnen sich aus den Verrechnungspreisen der vorgelagerten Fertigungsstufe zuzüglich Zöllen, Versicherungs- und Frachtkosten, die in Abhängigkeit von Liefer- und Empfängerstandorten als prozentualer Zuschlag auf den Verrechnungspreis geplant werden.

(5.26) $MPE_{tspf} = MPE_{(t-1)spf} \cdot (1 + mpä_{ts}) \cdot (1 + mra_{ts})$

(5.27) $ESP_{tss*pf} = VER_{ts*pf} \cdot (1 + zvf_{tss*}) \cdot KURS_{ts*} / KURS_{ts}$

mit:

$mpä_{ts}$ = Materialpreisänderungsrate in der Periode t am Standort s
$zvf_{tss*}$ = prozentualer Zuschlag für Zölle, Versicherung und Frachtkosten bei der Lieferung von unfertigen Erzeugnissen vom Standort s* an den Standort s in der Periode t
$mra_{ts}$ = Rationalisierung des Materialeinsatzes in der Periode t am Standort s
$KURS_{ts}$ = Währungskurs in der Periode t für den Standort s
$KURS_{ts*}$ = Währungskurs in der Periode t für den Standort s*

**Löhne und Gehälter** werden pro Kopf und Jahr als Durchschnittswert in Abhängigkeit von den Qualitätsanforderungen an die Mitarbeiter exogen je Standort festgeleget. Auch hier werden ausgehend von bekannten Werten in der ersten Periode über Tariferhöhungen die Werte für die folgenden Perioden ermittelt. In den Kosten für Löhne und Gehälter sind auch die Lohn- und Gehaltsnebenkosten zu berücksichtigen. Es ist nicht erforderlich, z.B. Krankengeld gesondert zu planen, da der Krankenstand in die Ermittlung der erforderlichen Mitarbeiter einfließt. Löhne und Gehälter werden zusätzlich dann erhöht, wenn ohne diese Erhöhung der Bedarf an Direkten und Indirekten Mitarbeitern nicht zu decken wäre[28].

(5.28) $LOD_{ts} = LOD_{(t-1)s} \cdot (1 + te_{ts}) \cdot (1 + anm_{ts})$

(5.29) $LGI_{ts} = LGI_{(t-1)s} \cdot (1 + te_{ts}) \cdot (1 + anm_{ts})$

(5.30) $anm_{ts} = \begin{cases} anm\ \%_{ts} & \text{für} \quad BBD_{ts} + BBI_{ts} \geq MAG_{ts} \\ 0 & \text{für} \quad BBD_{ts} + BBI_{ts} < MAG_{ts} \end{cases}$

---

[28] Vgl. die Ausführungen zur Personalbeschaffung in Abschnitt 5.2.2.2.3.

mit:

$LOD_{ts}$ = Jahreslohn für Direkte Mitarbeiter in der Periode t am Standort s
$LGI_{ts}$ = Jahreslohn/-gehalt für Indirekte Mitarbeiter in der Periode t am Standort s
$te_{ts}$ = prozentuale Tariferhöhung in der Periode t am Standort s
$anm_{ts}$ = prozentuale Anpassung des Lohnes für Direkte Mitarbeiter und des Lohnes/Gehaltes für Indirekte Mitarbeiter in der Periode t am Standort s
$anm\%_{ts}$ = Prozentsatz für $anm_{ts}$
$MAG_{ts}$ = Grenze für die Anzahl der Mitarbeiter, die ohne Anpassung des Lohns/Gehalts eingestellt werden können

Auch die Anschaffungsausgaben für **Maschinen und Grundstücke/Gebäude** werden für die erste Periode exogen vorgegeben und für die Folgeperioden über Preissteigerungsraten geschätzt. Die Berücksichtigung von Investitionsfördermaßnahmen erfolgt über einen prozentualen Abschlag, der aufgrund zeitlicher Befristung periodenweise vorgegeben werden muß.

(5.31) $\quad PRA_{tsf} = PRA_{(t-1)sf} \cdot (1 + an\ddot{a}_{ts}) \cdot (1 - inv_{ts})$

(5.32) $\quad PRG_{ts} = PRG_{(t-1)s} \cdot (1 + gg\ddot{a}_{ts}) \cdot (1 - inv_{ts})$

mit:

$PRA_{tsf}$ = Anschaffungspreis für ein Aggregat vom Typ f am Standort s in der Periode t
$PRG_{ts}$ = Anschaffungspreis in der Periode t für Grundstücke/ Gebäude in der Grundausbaustufe des Standorts s
$an\ddot{a}_{ts}$ = Preisänderungsrate für Aggregate in der Periode t am Standort s
$gg\ddot{a}_{ts}$ = Preisänderungsrate für Grundstücke/Gebäude in der Periode t am Standort s
$inv_{ts}$ = prozentualer Abschlag für Anschaffungspreise in der Periode t am Standort s wegen Investitionsfördermaßnahmen

### 5.2.2.4. Modul für die Vermögensplanung

Die Vorgehensweise bei der Vermögensplanung ist abhängig davon, ob sie als Basis für eine entsprechende Kosten- und Leistungsplanung dient oder Teil einer handelsrechtlichen Bilanzplanung ist. Diese unterscheiden sich durch die Wahl der Abschreibungsart und der angesetzten Nutzungsdauer für die Ermittlung der Abschreibungen sowie durch den Unterschied zwischen historischen Anschaffungskosten und Wiederbeschaffungswerten.

Die langfristige Vermögensplanung[29] wird auf Basis der Produktprogramm- und Potentialplanung durchgeführt, in denen die erforderlichen Investitions- bzw. Desinvestitionsmaßnahmen für die Planung des Anlagevermögens und die Entwicklung des Produktprogramms mit dem daraus abgeleiteten Umsatz für die Planung des Umlaufvermögens aufgezeigt werden.

Die Bewertung des **Anlagevermögens** ist zum historischen Anschaffungswert für die Ermittlung der kalkulatorischen Zinsen und Steuern, zum Wiederbeschaffungswert für die Ermittlung der kalkulatorischen Abschreibungen und zum Restbuchwert für die Aktivseite der Bilanz erforderlich. Zur Berechnung dienen folgende Gleichungen:

<u>Historischer Anschaffungswert</u>

(5.33) $\quad ANW_{ts} = ANWA_{ts} + ANWG_{ts}$

(5.34) $\quad ANWA_{ts} = \sum_{r=1}^{R} \sum_{f=1}^{F} PRA_{tsfr} \cdot BEA_{tsfr}$

(5.35) $\quad PRA_{tsfr} = PRA_{(t-R+r)sf}$

(5.36) $\quad ANWG_{ts} = \begin{cases} ANWG_{(t-1)s} + NBG_{ts} \cdot PRG_{ts} & \text{für} \quad NBG_{ts} \geq 0 \\ ANWG_{(t-1)s} \cdot BBG_{ts} / BBG_{(t-1)s} & \text{für} \quad NBG_{ts} < 0 \end{cases}$

mit:

$ANW_{ts}$ = Anschaffungswert des Anlagevermögens des Standorts s in der Periode t

---

[29] Vgl. HAHN (1985) S. 412ff.

$ANWA_{ts}$ = Anschaffungswert der Aggregate des Standorts s in der Periode t
$ANWG_{ts}$ = Anschaffungswert der Grundstücke/Gebäude des Standorts s in der Periode t
$PRA_{tsfr}$ = Anschaffungspreis eines Aggregats des Typs f am Standorts s in der Periode t am mit der Restnutzungsdauer r

Wiederbeschaffungswert

(5.37) $\quad WBW_{ts} = WBWA_{ts} + WBWG_{ts}$

(5.38) $\quad WBWA_{ts} = \sum_{f=1}^{F}(PRA_{tsf} \cdot BBA_{tsf})$

(5.39) $\quad WBWG_{ts} = BBG_{ts} \cdot PRG_{ts}$

mit:

$WBW_{ts}$ = Wiederbeschaffungswert des Anlagevermögens des Standorts s in der Periode t
$WBWA_{ts}$ = Wiederbeschaffungswert der Aggregate des Standorts s in der Periode t
$WBWG_{ts}$ = Wiederbeschaffungswert der Grundstücke/Gebäude des Standorts s in der Periode t

Für die Bestimmung des <u>Restbuchwerts</u> sind zunächst die handelsrechtlichen Abschreibungen zu ermitteln.

(5.40) $\quad RBW_{ts} = RBWA_{ts} + RBWG_{ts}$

(5.41) $\quad RBWA_{ts} = \sum_{r=1}^{R}\sum_{f=1}^{F} RBWA_{tsfr} \cdot BEA_{tsfr}$

(5.42) $\quad RBWA_{tsfr} = \begin{cases} PRA_{tsf} - HAFA_{tsfr} & \text{für} \quad r = R \\ RBWA_{(t-1)sf(r+1)} - HAFA_{tsfr} & \text{für} \quad r < R \end{cases}$

(5.43) $\quad HAFA_{tsfr} = PRA_{tsfr} \cdot hafa_{sfr}$

(5.44)

$$RBWG_{ts} = \begin{cases} RBWG_{(t-1)s} - HAFG_{ts} + NBG_{ts} \cdot PRG_{ts} & \text{für } NBG_{ts} \geq 0 \\ RBWG_{(t-1)s} \cdot BBG_{ts} / BBG_{(t-1)s} - HAFG_{ts} & \text{für } NBG_{ts} < 0 \end{cases}$$

(5.45) $HAFG_{ts} = ANWG_{ts} \cdot hafg_s$

mit:

$RBW_{ts}$ = Restbuchwert des Anlagevermögens des Standorts s in der Periode t
$RBWA_{ts}$ = Restbuchwert der Aggregate des Standorts s in der Periode t
$RBWG_{ts}$ = Restbuchwert der Grundstücke/Gebäude des Standorts s in der Periode t
$HAFA_{tsfr}$ = handelsrechtliche Abschreibungen auf Aggregate des Typs f mit der Restnutzungsdauer r in der Periode t am Standort s
$hafa_{sfr}$ = handelsrechtlicher Abschreibungssatz auf Aggregate des Typs f mit der Restnutzungsdauer r am Standort s
$HAFG_{ts}$ = handelsrechtliche Abschreibungen auf Grundstücke/Gebäude in der Periode t am Standort s
$hafg_s$ = handelsrechtlicher Abschreibungssatz auf Grundstücke/ Gebäude am Standort s
$RBWA_{tsfr}$ = Restbuchwert eines Aggregats des Typs f am Standorts s in der Periode t mit der Restnutzungsdauer r

Die Bewertung des **Umlaufvermögens** muß zu Durchschnitts- und zu Stichtagswerten erfolgen. Vereinfachend kann davon ausgegangen werden, daß diese beiden Werte übereinstimmen. Sowohl die Vorräte als auch die Forderungen lassen sich im Verhältnis zum Umsatz planen, wenn ein festes Verhältnis zum Umsatz vorliegt, oder wenn ein bestimmtes Verhältnis als Zielgröße in der Planung berücksichtigt werden soll. Dabei handelt es sich um die Kennzahlen "durchschnittliches Zahlungsziel" und "Durchlaufzeit". Diese Annahme scheint besonders dann zulässig, wenn ein Produktionsstandort nur innerhalb eines Konzerns liefert und feste Zahlungsbedingungen vereinbart sind.

Da der Umsatz der Periode von den Verrechnungspreisen abhängig ist, die ihrerseits aufgrund der Kosten der Periode ermittelt werden, wird an dieser Stelle ein Umsatz, der mit geschätzten Verrechnungspreisen gebildet wurde, verwendet. Damit können aufwendige Techniken für die Lösung simultaner Gleichungssysteme vermieden werden.

(5.46)  $FOR_{ts} = UMS^*_{ts} \cdot zz_s / 12$

(5.47)  $VOR_{ts} = UMS^*_{ts} \cdot dlz_s / 12$

mit:

$FOR_{ts}$ = Forderungsbestand am Standort s im Durchschnitt und am Ende der Periode t
$VOR_{ts}$ = Vorratsbestand am Standort s im Durchschnitt und am Ende der Periode t
$UMS^*_{ts}$ = geschätzter Umsatz in der Periode t am Standort s
$zz_s$ = vorgegebenes Zahlungsziel in Monaten am Standort s
$dlz_s$ = vorgegebene Durchlaufzeit in Monaten am Standort s

### 5.2.2.5. Modul für die Kosten- und Leistungsplanung

Die Kosten- und Leistungsplanung, auch kalkulatorische Ergebnisplanung oder Betriebsergebnisplanung genannt, zeigt das durch den speziellen Leistungsprozeß in künftigen Perioden zu erwirtschaftende Ergebnis der Unternehmung[30].

Die Gliederung der Kostenbestandteile eines solchen Planes kann nach verschiedenen Kriterien erfolgen. So wird bei der Ausgestaltung als Deckungsbeitragsrechnung eine Trennung in fixe und variable Kosten vorgenommen. Die Gemeinkosten können einerseits nach Kostenstellen oder Zusammenfassungen von Kostenstellen gegliedert werden, oder andererseits nach Kostenarten, was insbesondere bei längerfristigen Betrachtungen die Berücksichtigung von unterschiedlichen Preisentwicklungen für einzelne Kostenarten oder Kostenartengruppen ermöglicht.

Für die in Abbildung 5.7 dargestellte und im Modell angewendete Gliederung spricht, daß sie zum einen direkt auf den Ergebnissen der vorgelagerten Module Potential-, Preis- und Vermögensplanung aufbaut und zum anderen im Rahmen eines Standortvergleichs die kostenrelevanten Auswirkungen der Standortfaktoren gesondert ausweist.

---

[30] Vgl. HAHN (1985) S. 382f.

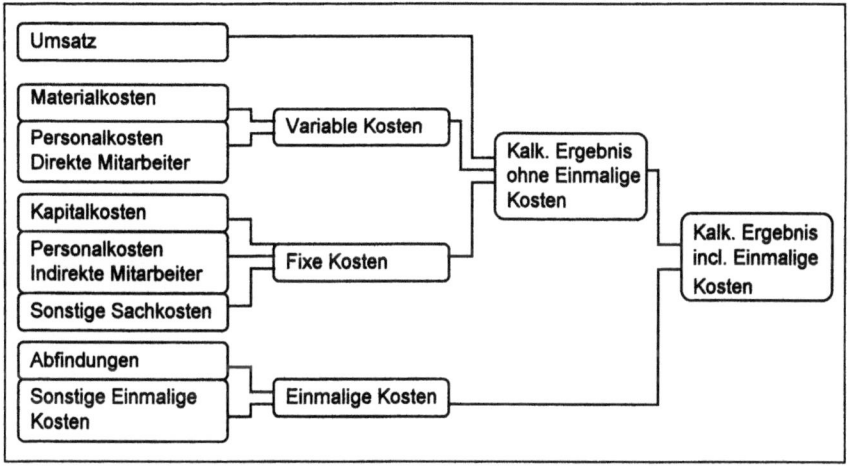

*Abbildung 5.7: Struktur der Kosten- und Leistungsplanung für Produktionsstandorte*

Die Ermittlung der Eingangsgrößen der Kosten- und Leistungsrechnung wird in den folgenden Formeln dargestellt.

**Umsatz**

$$(5.48) \quad UMS_{ts} = \sum_{p=1}^{P} \sum_{f=1}^{F} VER_{tpsf} \cdot PSE_{tpsf}$$

$$(5.49) \quad PSE_{tpsf} = PSZ_{tpsf} - PSI_{tpsf}$$

$$(5.50) \quad PSI_{tpsf} = \begin{cases} PSZ_{tps(f+1)} & \text{für} \quad PSZ_{tps(f+1)} \leq PSZ_{tpsf} \\ PSZ_{tpsf} & \text{für} \quad PSZ_{tps(f+1)} > PSZ_{tpsf} \end{cases}$$

mit:

$PSE_{tpsf}$ = Anzahl der in der Periode t von der Produktart p am Standort s in der Fertigungsstufe f für die Lieferung an andere Standorte zu fertigenden Einheiten (Produktionsstückzahl extern)

$UMS_{ts}$ = Umsatz in der Periode t am Standort s

**Materialkosten**

(5.51) $\quad MAT_{ts} = MATF_{ts} + MATK_{ts}$

(5.52) $\quad MATF_{ts} = \sum_{p=1}^{P} \sum_{f=1}^{F} PSZ_{tspf} \cdot MPE_{tspf}$

(5.53) $\quad MATK_{ts} = \sum_{p=1}^{P} \sum_{f=2}^{F} \sum_{s^*=1}^{S^*} ESP_{tss^*pf} - HFB_{tss^*pf}$

mit:

$MATF_{ts}$ = Kosten für das von Konzernfremden bezogene Material, das in der Periode t am Standort s für die Produktion eingesetzt wird (Materialkosten Fremdbezug)

$MATK_{ts}$ = Kosten für das von anderen Standorten bezogene Material, das in der Periode t am Standort s für die Produktion eingesetzt wird (Materialkosten Konzernbezug)

**Personalkosten Direkte Mitarbeiter**

(5.54) $\quad PKD_{ts} = BBD_{ts} \cdot LOD_{ts}$

mit:

$PKD_{ts}$ = Kosten für die Direkten Mitarbeiter, die am Standort s in der Periode t eingesetzt werden

**Kapitalkosten**

(5.55) $\quad KK_{ts} = KAF_{ts} + KZS_{ts}$

(5.56) $\quad KAF_{ts} = \sum_{f=1}^{F} WBWA_{tsf} \cdot kafa_{sf} + WBWG_{ts} \cdot kafg_{s}$

(5.57) $\quad KZS_{ts} = (ANW_{ts} \cdot 0,5 + FOR_{ts} + VOR_{ts}) \cdot kzs_{ts}$

mit:

$KK_{ts}$ = Kapitalkosten in der Periode t am Standort s
$KAF_{ts}$ = kalkulatorische Abschreibung in der Periode t am Standort s
$KZS_{ts}$ = kalkulatorische Zinsen/Steuern in der Periode t am Standort s
$kafa_{ts}$ = kalkulatorischer Abschreibungssatz für Aggregate in der Periode t am Standort s
$kafg_s$ = kalkulatorischer Abschreibungssatz für Grundstücke/ Gebäude am Standort s
$kzs_{ts}$ = Kalkulationssatz für Zinsen/Steuern in der Periode t am Standort s

**Personalkosten Indirekte Mitarbeiter**

$$(5.58) \quad PKI_{ts} = BBI_{ts} \cdot LGI_{ts}$$

mit:

$PKI_{ts}$ = Kosten für die Indirekten Mitarbeiter, die am Standort s in der Periode t eingesetzt werden

Die **sonstigen Sachkosten** stellen eine Sammelgröße dar. Insbesondere gehören zu den sonstigen Sachkosten sämtliche Werkzeugkosten, Kosten für Hilfs- und Betriebsstoffe, Energiekosten, Versicherungsbeiträge sowie sonstige bezogene Leistungen. Diese werden entweder exogen vorgegeben oder in Abhängigkeit von der Personal- bzw. Kapazitätsentwicklung geplant.

$$(5.59) \quad SK_{ts} = SKP_{ts} + SKA_{ts}$$

$$(5.60) \quad SKP_{ts} = (PKD_{ts} + PKI_{ts}) \cdot skp_{ts}$$

$$(5.61) \quad SKA_{ts} = WBW_{ts} \cdot ska_{ts}$$

mit:

$SK_{ts}$ = sonstige Sachkosten in der Periode t am Standort s
$SKP_{ts}$ = sonstige personalabhängige Sachkosten in der Periode t am Standort s
$SKA_{ts}$ = sonstige anlagenabhängige Sachkosten in der Periode t am Standort s

$skp_{ts}$ = Prozentsatz für sonstige personalabhängige Sachkosten in der Periode t am Standort s

$ska_{ts}$ = Prozentsatz für sonstige anlagenabhängige Sachkosten in der Periode t am Standort s

**Abfindungen**

$$(5.62) \quad ABF_{ts} = ABFD_{ts} + ABFI_{ts}$$

$$(5.63) \quad ABFD_{ts} = \begin{cases} -NBD_{ts} \cdot LOD_{ts} \cdot abfd_s & \text{für} \quad NBD_{ts} \leq 0 \\ 0 & \text{für} \quad NBD_{ts} > 0 \end{cases}$$

$$(5.64) \quad ABFI_{ts} = \begin{cases} -NBI_{ts} \cdot LOI_{ts} \cdot abfi_s & \text{für} \quad NBI_{ts} \leq 0 \\ 0 & \text{für} \quad NBI_{ts} > 0 \end{cases}$$

mit:

$ABF_{ts}$ = Abfindungen in der Periode t am Standort s
$ABFD_{ts}$ = Abfindungen für Direkte Mitarbeiter in der Periode t am Standort s
$ABFI_{ts}$ = Abfindungen für Indirekte Mitarbeiter in der Periode t am Standort s
$abfd_s$ = Prozentsatz Abfindungen vom Jahreslohn für Direkte Mitarbeiter am Standort s
$abfi_s$ = Prozentsatz Abfindungen vom Jahreslohn/-gehalt für Indirekte Mitarbeiter am Standort s

Zu den **sonstigen Einmaligen Kosten** zählen alle bisher nicht berücksichtigten Kosten, die beim Anlauf der Produktion an neuen bzw. zu erweiternden Standorten oder durch die Reduzierung bzw. vollständige Stillegung der Produktion an bestehenden Standorten auftreten. Sie werden in Abhängigkeit von der Veränderung der fixen Kosten ermittelt.

$$(5.65) \quad SEK_{ts} = SEKA_{ts} + SEKR_{ts}$$

$$(5.66) \quad SEKA_{ts} = \begin{cases} \left(FK_{(t+1)s} - FK_{ts}\right) & \text{für} \quad \left(FK_{(t+1)s} - FK_{ts}\right) > 0 \\ 0 & \text{für} \quad \left(FK_{(t+1)s} - FK_{ts}\right) \leq 0 \end{cases}$$

$$(5.1) \quad SEKA_{ts} = \begin{cases} \left(FK_{(t-1)s} - FK_{ts}\right) & \text{für} \quad \left(FK_{(t-1)s} - FK_{ts}\right) > 0 \\ 0 & \text{für} \quad \left(FK_{(t-1)s} - FK_{ts}\right) \leq 0 \end{cases}$$

mit

$SEK_{ts}$ = sonstige Einmalige Kosten in der Periode t am Standort s
$SEKA_{ts}$ = durch den Kapazitätsaufbau verursachte sonstige Einmalige Kosten in der Periode t am Standort s
$SEKR_{ts}$ = durch die Kapazitätsreduzierung verursachte sonstige Einmalige Kosten in der Periode t am Standort s

### 5.2.2.6. Modul für die bilanzielle Ergebnis- und Finanzplanung

In den Modulen für die Kosten- und Leistungsplanung und für die Vermögensplanung wurde eine einheitliche Vorgehensweise für alle Produktionsstandorte gewählt. Ebenso wird in der bilanziellen Ergebnis- und Finanzplanung von konzerneinheitlichen Gliederungs- und Bewertungsvorschriften ausgegangen. Da die Größen für interne Adressaten ermittelt werden, wird mit konstanten Wertansätzen gearbeitet und auf die Ausschöpfung bilanzpolitischer Spielräume für die einzelnen Perioden verzichtet[31]. Sämtliche Größen werden in Landeswährung ermittelt. Die nationale Gesetzgebung und Rechtssprechung fließt nur insoweit in das Modell ein, wie sie für die Ermittlung der für den Standortvergleich wichtigen Größen wie der Steuerbelastung erforderlich ist.

Die langfristige **bilanzielle Ergebnisplanung** "dient in erster Linie dazu, bereits im Stadium der Planung zu ermitteln, ob auf Basis spezifischer strategischer Planungen Periodenergebnisse in der Höhe erreicht werden, wie sie in der Unternehmung im Rahmen ihrer oberen Unternehmungsziele angestrebt werden."[32]

Grundlage für die bilanzielle Ergebnisplanung bildet die kalkulatorische Kosten- und Leistungsplanung. Das Betriebsergebnis muß einerseits um Aufwendungen und Erträge ergänzt werden, die zwar dem Wesen, nicht aber der Höhe nach kosten- bzw. leistungsgleich sind (bewertungsbedingter neutraler Aufwand oder Er-

---

[31] Zu den Verfahren der Rechnungslegung und Planung im internationalen Konzern vgl. HAHN (1985) S. 566ff.
[32] HAHN (1985) S. 410.

trag) und andererseits um solche Aufwendungen und Erträge, die auch dem Wesen nach nicht im Betriebsergebnis berücksichtigt werden (außerordentlicher Aufwand oder Ertrag). Darüber hinaus sind in Abhängigkeit von der Gewinnverwendung die Ertragsteuern zu ermitteln, um zum Jahresüberschuß bzw. Jahresfehlbetrag zu gelangen. Abbildung 5.8 zeigt die Positionen der bilanziellen Ergebnisplanung.

|   | Kalkulatorisches Ergebnis |
|---|---|
| ± | Neutrale Aufwendungen/Erträge |
| ± | Außerordentliche Aufwendungen/Erträge |
| = | Ergebnis vor Steuern |
| - | Ertragsteuern |
| = | Jahresüberschuß/-fehlbetrag |

*Abbildung 5.8: Bilanzielle Ergebnisplanung für Produktionsstandorte*

Zur Ermittlung des bewertungsbedingten neutralen Aufwands oder Ertrags werden alle kalkulatorischen Größen aus der Kosten- und Leistungsplanung eliminiert und durch die tatsächlich anfallenden Werte ersetzt. Dies ist für die in der Kosten- und Leistungsrechnung angesetzten Abschreibungen, Zinsen, Substanzsteuern und Wagnisse erforderlich. Da für die Zukunft keine Aussage über den Anfall von Ereignissen gemacht werden kann, deren Auswirkungen durch kalkulatorische Wagnisse abgedeckt werden sollen, wird auf die Ermittlung eines kalkulatorischen Ausgleichs für diese Position verzichtet. Zunächst müssen die tatsächlich anfallenden Werte festgestellt werden, sofern dies nicht schon in vorgelagerten Modulen erfolgt ist. Um simultane Gleichungssysteme zu vermeiden, müssen Berechnungsgrundlagen für die tatsächlichen Zinsen und die tatsächlichen Substanzsteuern auf Basis der Vorperiode geschätzt werden.

(5.68) $NE_{ts} = KAF_{ts} - HAF_{ts} + KZS_{ts} - TZI_{ts} - SST_{ts}$

(5.69) $TZI_{ts} = SFK_{(t-1)s} \cdot tzi_s$

mit:

$NE_{ts}$ = neutrale Aufwendungen/Erträge in der Periode t am Standort s

$TZI_{ts}$ = tatsächliche Zinsen in der Periode t am Standort s

$SST_{ts}$ = tatsächliche Substanzsteuern in der Periode t am Standort s
$SFK_{ts}$ = sonstiges Fremdkapital in der Periode t am Standort s
$tzi_s$ = Zinssatz für sonstiges Fremdkapital am Standort s

Die <u>außerordentlichen Aufwendungen und Erträge</u> fließen als exogene Größe in das Modell ein.

Bevor näher auf die Ermittlung der <u>Ertragsteuern</u> eingegangen wird, seien an dieser Stelle einige grundlegende Ausführungen zu der Behandlung von Steuern in dem Modell unter besonderer Berücksichtigung der internationalen Aspekte gemacht[33].

Steuerarten lassen sich unter betriebswirtschaftlichen Gesichtspunkten in drei Gruppen einteilen[34]:

- Besitzsteuern,
  -Ertragsteuern,
  -Substanzsteuern,
- Verkehrsteuern,
- Faktor- und Produktsteuern.

Während es sich bei den Verkehrsteuern entweder um durchlaufende Posten (Mehrwertsteuer) handelt oder diese bei den Anschaffungsausgaben berücksichtigt werden (Grunderwerbsteuer, Kapitalverkehrsteuer) wird für die Faktor- und Produktsteuern unterstellt, daß sie Bestandteil der jeweiligen Aufwands- und Ausgabenposition sind[35].

Die Besitzsteuern sollen explizit im Modell berücksichtigt werden. Die Besteuerung, d.h. die Festlegung des Steuersatzes und die Festlegung der Bemessungsgrundlage, ist abhängig von bestimmten konstitutiven Eigenschaften der zu besteuernden Unternehmung. Dazu gehört neben der Rechtsform und der Rechtsorganisation vor allem der nationale Standort der Unternehmung oder von Subsystemen der Unternehmung[36]. Wegen der national stark unterschiedlichen Steuergesetzgebung soll darauf verzichtet werden, die einzelnen Steuersysteme

---

[33] Einen Überblick über die Implikationen der internationalen Besteuerung gibt NIESS (1989) S. 88ff.
[34] Vgl. SCHUG (1980) S. 139.
[35] Vgl. SCHUG (1980) S. 139.
[36] Vgl. ROSE (1989) Sp. 1868.

detailliert im Modell abzubilden. Vielmehr soll erreicht werden, daß die national unterschiedliche Steuerbelastung in der Größenordnung richtig berücksichtigt wird. Dazu wird die Gruppe der Besitzsteuern nach den unterschiedlichen Bemessungsgrundlagen in die Untergruppen Ertragsteuern und Substanzsteuern geteilt.

Als Annäherung an die tatsächliche Bemessungsgrundlage wird im Modell das Ergebnis vor Ertragsteuern für die Ertragsteuern und das Eigenkapital für die Substanzsteuer angenommen. Die im Modell zu verwendenden Steuersätze sollen sämtliche, in einem Land erhobenen Ertrag- bzw. Substanzsteuern beinhalten, wobei eventuelle nationale Besonderheiten in der Ermittlung der Bemessungsgrundlage durch Zu- oder Abschläge bei den Steuersätzen Berücksichtigung finden sollen. Bei den Ertragsteuern ist der Steuersatz zusätzlich danach zu unterscheiden, ob der Gewinn thesauriert oder ausgeschüttet wird.

(5.70) $EST_{ts} = ESTT_{ts} + ESTA_{ts}$

(5.71) $ESTT_{ts} = \begin{cases} EVS_{ts} \cdot eth_s \cdot estt_s & \text{für} \quad EVS_{ts} > 0 \\ 0 & \text{für} \quad EVS_{ts} \leq 0 \end{cases}$

(5.72) $ESTA_{ts} = \begin{cases} EVS_{ts} \cdot (1 - eth_s) \cdot esta_s & \text{für} \quad EVS_{ts} > 0 \\ 0 & \text{für} \quad EVS_{ts} \leq 0 \end{cases}$

(5.73) $SST_{ts} = EK_{(t-1)s} \cdot sst_s$

mit:

$EST_{ts}$ = Ertragsteuern in der Periode t am Standort s
$ESTT_{ts}$ = Ertragsteuern für thesaurierte Gewinne in der Periode t am Standort s
$ESTA_{ts}$ = Ertragsteuern für ausgeschüttete Gewinne in der Periode t am Standort s
$EVS_{ts}$ = Ergebnis vor Ertragsteuern in der Periode t am Standort s
$eth_s$ = Anteil des zu thesaurierenden Gewinns am EVS für den Standort s
$estt_s$ = Ertragsteuersatz für Thesaurierung am Standort s
$esta_s$ = Ertragsteuersatz für Ausschüttung am Standort s
$EK_{ts}$ = Eigenkapital in der Periode t am Standort s
$sst_s$ = Substanzsteuersatz am Standort s

Die Festlegung des einbehaltenen Gewinns erfolgt abweichend von der gängigen Praxis nicht als Absolutbetrag sondern als Prozentsatz des Ergebnisses vor Ertragsteuern. So kann eine bestimmte Gewinnverwendungspolitik im Modell abgebildet werden, ohne für jede Periode und jeden Standort in Abhängigkeit vom tatsächlichen Gewinn eine Einzelentscheidung berücksichtigen zu müssen. Darüber hinaus wird die Annahme getroffen, daß ein Ergebnisabführungsvertrag zwischen den Produktionsstandorten und der Zentrale existiert. Der ausgewiesene Bilanzgewinn/-verlust der Produktionsstandorte wird in der jeweils folgenden Periode an die Zentrale transferiert.

Die langfristige **Bilanzplanung** für interne Zwecke dient primär als Hilfsmittel für die Aufstellung anderer Teilpläne[37]. Dies gilt bereits für die im Rahmen der Vermögensplanung ermittelten Werte der Aktivseite der Bilanz. Mit der Summe der Positionen auf der Aktivseite ist die Bilanzsumme gegeben. Davon ausgehend wird die Passivseite geplant. Die einzelnen Positionen der Bilanzplanung werden in Abbildung 5.9 gezeigt.

| Aktiva | Passiva |
|---|---|
| **Anlagevermögen** | **Eigenkapital** |
| Grundstücke und Gebäude | Gezeichnetes Kapital |
| Maschinelle Anlagen | Rücklagen |
|  | Bilanzgewinn/-verlust |
| **Umlaufvermögen** | **Fremdkapital** |
| Vorräte | Rückstellungen |
| Forderungen | Verbindlichkeiten aus Lieferungen und Leistungen |
|  | Sonstiges Fremdkapital |

*Abbildung 5.9: Bilanzplanung für Produktionsstandorte*

Neben der Entscheidung über die Ausschüttungspolitik muß auch eine Entscheidung über die Finanzierungspolitik in das Modell einfließen. Im einfachsten Fall, und nur der soll hier behandelt werden, umfaßt dies die Festlegung eines Verhält-

---

[37] Vgl. HAHN (1985) S. 416.

nisses zwischen Eigenkapital und Fremdkapital, das nicht unterschritten werden soll. Sofern bei gegebener Ausschüttungspolitik ohne Kapitalerhöhung die Eigenkapitalquote einen Grenzwert unterschreitet wird eine Kapitalerhöhung durchgeführt. Eine geplante Kapitalherabsetzung wird als exogene Größe im Modell berücksichtigt. Die Berechnungen der Positionen der Passivseite der Planbilanz werden in den folgenden Gleichungen dargestellt.

Unter dem gezeichneten Kapital werden auch durch eine Kapitalerhöhung entstandene Kapitalrücklagen ausgewiesen.

(5.74) $\quad KA_{ts} = KA_{(t-1)s} + KAE_{ts} - KAH_{ts}$

(5.75) $\quad KAE_{ts} = \begin{cases} BS_{ts} \cdot ekq_s - EKV_{ts} & \text{für} \quad \dfrac{EKV_{ts}}{BS_{ts}} < ekq_s \\ 0 & \text{für} \quad \dfrac{EKV_{ts}}{BS_{ts}} \geq ekq_s \end{cases}$

mit:

$KA_{ts}$ = gezeichnetes Kapital in der Periode t am Standort s
$KAE_{ts}$ = Erhöhung des gezeichneten Kapitals in der Periode t am Standort s
$KAH_{ts}$ = Herabsetzung des gezeichneten Kapitals in der Periode t am Standort s
$EKV_{ts}$ = Eigenkapital vor Erhöhung des gezeichneten Kapitals in der Periode t am Standort s
$BS_{ts}$ = Bilanzsumme = Summe der Aktiva in der Periode t am Standort s
$ekq_s$ = vorgegebene Eigenkapitalquote für den Standort s

Unter den Rücklagen werden ausschließlich Gewinnrücklagen ausgewiesen.

(5.76) $\quad RÜL_{ts} = \begin{cases} RÜL_{(t-1)s} + EVS_{ts} \cdot eth_s - ESTT_{ts} & \text{für} \quad EVS_{ts} > 0 \\ RÜL_{(t-1)s} & \text{für} \quad EVS_{ts} \leq 0 \end{cases}$

*mit:*

$RÜL_{ts}$ = *Rücklagen in der Periode t am Standort s*

Bilanzgewinn/-verlust

(5.77)  $BGV_{ts} = JÜ_{ts} + RÜL_{(t-1)s} - RÜL_{ts}$

*mit:*

$BGV_{ts}$ = *Bilanzgewinn/-verlust in der Periode t am Standort s*
$JÜ_{ts}$ = *Jahresüberschuß in der Periode t am Standort s*

Die Werte für die Rückstellungen werden exogen vorgegeben. Wesentlichen Einfluß auf das Bilanzergebnis dürften die Rückstellungen für Pensionen, Abfindungen und rückstellungsfähige sonstige Einmalige Kosten haben.

Verbindlichkeiten aus Lieferungen und Leistungen

(5.78)  $VLL_{ts} = MAT_{ts} \cdot vll_s / 12$

*mit:*

$VLL_{ts}$ = *Verbindlichkeiten aus Lieferungen und Leistungen in der Periode t am Standort s*
$vll_s$ = *Zahlungsziel für Verbindlichkeiten aus Lieferungen und Leistungen in Monaten / 12 für den Standort s*

Sonstiges Fremdkapital

(5.79)  $SFK_{ts} = BS_{ts} - EK_{ts} - RST_{ts} - VLL_{ts}$

*mit:*

$RST_{ts}$ = *Rückstellungen in der Periode t am Standort s*

Die im Modell angewendete Form der **Finanzplanung** ist die indirekte Finanzplanung, da der Cash Flow auf Basis der bilanziellen Ergebnisplanung und nicht direkt aus den Ein- und Auszahlungen der Periode ermittelt wird.

Die Finanzplanung zeigt die liquiditätswirksamen Konsequenzen der Standortstrukturänderungen auf[38]. Sie kann in dieser langfristigen und indirekten Form keine Liquiditätsplanung im Sinne der Gewährleistung einer jederzeitigen Zahlungsbereitschaft darstellen. Es wird vielmehr unterstellt, daß benötigte Zahlungsmittel beschafft werden können, sofern bestimmte Bilanzrelationen eingehalten werden.

Sämtliche erforderliche Daten wurden bereits in anderen Teilplanungen ermittelt, so daß es sich lediglich um eine Aufbereitung von Informationen handelt, die zur Entscheidungsfindung herangezogen werden können.

Die Gliederung der Finanzplanung wird in Abbildung 5.10 dargestellt[39].

---

[38] Vgl. HAHN (1985) S. 462f.
[39] Vgl. HAHN (1985) S. 454f.

| | |
|---|---|
| + | Jahresüberschuß/-fehlbetrag ohne Rücklagenänderungen |
| ± | Rücklagenänderung |
| + | Abschreibungen |
| ± | Rückstellungsänderungen |
| = | Brutto-Cash-flow |
| ± | Ergebnisabführung |
| = | Netto-Cash-flow |
| + | Desinvestitionen<br>(Grundstücke und Gebäude<br>Maschinelle Anlagen<br>Vorräte<br>Forderungen) |
| = | Innenfinanzierung |
| − | Investitionen<br>(Grundstücke und Gebäude<br>Maschinelle Anlagen<br>Vorräte<br>Forderungen) |
| = | Überschuß-/Fehlbetrag |
| − | Definanzierung (Rückzahlung)<br>(Verbindlichkeiten aus Lieferungen und Leistungen<br>Sonstiges Fremdkapital<br>Gezeichnetes Kapital) |
| + | Außenfinanzierung<br>(Verbindlichkeiten aus Lieferungen und Leistungen<br>Sonstiges Fremdkapital<br>Gezeichnetes Kapital) |
| = | 0 |

*Abbildung 5.10: Gliederung der Finanzplanung für Produktionsstandorte*

## 5.2.3. Teilmodell der Zentrale

### 5.2.3.1. Beziehungen zwischen den Modulen

Im Teilmodell der Zentrale existieren sowohl Variablen, die von den Variablen des Teilmodells für Produktionsstandorte und damit von der Standortstrukturplanung abhängig sind, als auch solche, die davon nicht beeinflußt werden. Die unabhängigen Variablen können deshalb als exogene Variablen des Modells behandelt werden. Berücksichtigt man jedoch für den Umsatz die Ungewißheit durch die Verwendung von stochastischen Einflußgrößen, müssen zusätzlich die umsatzabhängigen Variablen modellendogen ermittelt werden.

Die zu den einzelnen Modulen des Teilmodells für Produktionsstandorte voranstehenden allgemeinen Ausführungen gelten sinngemäß auch für das Teilmodell der Zentrale. Abbildung 5.11 gibt einen Überblick über die Module des Teilmodells der Zentrale.

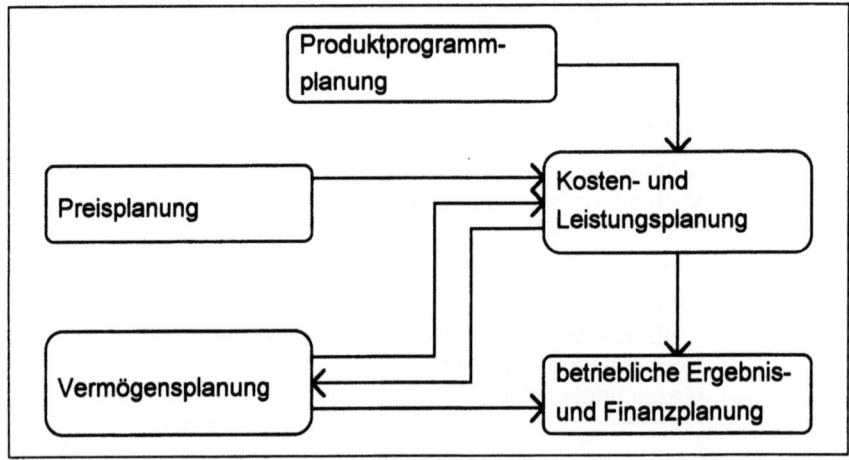

*Abbildung 5.11: Struktur des Teilmodells der Zentrale*

### 5.2.3.2. Modul für die Produktprogrammplanung

Die Festlegung von Art und Menge der langfristig innerhalb der künftigen Perioden zu fertigenden Produkte sowie die Festlegung der zu ihrer Produktion erforderlichen Potentiale erfolgt in der Produktprogramm- und Potentialplanung[40]. Diese bildet den Kern der strategischen Planung[41]. Es wird davon ausgegangen, daß die Standortstrukturplanung von Produktionsstandorten auf Basis einer bestehenden Produktprogramm- und Potentialplanung, in der keine Veränderungen der Standortstruktur Berücksichtigung gefunden haben, durchgeführt wird. Damit sind das Produktprogramm und alle Potentiale, die nicht von der Standortstrukturplanung beeinflußt werden, gegeben. Einflüsse der Standortstrukturplanung auf das Produktprogramm können so erst im Rahmen eines Rückkopplungsprozesses in die Produktprogrammplanung einfließen, der ausgelöst werden kann, wenn auch nach erfolgter Standortstrukturplanung Ziele aus der generellen Zielplanung nicht erfüllt werden.

Im Rahmen einer langfristigen Produktprogrammplanung werden keine einzelnen Produkte geplant. Produkte können zu Produktarten zusammengefaßt werden. Um die Beurteilung von Produktprogrammalternativen, z.B. anhand eines kalkulatorischen Ergebnisses zu ermöglichen, müssen die Produktarten so gebildet werden, daß für diese sowohl Durchschnittserlöse als auch Durchschnittswerte für die Beanspruchung personeller und maschineller Kapazität mit der erforderlichen Genauigkeit ermittelt werden können. Im Modell werden die Produktarten durch den Index $p = 1...P$ beschrieben.

Sofern eine ausgearbeitete Produktprogrammplanung für die zu betrachtende Unternehmung vorliegt, kann diese als exogene Variable in das Modell aufgenommen werden. Liegt keine Produktprogrammplanung vor, so kann das Modell die Erstellung eines Produktprogramms in der Form unterstützen, daß ausgehend von einer vorliegenden Mengenstruktur des Absatzes die das Produktprogramm bestimmenden Einflußgrößen (z.B. Marktvolumen, Marktanteil bzw. die prozentuale Veränderung dieser Größen) als Variablen in das Modell aufgenommen werden.

(5.80) $\quad PPR_{tp} = PPR_{(t-1)p} \cdot (1 + mv\ddot{a}_{tp}) \cdot (1 + ma\ddot{a}_{tp})$

mit:

$mv\ddot{a}_{tp}$ = *prozentuale Änderung des Marktvolumens der Produktart p in der Periode t*

---
[40] Vgl. HAHN (1985) S. 194.
[41] Vgl. HAHN (1985) S. 72.

$ma\ddot{a}_{tp}$ = *prozentuale Änderung des Marktanteils der Produktart p in der Periode t*

Es wird unterstellt, daß die im Produktprogramm geplanten Mengen in derselben Periode sowohl produziert als auch abgesetzt werden.

### 5.2.3.3. Modul für die Preisplanung

Im Teilmodell der Zentrale müssen Erlöse je Produktart und Periode, die Einstandspreise je Produktart, Periode und Bezugsquelle (Produktiosstandort) sowie die Personalkosten je Periode geplant werden.

Ausgehend von bekannten **Erlösen** der ersten Periode werden über die Preisänderungsrate Erlöse für Folgeperioden errechnet.

*(5.81)* $\quad ERL_{tp} = ERL_{(t-1)p} \cdot erl\ddot{a}_{tp}$

*mit:*

$ERL_{tp}$ = *Erlöse einer Einheit der Produktart p in der Periode t*
$erl\ddot{a}_{tp}$ = *Preisänderungsrate für Erlöse für eine Einheit der Produktart p in der Periode t*

Die Ermittlung der **Einstandspreise** erfolgt wie die Ermittlung der internen Materialbezüge im Teilmodell für Produktionsstandorte aus den Verrechnungspreisen der Produktionsstandorte zuzüglich der Zölle, Versicherungs- und Frachtkosten, die differenziert nach Produktionsstandorten als prozentualer Zuschlag auf die Verrechnungspreise geplant werden.

*(5.82)* $\quad ESP_{tsp}^{z} = VER_{tsp} \cdot (1 + zvf_{ts}^{z}) \cdot KURS_{ts}$

*mit:*

$ESP^{z}_{tsp}$ = *Einstandspreis für eine Einheit der Produktart p die die Zentrale in der Periode t vom Standort s bezieht*
$zvf^{z}_{ts}$ = *Zuschlag für Zölle, Versicherung und Frachtkosten für Lieferungen vom Standort s an die Zentrale in der Periode t*

Bei den **Personalkosten** handelt es sich um solche für Indirekte Mitarbeiter. Die Ermittlung entspricht der im Teilmodell für Produktionsstandorte ohne die Berücksichtigung eines Aufschlags für die Personalknappheit.

(5.83) $\quad LGI_t^Z = LGI_{(t-1)}^Z \cdot (1 + te_t^Z)$

mit:

$LGI^Z_t$ = Jahreslohn/-Gehalt für Indirekte Mitarbeiter der Zentrale in der Periode t

$te^Z_t$ = prozentuale Tariferhöhung für Indirekte Mitarbeiter der Zentrale in der Periode t

### 5.2.3.4. Modul für die Vermögensplanung

Bei der Vermögensplanung im Teilmodell der Zentrale wird auf die detaillierte Ermittlung des **Sachanlagevermögens** nach maschinellen Anlagen und Grundstücken/Gebäuden, wie dies auf Basis der Betriebsmittelplanung im Teilmodell für Produktionsstandorte möglich war, verzichtet. Die vorgenommene Ableitung der Höhe der Investitionen vom Umsatz kann als Planvorgabe verstanden werden. Des weiteren wird aus Vereinfachungsgründen auf die Ermittlung des Sachanlagevermögens zu Anschaffungswerten und Wiederbeschaffungswerten verzichtet. Es wird lediglich der Restbuchwert ermittelt. Damit entfallen die differenzierte Ermittlung der kalkulatorischen und handelsrechtlichen Abschreibungen sowie die Ermittlung der kalkulatorischen Zinsen/Steuern auf Basis des Anschaffungswertes.

(5.84) $\quad RBW_t^Z = (RBW_{(t-1)}^Z + INV_t^Z) \cdot (1 - af^Z)$

(5.85) $\quad INV_t^Z = UMS_t^Z \cdot inv^Z$

mit:

$RBW^Z_t$ = Restbuchwert des Anlagevermögens der Zentrale in der Periode t

$INV^Z_t$ = Investitionen der Zentrale in der Periode t

Das **Finanzanlagevermögen** setzt sich aus der Summe der Beteiligungen der Zentrale an den Produktionsstandorten zusammen. Auf die Vornahme von Abschreibungen auf Beteiligungen in der Bilanz der Zentrale wird verzichtet, da darin enthaltene Informationen ohnehin in die konsolidierte Bilanz einfließen.

$$(5.86) \quad FAV_t^Z = FAV_{(t-1)}^Z + \sum_{s=1}^{S} KAE_{ts} - KAH_{ts}$$

mit:

$FAV_t$ = Finanzanlagevermögen der Zentrale in der Periode t

Die **Vorräte** der Zentrale umfassen auch die auf dem Transport befindlichen Erzeugnisse. Deshalb ist die Ermittlung der Vorräte in Abhängigkeit von den liefernden Produktionsstandorten erforderlich.

$$(5.87) \quad VOR_t^Z = \sum_{s=1}^{S} (\sum_{p=1}^{P} ESP_{tsp}^Z \cdot PSZ_{tspF}) \cdot dlz_s^Z$$

mit:

$VOR^Z_t$ = Vorräte der Zentrale in der Periode t
$dlz^Z_s$ = vorgegebene Durchlaufzeit in Monaten in der Zentrale für Produkte vom Standort s

Die **Forderungen** werden wie im Teilmodell für Produktionsstandorte über das vorgegebene Zahlungsziel aus dem Umsatz abgeleitet.

$$(5.88) \quad FOR_t^Z = UMS_t^Z \cdot zz^Z$$

mit:

$FOR^Z_t$ = Forderungen der Zentrale in der Periode t
$zz^Z$ = vorgegebenes Zahlungsziel in Monaten in der Zentrale

## 5.2.3.5. Modul für die Kosten- und Leistungsplanung

Die Vereinfachung im Modul für die Kosten- und Leistungsplanung der Zentrale gegenüber dem für Produktionsstandorte ergibt sich aus der Festlegung, daß in der Zentrale nicht gefertigt wird. Die einzelnen Positionen der Kosten- und Leistungsplanung sind der Abbildung 5.12 zu entnehmen.

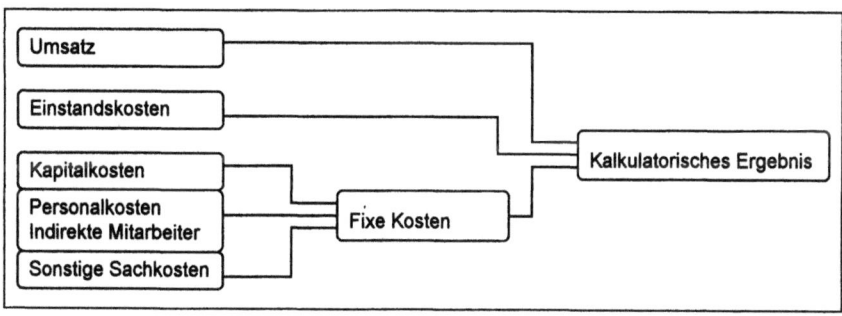

*Abbildung 5.12: Struktur der Kosten- und Leistungsplanung im Teilmodell der Zentrale*

Die Ermittlung der Eingangsgrößen der Kosten-und Leistungsplanung wird in den folgenden Formeln dargestellt.

**Umsatz**

$$(5.89) \quad UMS_t^Z = \sum_{p=1}^{P} ERL_{tp} \cdot PPR_{tp}$$

mit:

$UMS_t^Z$ = Umsatz der Zentrale in der Periode $t$

**Einstandskosten**

$$(5.90) \quad ESK_t^Z = \sum_{p=1}^{P} \sum_{s=1}^{S} ESP_{tsp} \cdot PSZ_{tspF}$$

*mit:*

$ESK^Z_t$ = Einstandskosten der Zentrale in der Periode t

**Kapitalkosten**

(5.91) $\quad KK^Z_t = AF^Z_t + KZS^Z_t$

(5.92) $\quad AF^Z_t = (RBW^Z_{(t-1)} + INV^Z_t) \cdot af^Z$

(5.93) $\quad KZS^Z_t = (RBW^Z_t + FOR^Z_t + VOR^Z_t) \cdot kzs^Z_t$

*mit:*

$KK^Z_t$ = Kapitalkosten der Zentrale in der Periode t
$AF^Z_t$ = Abschreibungen der Zentrale auf das Sachanlagevermögen in der Periode t
$KZS^Z_t$ = kalkulatorische Zinsen/Steuern der Zentrale in der Periode t
$kzs^Z_t$ = Kalkulationssatz für Zinsen/Steuern der Zentrale in der Periode t

**Personalkosten Indirekt Mitarbeiter**

(5.94) $\quad PKI^Z_t = LGI^Z_t \cdot BBI^Z_t$

*mit:*

$PKI^Z_t$ = Personalkosten der Zentrale für Indirekte Mitarbeiter in der Periode t
$BBI^Z_t$ = Bruttobedarf Indirekte Mitarbeiter der Zentrale in der Periode t

Die **sonstigen Sachkosten** werden im Teilmodell der Zentrale exogen vorgegeben.

### 5.2.3.6. Modul für die bilanzielle Ergebnis- und Finanzplanung

Die Ermittlung des bilanziellen Ergebnisses im Teilmodell der Zentrale unterscheidet sich in drei Punkten von der im Teilmodell für Produktionsstandorte. Es entfällt die Ermittlung des kalkulatorischen Ausgleichs für Abschreibungen auf das Sachanlagevermögen, das Beteiligungsergebnis fließt zusätzlich in den

Jahresüberschuß/-fehlbetrag ein und bei der Ermittlung der Ertragsteuern kann ein eventueller Bilanzverlust aus der Vorperiode geltend gemacht werden. Die Abbildung 5.13 zeigt die Positionen der bilanziellen Ergebnisplanung.

|   | Kalkulatorisches Ergebnis |
|---|---|
| ± | Neutrale Aufwendungen/Erträge |
| ± | Beteiligungsergebnis |
| ± | Außerordentliche Aufwendungen/Erträge |
| = | Ergebnis vor Steuern |
| - | Ertragsteuern |
| = | Jahresüberschuß/-fehlbetrag |

*Abbildung 5.13: Bilanzielle Ergebnisplanung im Teilmodell der Zentrale*

Das <u>Beteiligungsergebnis</u> der Zentrale ist die Summe der Bilanzgewinne/-verluste der Produktionsstandorte aus der Vorperiode.

$$(5.95) \quad BET_t^Z = \sum_{s=1}^{S} BGV_{(t-1)s}$$

mit:

$BET^Z_t$ = Beteiligungsergebnis der Zentrale in der Periode t

<u>Ertragsteuern</u>

$$(5.96) \quad EST_t^Z = ESTT_t^Z + ESTA_t^Z$$

$$(5.97) \quad ESTT_t^Z = \begin{cases} (EVS_t^Z + BV_{(t-1)}^Z) \cdot eth^Z \cdot estt^Z & \text{für} \quad EVS_t^Z + BV_{(t-1)}^Z > 0 \\ 0 & \text{für} \quad EVS_t^Z + BV_{(t-1)}^Z \leq 0 \end{cases}$$

(5.98)

$$ESTA_t^Z = \begin{cases} (EVS_t^Z + BV_{(t-1)}^Z) \cdot (1 - eth^Z) \cdot esta^Z & \text{für} \quad EVS_t^Z + BV_{(t-1)}^Z > 0 \\ 0 & \text{für} \quad EVS_t^Z + BV_{(t-1)}^Z \leq 0 \end{cases}$$

*mit:*

$EST^z_t$ = Ertragsteuern der Zentrale in der Periode t
$ESTT^z_t$ = Ertragsteuern für thesaurierte Gewinne der Zentrale in der Periode t
$ESTA^z_t$ = Ertragsteuern für ausgeschüttete Gewinne der Zentrale in der Periode t
$EVS^z_t$ = Ergebnis vor Ertragsteuern der Zentrale in der Periode t
$eth^z$ = Anteil des zu thesaurierenden Gewinns am EVS für die Zentrale
$estt^z$ = Ertragsteuersatz für Thesaurierung der Zentrale
$esta^z$ = Ertragsteuersatz für Ausschüttung der Zentrale
$BV^z_t$ = Bilanzverlust der Zentrale in der Periode t

In der **Bilanzplanung** ergibt sich aufgrund der Aufnahme der Finanzanlagen, in denen die Anteile der Zentrale an den Produktionsstandorten ausgewiesen werden, und der Zusammenfassung von Grundstücken/Gebäuden und maschinellen Anlagen eine geänderte Gliederung der Aktivseite. Die Gliederung der Bilanzplanung wird in Abbildung 5.14 dargestellt.

| Aktiva | Passiva |
|---|---|
| **Anlagevermögen** | **Eigenkapital** |
| Sachanlagevermögen | Gezeichnetes Kapital |
| Finanzanlagevermögen | Rücklagen |
|  | Bilanzgewinn/-verlust |
| **Umlaufvermögen** | **Fremdkapital** |
| Vorräte | Rückstellungen |
| Forderungen | Verbindlichkeiten aus Lieferungen und Leistungen |
|  | Sonstiges Fremdkapital |

*Abbildung 5.14: Bilanzplanung im Teilmodell der Zentrale*

Für die Konzernobergesellschaft kann nicht davon ausgegangen werden, daß diese nach Bedarf Einlagen beschaffen kann. Deshalb wird von einer Ermittlung der Kapitalerhöhung in Abhängigkeit von der Bilanzstruktur abgesehen. Die Erhöhung des gezeichneten Kapitals wird exogen vorgegeben.

Für die Ausschüttungspolitik werden dieselben Annahmen wie im Teilmodell für Produktionsstandorte getroffen. Ein eventuell anfallender Bilanzverlust wird jedoch in die folgende Periode übernommen, so daß dieser bei der Ermittlung der Rücklagen berücksichtigt werden muß.

$$(5.99)\ RÜL_t^Z = \begin{cases} RÜL_{(t-1)}^Z + (EVS_t^Z + BV_{(t-1)}^Z) \cdot eth^Z - ESTT_t^Z & \text{für} \quad EVS_t^Z + BV_{(t-1)}^Z > 0 \\ RÜL_{(t-1)}^Z & \text{für} \quad EVS_t^Z + BV_{(t-1)}^Z \leq 0 \end{cases}$$

mit:

$RÜL^Z_t$ = Rücklagen der Zentrale in der Periode t

Ein eventueller Bilanzverlust der Vorperiode fließt auch in die Ermittlung des Bilanzgewinns/-verlusts der betrachteten Periode ein.

$$(5.100)\ BGV_t^Z = JÜ_t^Z + RÜL_{(t-1)}^Z - RÜL_t^Z + BV_{(t-1)}^Z$$

$$(5.101)\ BV_t^Z = \begin{cases} BGV_t^Z & \text{für} \quad BGV_t^Z < 0 \\ 0 & \text{für} \quad BGV_t^Z \geq 0 \end{cases}$$

mit:

$BGV^Z_t$ = Bilanzgewinn/-verlust der Zentrale in der Periode t
$JÜ^Z_t$ = Jahresüberschuß der Zentrale in der Periode t

Die Werte für Rückstellungen werden exogen vorgegeben.

Die Verbindlichkeiten aus Lieferungen und Leistungen der Zentrale müssen der Summe der Forderungen der Produktionsstandorte an die Zentrale entsprechen.

$$(5.96) \quad VLL_t^Z = \sum_{s=1}^{S} FOR_{ts} \cdot KURS_{ts}$$

mit:

$VLL^Z_t$ = *Verbindlichkeiten aus Lieferungen und Leistungen der Zentrale in der Periode t*

Das sonstige Fremdkapital ist der Saldobetrag, der die Bilanz ausgleicht. Durch die fehlende Abbildung einer Finanzierungspolitik im Teilmodell der Zentrale kann das zu einer Unterschreitung der geforderten Eigenkapitalrelation führen, sofern keine entsprechende Kapitalerhöhung exogen vorgegeben wird.

Das Schema der **Finanzplanung**, das in Abbildung 5.15 dargestellt wird, kann bis auf die Änderungen, die sich aus der geänderten Bilanzgliederung ergeben, aus dem Teilmodell für Produktionsstandorte übernommen werden.

| | |
|---|---|
| + | Jahresüberschuß/-fehlbetrag ohne Rücklagenänderungen |
| ± | Rücklagenänderung |
| + | Abschreibungen |
| ± | Rückstellungsänderungen |
| = | Brutto-Cash-flow |
| ± | Gewinnausschüttung |
| = | Netto-Cash-flow |
| + | Desinvestitionen (Sachanlagevermögen Finanzanlagevermögen Vorräte Forderungen) |
| = | Innenfinanzierung |
| - | Investitionen (Sachanlagevermögen Finanzanlagevermögen Vorräte Forderungen) |
| = | Überschuß-/Fehlbetrag |
| - | Definanzierung (Rückzahlung) (Verbindlichkeiten aus Lieferungen und Leistungen Sonstiges Fremdkapital Gezeichnetes Kapital) |
| + | Außenfinanzierung (Verbindlichkeiten aus Lieferungen und Leistungen Sonstiges Fremdkapital Gezeichnetes Kapital) |
| = | 0 |

*Abbildung 5.15: Gliederung der Finanzplanung im Teilmodell der Zentrale*

### 5.2.4. Besonderheiten bei der Aggregation und Konsolidierung

Die Darstellung der Gesamtunternehmung erfolgt auf Basis der Teilmodelle. Mengengrößen müssen für die Darstellung der Gesamtunternehmung aggregiert werden. Für die Gesamtdarstellung von Wertgrößen ist darüber hinaus die Umrechnung in eine einheitliche Währung erforderlich. Eine nach der Währungsumrechnung erfolgte Aggregation der Wertgrößen muß um alle konzerninternen Vorgänge bereinigt werden (Konsolidierung), um die Ergebnis-, Bilanz- und Finanzplanung wie bei einer Einheitsgesellschaft darstellen zu können. Da die konsolidierten Größen zur Planung und zur Kontrolle herangezogen werden sollen, müssen in der Planung Methoden der Währungsumrechnung und der Konsolidierung gewählt werden, die den rechtlichen Anforderungen entsprechen, damit diese auch in der Istrechnung angewendet werden können.

Bei der **Währungsumrechnung** kann nach der Einordnung der umzurechnenden Größen in die Kategorien Stichtagsgrößen und Zeitraumgrößen differenziert werden. Die Umrechnung der Zeitraumgrößen erfolgt in der Regel zu Durchschnittskursen der betrachteten Periode[42], die aus Gründen der Wirtschaftlichkeit des Rechnungswesens statt der tatsächlich zum Zeitpunkt der Transaktion wirksamen (historischen) Kurse Verwendung finden. Für Stichtagsgrößen erfolgt die Umrechnung entweder ausschließlich zu Stichtagskursen (einheitliche Verfahrensweise) oder in Abhängigkeit von der umzurechnenden Position zu Stichtagskursen und zu historischen Kursen (differenzierende Verfahrensweise)[43].

Sowohl die Stichtagsmethode als auch die Methoden der differenzierenden Verfahrensweise sind handelsrechtlich zulässig, da das HGB keine Vorschriften über die Zulässigkeit bestimmter Methoden enthält und die zusätzlich vom Institut der Wirtschaftsprüfer aufgestellten Anforderungen[44] der

- Methodenbestimmtheit (Anwendung einer in ihrer theoretischen Konzeption bestimmten Methode),
- Methodeneinheitlichkeit (Anwendung einer einheitlichen Methode für alle Abschlüsse),
- Methodenstetigkeit (grundsätzlich Beibehaltung der gewählten Methode),

---

[42] Eine Ausnahme bilden die Abschreibungen, die zum historischen Kurs umgerechnet werden, falls das Anlagevermögen in der Bilanz ebenfalls zu historischen Kursen umgerechnet wird. Vgl. HAHN (1985) S. 562.
[43] Die Stichtagsmethode und die einzelnen Methoden der differenzierenden Verfahrensweise werden bei COENENBERG (1990) S. 441ff und bei MÜLLER (1980) S. 58ff ausführlich beschrieben.
[44] Vgl. IDW (1977) S. 89ff und IDW (1986) S. 664ff.

sowie der Erläuterung der Methode und etwaiger Besonderheiten im Anhang nach §313 Abs. 1 Nr. 2 HGB grundsätzlich für alle Methoden erfüllt werden können.

Für die Methoden der differenzierenden Verfahrensweise spricht eine bessere Aussagekraft der gewonnenen Zahlenwerke und eine bessere Vereinbarkeit mit dem Rechnungslegungsäquivalenzprinzip, das als wesentliches Kriterium für die Auswahl von Methoden zur Währungsumrechnung angesehen wird. Dies gilt insbesondere für die Währungsumrechnung nach dem Zeitpunktprinzip unter Berücksichtigung eines erweiterten Niederstwertprinzips[45]. Der Vorteil der Stichtagsmethode liegt in der Einfachheit, die sich im wesentlichen darin ausdrückt, daß sich keine Währungsdifferenzen bei der Umrechnung ergeben[46]. Unter Vernachlässigung der Einbeziehung von Hochinflationsländern als Standort für Produktionsstätten, die zu einer Beeinträchtigung der Aussagen bei Verwendung der Stichtagsmethode führen würde, soll der Einfachheit des Verfahrens größeres Gewicht beigemessen werden, so daß die Stichtagsmethode im Modell angewendet wird.

In der Planung kann aufgrund der Unsicherheit der Kursprognosen auch ein einheitlicher Kurs für den Periodendurchschnitt und den Stichtag verwendet werden[47]. Damit ist für die einzelnen Perioden und Währungen jeweils ein Umrechnungskurs zu planen. Die Veränderung von Währungsparitäten beruht unter anderem auf einer differierenden Inflationsentwicklung der betrachteten Länder, die bei der Planung von Umrechnungskursen zu berücksichtigen ist[48].

Für die **Konsolidierung** wird von Planergebnisrechnungen, Planbilanzen und Finanzplänen ausgegangen, die nach einheitlichen und konstanten Bewertungsrichtlinien sowie einheitlichen Gliederungsvorschriften aufgestellt und in die Konzernwährung umgerechnet wurden. Aufgrund der gesetzten Prämisse gehören alle Produktionsstandorte und die Zentrale zum Konsolidierungskreis. Ziel der Konsolidierung ist es, daß der Ausweis in sämtlichen Planungsrechnungen so erfolgt, als handele es sich um eine Einheitsgesellschaft.

---

[45] Vgl. COENENBERG (1990) S. 436-441.
[46] Vgl. COENENBERG (1990) S. 443.
[47] Vgl. BERNDT/SIGLE (1984) S. 141.
[48] Vgl. KUHN/STEIN (1984) S. 123.

Innerhalb der Konzernergebnisrechnung sind konzerninterne Kosten und Leistungen bzw. Aufwendungen und Erträge zu eliminieren. Im vorliegenden Modell handelt es sich um fertige und unfertige Erzeugnisse, die von Produktionsstandorten an andere Produktionsstandorte oder die Zentrale geliefert wurden. Da Produktionsstandorte keine konzernfremden Unternehmungen beliefern, muß der gesamte Umsatz der Produktionsstandorte eliminiert werden. Ebenso verhält es sich mit den gesamten Einstandskosten der Zentrale und den gesondert erfaßten Materialkosten der Produktionsstandorte für konzerninterne Bezüge, die zuvor um Zölle, Fracht- und Versicherungskosten zu bereinigen sind.

Auf die Bereinigung von Zwischengewinnen und -verlusten, die aufgrund von Bestandsveränderungen durch konzerninterne Lieferungen entstehen, wird verzichtet, zumal diese bei Anwendung des Umsatzkostenverfahrens ohnehin in den nicht gesondert geplanten Bestandsabwertungen sichtbar werden.

Für die Konzernbilanz ist sowohl eine Kapitalkonsolidierung als auch eine Schuldenkonsolidierung durchzuführen.

Bei der Kapitalkonsolidierung sind die Anteile, die die Zentrale an den Produktionsstandorten hält, gegen das Eigenkapital der Produktionsstandorte aufzurechnen. Nach deutschem Handelsrecht sind bei der hier unterstellten alleinigen Beteiligung die reine angelsächsische Methode der Kapitalkonsolidierung nach § 301 HGB und die Kapitalkonsolidierung bei Interessenzusammenführung nach § 302 HGB zulässig. Die Anwendung der Kapitalkonsolidierung bei Interessenzusammenführung ist an weitere Voraussetzungen wie den Tausch von Anteilen geknüpft, die hier nicht gegeben sind, so daß die reine angelsächsische Methode zur Anwendung kommt. Diese unterscheidet zwischen der Erst- und der Folgekonsolidierung. Für die Erstkonsolidierung wird unterstellt, daß der Beteiligungsbuchwert der Zentrale dem Eigenkapital der Produktionsstandorte entspricht. Damit erübrigt sich die Betrachtung der Behandlung eines Konsolidierungsausgleichspostens in der Folgekonsolidierung.

Zu untersuchen bleibt die Abbildung von Kapitalzuführungen im Modell, die von der Zentrale in den Perioden nach der erstmaligen Aufnahme in den Konsolidierungskreis durchgeführt werden. Bei der Kapitalzuführung durch die Zentrale stehen sich ebenfalls die Aufstockung des Beteiligungsbuchwertes und die Erhöhung des konsolidierungspflichtigen Kapitals in gleicher Höhe gegenüber, so daß sich kein Unterschiedsbetrag ergibt. Die sich in der Erstkonsolidierung ergebenden Werte werden grundsätzlich für alle weiteren Perioden beibehalten. Ergibt sich aus geänderten Währungsparitäten ein geänderter Wert in der Konzernwährung für das gezeichnete Kapital, wird der Unterschiedsbetrag nicht im gezeichneten Kapital sondern in den Gewinnrücklagen ausgewiesen.

In der Schuldenkonsolidierung entsprechen sich die Forderungen und Verbindlichkeiten der Konzernunternehmungen, da mit einheitlichen Umrechnungskursen für die Zentrale und für die Produktionsstandorte gearbeitet wird. Es sind sämtliche Forderungen der Produktionsstandorte und sämtliche Verbindlichkeiten aus Lieferungen und Leistungen der Zentrale sowie die Verbindlichkeiten aus Lieferungen und Leistungen der Produktionsstandorte, die gegenüber anderen Produktionsstandorten bestehen, zu eliminieren.

Der Konzernfinanzplan kann entweder aus den Finanzplanungen der einzelnen Konzernunternehmungen oder aus der konsolidierten Bilanz abgeleitet werden[49]. In diesem Modell wird für die Erstellung des Konzernfinanzplans auf konsolidierte Informationen zurückgegriffen, da sämtliche erforderlichen Daten in vorgelagerten Teilplanungen bereits ermittelt wurden.

---

[49] Vgl. KLÖS (1984) S. 149.

## 5.3. Modellimplementierung auf dem Arbeitsplatzrechner

### 5.3.1. Auswahl der Software

Die Implementierung des Modells im Rahmen der vorliegenden Arbeit erfolgt mit der Absicht, seine Leistungsfähigkeit anhand von Beispielen zu testen. Dieser Zweck erlaubt eine Begrenzung der Anzahl der Standorte, der Produktarten und der Fertigungsstufen auf jeweils drei. Mit dieser Begrenzung ist keine Einschränkung der Funktionsweise des Modells verbunden, es wird lediglich der Programmumfang und der Umfang des erforderlichen Dateninputs eingeschränkt.

Inwieweit die im folgenden vorgestellte Implementierung auch im Rahmen konkreter Problemstellungen aus der Unternehmungspraxis einsetzbar ist, wird von der Anzahl der dort zu betrachtenden Standorte, Produktarten und Fertigungsstufen bestimmt. Übersteigt diese Anzahl diejenige der im folgenden vorgestellten Implementierung nicht wesentlich, erscheint eine entsprechende Erweiterung ausreichend. Bei einer wesentlichen Erhöhung für eine oder mehrere dieser Größen könnten die Rechnerlaufzeiten so stark ansteigen, daß eine Realisierung mit leistungsfähigerer Hard- und Software erforderlich würde.

Für die Testzwecke stand ein Arbeitsplatzrechner[50] (Personal Computer) mit einem 486 Prozessor von Intel zur Verfügung, der mit 4 MB Arbeitsspeicher ausgestattet war. Die zunächst durchgeführte Analyse der einzusetzenden Software beschränkt sich deshalb auf solche, die auf Arbeitsplatzrechnern dieses Typs ablauffähig ist.

Bei der Auswahl von Software für die Implementierung von Gesamtunternehmungsmodellen, zu denen auch das hier vorgestellte Modell zählt, besteht die Wahl zwischen problemorientierten Programmiersprachen der dritten Generation und den zu den Programmiersprachen der vierten Generation zählenden Generatoren für Entscheidungsunterstützungssysteme (EUS-Generatoren)[51,52].

Allgemeine Programmiersprachen haben gegenüber EUS-Generatoren den Vorteil, daß sie eine höhere Flexibilität bei der Abbildung des mathematischen

---

[50] Zur Charakterisierung von Arbeitsplatzrechnern vgl. SAHM (1988) S. 30ff.
[51] Vgl. BHASKAR (1978) S. 11. Zu weiteren Möglichkeiten vgl. Abschnitt 4.1.3.
[52] Als EUS-Generatoren werden solche Programmiersysteme bezeichnet, die speziell für die Generierung von betriebswirtschaftlichen Entscheidungsunterstützungssystemen konzipiert worden sind. Vgl. MOORMANN (1989) S. 24. Zum Begriff Entscheidungsunterstützungssystem vgl. KEEN/SCOTT MORTON (1978) S. 57ff.

Modells in einer für den Rechner verständlichen Form besitzen und zudem bei gleicher Funktion geringere Rechnerlaufzeiten verursachen[53]. Auf der anderen Seite bieten die EUS-Generatoren den Vorteil der umfangreicheren Unterstützung bei der Programmerstellung. Dadurch wird weniger Zeit für die Programmerstellung erforderlich und die Programmierung kann auch von den Anwendern der Modelle, die über keine vertiefenden Programmierkenntnisse verfügen, vorgenommen werden[54].

Aufgrund der Vorteile bei der Programmerstellung und der Nutzung der Implementierung im wesentlichen für Testzwecke des Modells, bei denen die Rechnerlaufzeiten keine wesentliche Rolle spielen, wird die Implementierung mit einem EUS-Generator durchgeführt.

Die Unterstützung bei der Programmerstellung durch EUS-Generatoren wird einerseits durch die Verwendung einer speziellen Programmiersprache erreicht, die der Terminologie von Problemstellungen der betriebswirtschaftlichen Planung, Steuerung und Überwachung nahesteht[55]. Andererseits erfolgt die Unterstützung durch die folgenden Eigenschaften von EUS-Generatoren[56]:

- Modelle können mit Hilfe vorgefertigter Konstrukte schnell und einfach generiert bzw. geändert werden.
- Sie verfügen über einen speziell für die Unterstützung betriebswirtschaftlicher Entscheidungsprobleme zugeschnittenen Vorrat an vorprogrammierten Algorithmen für mathematische, finanzmathematische, logische und statistische Operationen.
- Die Datenhandhabung wird durch die Unterstützung von Erfassung, Aufbereitung, Ausgabe und Speicherung komplexer Datenstrukturen erleichtert.
- Eingebaute Berichts- und Graphikgeneratoren ermöglichen eine schnelle und flexible Erstellung und Ausgabe von Berichten und Geschäftsgraphiken auf Bildschirm und Drucker.

Die beiden bedeutendsten Entwicklungsrichtungen der EUS-Generatoren sind Planungssprachen und Tabellenkalkulationsprogramme[57]. Beide weisen die oben

---

[53] Vgl. BHASKAR (1978) S. 12.
[54] Vgl. NAYLOR (1979a) S. 20.
[55] Vgl. MOORMANN (1989) S. 18.
[56] Vgl. HUCKERT (1988) S. 426ff.
[57] Vgl. MOORMANN (1989) S. 53.

aufgeführten Charakteristika auf. Sie unterscheiden sich aber in ihren Softwarekonzepten.

Für das Softwarekonzept von Planungssprachen ist die getrennte Speicherung von Modellogik und Daten grundlegend. Die Darstellung von Datenverknüpfungen erfolgt zeilen- und spaltenweise. Außerdem wird zur Dokumentation des Modells eine spezifische Modellierungssprache herangezogen[58].

Das Softwarekonzept der Tabellenkalkulationsprogramme wird entscheidend von dem aus Zellen aufgebauten Arbeitsblatt geprägt. Ein Modell wird durch die Verknüpfung von Zellen durch Formeln aufgebaut. Ein Arbeitsblatt kann Zellen mit Einträgen für Zeichenfolgen, Daten sowie Formelausdrücken und Funktionen enthalten[59].

Das Softwarekonzept der Planungssprachen erscheint, bezogen auf die zu bearbeitende Problemstellung, als das überlegene. Bei einem Vergleich der am Markt befindlichen Produkte[60] erwies sich allerdings der Ursprung der Planungssprachen in der Großrechnerwelt und die anschließende Portierung auf Arbeitsplatzrechner als Nachteil, da diese Portierungen vom Leistungsumfang her eingeschränkt sind[61]. Das gilt sowohl für die maximal mögliche Größe der Modelle als auch für den zur Verfügung gestellten Vorrat an vorprogrammierten Algorithmen. Insbesondere war keine der Planungssprachen für Arbeitsplatzrechner mit einem Zufallszahlengenerator ausgestattet. Diese Nachteile weisen leistungsstarke Tabellenkalkulationsprogramme nicht auf, so daß für die Implementierung das Softwarepaket Lotus 123 Version 3.1 der Lotus Development Corporation ausgewählt wurde[62]. Die Wahl fiel auf Lotus 123 für das Betriebssystem DOS, da es gegenüber den ansonsten leistungsstärksten Produkten Excel und Lotus 123 für Windows[63] zusätzlich über die Möglichkeit verfügt, benutzerdefinierte Menüs zu erzeugen.

---

[58] Vgl. WAGNER (1990) S. 44.
[59] Vgl. MOORMANN (1989) S. 67.
[60] Einen Überblick geben CHAMONI/WARTMANN (1990) S. 367.
[61] Vgl. MOORMANN (1989) S. 60.
[62] Zum Leistungsumfang vgl. LOTUS DEVELOPMENT CORPORATION (1989) S. 3-15ff.
[63] Vgl. TAI (1992) S. 75.

## 5.3.2. Konzeption des Computerprogramms

Während mit der Wahl von Lotus 123 zunächst das Werkzeug, mit dem die Implementierung ausgeführt werden soll, festgelegt wurde, erfolgt in diesem Abschnitt die Beschreibung der Konzeption des Computerprogramms. Mit der Implementierung wird ein spezifisches Entscheidungsunterstützungssystem erzeugt, das nur über eine festgelegte Benutzerschnittstelle zugänglich ist[64]. Es weist die drei Komponenten eines Entscheidungsunterstützungssystems Datenbank, Modell- und Methodenbank sowie eine Kommunikations- und Ablaufsteuerung auf[65].

Das Tabellenkalkulationsprogramm Lotus 123 stellt für die Datenhaltung und für die Formulierung der Modellogik elektronische Arbeitsblätter zur Verfügung. In diese Arbeitsblätter können Methoden sowohl in Form von sogenannten @-Funktionen als auch mittels der Verknüpfung von Zellen durch den Benutzer integriert werden. Der Aufruf von Befehlen kann einerseits über das Menü von Lotus 123 selbst erfolgen, und andererseits über ein benutzerdefiniertes Menü, das mit Hilfe einer integrierten Makrosprache erzeugt werden kann. Ein benutzerdefiniertes Menü enthält ebenfalls mit der Makrosprache aufgezeichnete Befehlsfolgen, die zur Ablaufsteuerung des Entscheidungsunterstützungssystems eingesetzt werden können.

Die Arbeitsblätter von Lotus 123 in der hier verwendeten Version sind dreidimensional aufgebaut. Dadurch konnten für die Variablen, die Perioden und die Standorte jeweils getrennte Dimensionen gewählt werden, was die Organisation der Datenhaltung und der Modellogik vereinfachte. Wegen des großen Umfangs des hier realisierten Entscheidungsunterstützungssystems, allein die Modellogik erfordert ein Arbeitsblatt mit mehr als 500 KB Speicherbedarf, besteht das gesamte Entscheidungsunterstützungssystem aus mehreren Dateien, die mittels Folgen von Makrobefehlen, die über ein benutzerdefiniertes Menü aufgerufen werden können, miteinander verknüpft worden sind. Die Zuordnung dieser Dateien zu den Komponenten eines Entscheidungsunterstützungssystems wird aus Abbildung 5.16 deutlich.

---

[64] Vgl. BEHME (1992) S. 183.
[65] Vgl. KRCMAR (1990) S. 409.

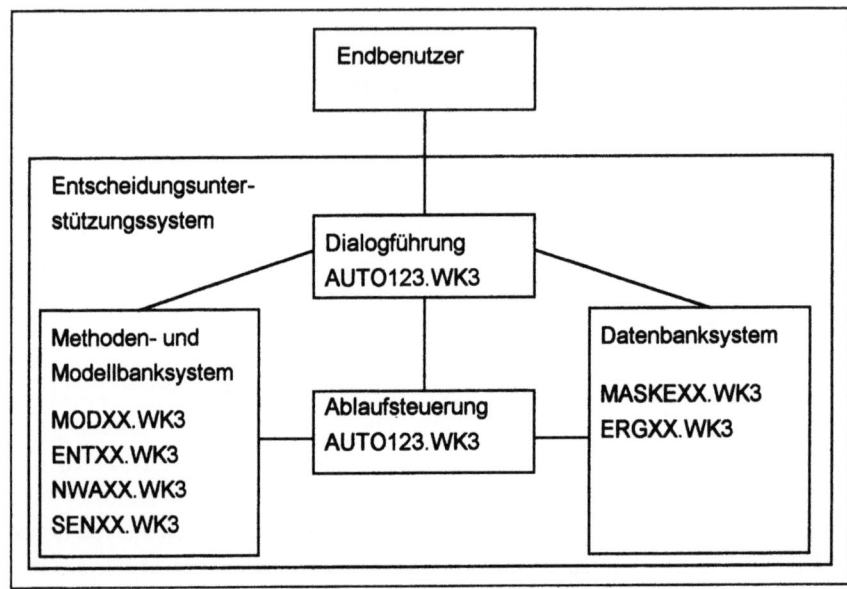

*Abbildung 5.16: Zuordnung der Dateien zu den Komponenten eines Entscheidungsunterstützungssystems*

In der Datei AUTO123.WK3 sind sämtliche Befehlsfolgen in der Makrosprache einschließlich derjenigen für die Steuerung der benutzerdefinierten Menüs enthalten. Die Datei MODXX.WK3 enthält die Modellogik, während die Datei ENTXX.WK3 zur Bildung einer Häufigkeitsverteilung mit graphischer Darstellung dient, und die Datei NWAXX.WK3 eine Nutzwertanalyse durchführt. Die Dateien für die Datenhaltung sind für die Speicherung der Eingabedaten (MASKEXX.WK3) und für die Speicherung der Ergebnisse (ERGXX.WK3) bestimmt.

Das benutzerdefinierte Menü verfügt auf der obersten Ebene über die Optionen Eingabe, Simulation und Ausgabe. Die in den folgenden Ebenen wählbaren Menüoptionen sind der Abbildung 5.17 zu entnehmen. Darüber hinausgehende Anwendungen des Entscheidungsunterstützungssystems können über Befehle, die im Lotus 123 Menü eingegeben werden, ausgeführt werden.

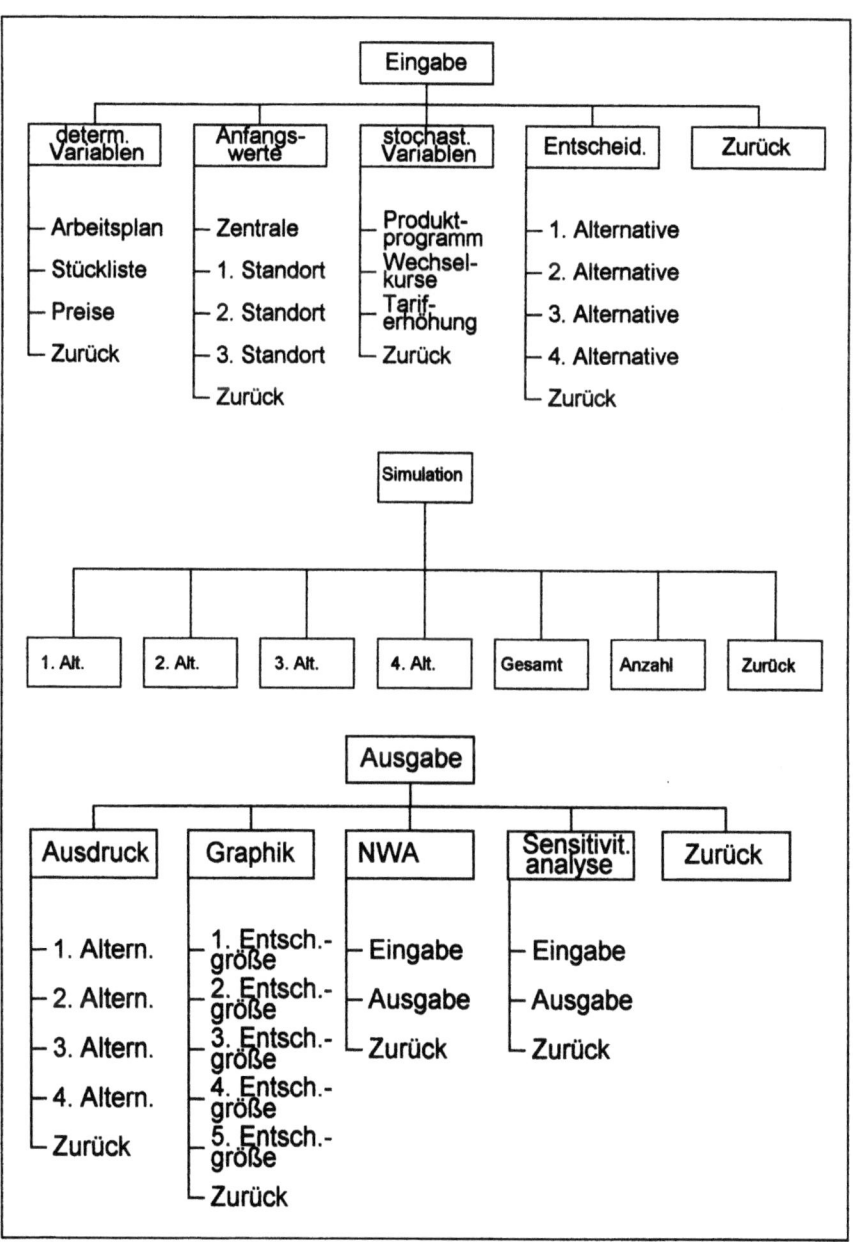

*Abbildung 5.17: Menüstruktur*

Der Programmablauf, der mittels der in der Datei AUTO123.WK3 enthaltenen Ablaufsteuerung gestaltet werden kann, ist schematisch in der Abbildung 5.18 dargestellt. Voraussetzung für die Durchführung von Modellexperimenten ist, daß die erforderlichen Eingaben für die zu untersuchenden Entscheidungen, die Ausgangswerte und die exogenen Variablen, gegebenenfalls mit Wahrscheinlichkeitsverteilung oder Informationen für die Durchführung von Sensitivitätsanalysen vorgenommen wurden. Diese Eingaben werden in Abhängigkeit von der durchzuführenden Untersuchung mit der Modellogik verknüpft, um die endogenen Variablen zu ermitteln und anschließend abzuspeichern.

Für die Durchführung einer Risikoanalyse ist die Übernahme von Wahrscheinlichkeitsverteilungen der Zufallsgrößen erforderlich. Es folgen mehrere Iterationen zur Berechnung der endogenen Variablen bei unterschiedlichen Umweltsituationen, die durch die zufällig ausgewählten Ausprägungen der Zufallsgrößen bestimmt werden. Bei der Sensitivitätsanalyse erfolgt nach jeder Ermittlung und Speicherung der endogenen Variablen eine Erhöhung des Wertes der untersuchten exogenen Variablen um festgelegte Schrittwerte bis deren vorgegebenes Maximum erreicht ist. Die Experimente können jeweils für mehrere Alternativen, die durch Entscheidungsgrößen determiniert sind, durchgeführt werden. Abschließend wird eine Auswertung der erzeugten Ergebnisse durch die in das Entscheidungsunterstützungssystem integrierten Methoden vorgenommen. Sowohl die gesamten Ergebnisse als auch die Auswertungen der Ergebnisse können in Berichtsform oder als Graphik ausgedruckt werden.

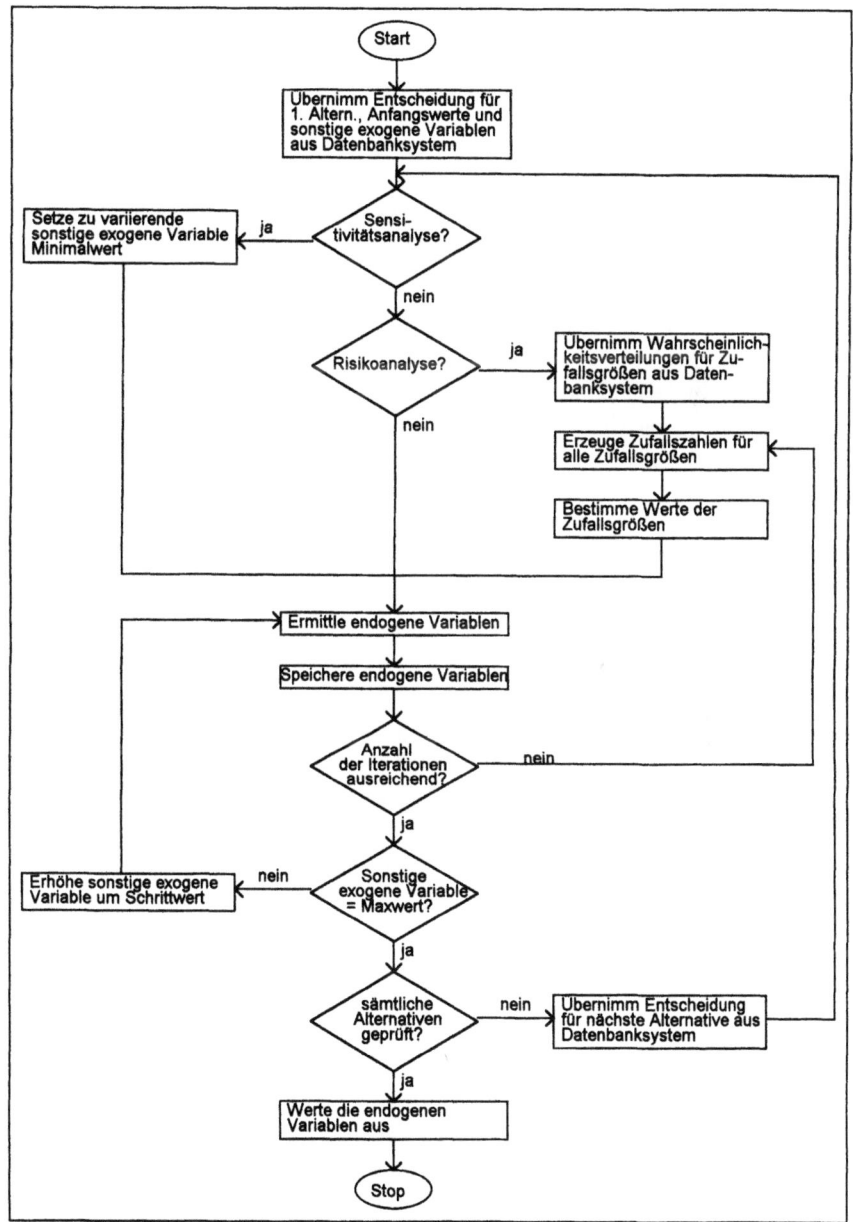

*Abbildung 5.18: Grundstruktur des Programmablaufs*

# 6. Anwendung des Modells auf ein fiktives Beispiel

## 6.1. Zum Realitätsgehalt des Beispiels

In diesem Abschnitt soll ein Eindruck vermittelt werden, welche Möglichkeiten das entwickelte Modell im Rahmen der Entscheidungsvorbereitung, der Entscheidungsfindung und der anschließenden Kontrolle bereithält und wie eine konkrete Anwendung in der Praxis aussehen könnte[1]. Am besten wäre dafür der tatsächliche Einsatz des Modells in der Unternehmungspraxis und die anschließende Dokumentation des Einsatzes geeignet. Gegen eine solche Vorgehensweise spricht vor allem, daß Daten und die daraus abgeleiteten Entscheidungen, besonders diejenigen, die die Standortstruktur betreffen, strenger **Geheimhaltung** unterliegen und deshalb für wissenschaftliche Untersuchungen nicht zugänglich sind.

Aus diesem Grund muß auf die Darstellung der Gegebenheiten einer konkreten Unternehmung verzichtet und ein fiktives Beispiel verwendet werden. Es besteht allerdings die Möglichkeit, auch ein fiktives Beispiel sehr realistisch zu gestalten, was hier angestrebt wird. Gerade bei Prognosewerten können auch Praxisbeispiele nur subjektive Schätzungen widerspiegeln, die ebenso im Rahmen eines fiktiven Beispiels vorgenommen werden können. Auch bei Werten, die nicht auf eine bestimmte Unternehmung bezogen sind, steht dem Ansatz realistischer Werte nichts im Wege. Das gilt zum Beispiel für das Ausmaß der Lohn- und Gehaltsunterschiede in den betrachteten Ländern, das aus öffentlich zugänglichen Statistiken entnommen werden kann[2]. In den Fällen, in denen auf die Verwendung empirisch fundierten Materials nicht zurückgegriffen werden kann, besteht die Möglichkeit, die Realitätsnähe besonders durch Plausibilitätsüberlegungen zu wahren oder fundierte Schätzungen zu verwenden. Ziel ist es, das Beispiel so zu gestalten, daß es Verhältnisse wiedergibt, wie sie in einer entsprechenden Unternehmung herrschen könnten.

Ein weiterer Grund, der dem Einsatz eines Beispiels aus der Unternehmungspraxis entgegensteht, ist der **Datenumfang einer realen Entscheidungssituation**. Dieser würde die Leistungsfähigkeit der zu Testzwecken erfolgten Installation des Modells auf dem Arbeitsplatzrechner übersteigen. Eine

---

[1] Die gleiche Intention verfolgt auch FELZMANN (1982) S. 132 bei der Konstruktion eines fiktiven Beispiels.
[2] Vgl. Abschnitt 6.3.

Installation für den Praxiseinsatz mit entsprechendem zeitlichem und finanziellem Aufwand müßte sinnvollerweise der Nachweis der Leistungsfähigkeit des Modells vorausgehen. Ein solcher Leistungsnachweis soll aber gerade an dieser Stelle erbracht werden.

Der Umfang des Modells wird im wesentlichen durch die Anzahl der betrachteten Standorte, Fertigungsstufen, Produktarten und Perioden bestimmt. Die Anzahl dieser Einflußgrößen ist in einem fiktiven Beispiel so zu wählen, daß es einerseits komplex genug ist, die volle Leistungsfähigkeit des Modells zu demonstrieren und andererseits einfach genug ist, um im Rahmen einer wissenschaftlichen Arbeit übersichtlich und vollständig dargestellt zu werden.

Als Grundlage für die Ermittlung des erforderlichen Dateninputs erfolgt zunächst eine Beschreibung der fiktiven Unternehmung bezüglich des Leistungsprogramms, des Produktionsprozesses, der einzubeziehenden Standorte, der Ergebnis- und Finanzsituation sowie des Zielsystems.

### 6.2. Beschreibung der fiktiven Unternehmung bezüglich ausgewählter Merkmale

#### 6.2.1. Das Leistungsprogramm der fiktiven Unternehmung

Die Unternehmung sollte einer Branche zuzurechnen sein, für die in besonderer Weise Rationalisierungserfolge durch Standortstrukturänderungen erwartet werden können. Das trifft insbesondere für Branchen zu, die Produkte mit folgenden Eigenschaften herstellen:

- Transportkosten sowohl für Material als auch für das fertige Erzeugnis sind im Vergleich zu den gesamten Herstellkosten relativ gering,
- die Fertigungstechnologie ist so ausgereift, daß sie auch in Billiglohn- und Schwellenländern einsetzbar ist,
- Standortfaktoren (z.B. Lohn) mit stark unterschiedlicher Ausprägung in einzelnen Ländern haben eine große Bedeutung für die Herstellkosten dieser Produkte,
- für den Absatz der Produkte spielt ein "Herkunfts-Good-Will" keine oder nur eine sehr untergeordnete Rolle und

- die Kundennähe der Produktionsstandorte (z.B. wegen "Just-in-Time"-Lieferungen an die Automobilindustrie) wird für diese Produkte nicht gefordert.

Zusätzlich werden Überlegungen zur Standortstrukturänderung, aus denen auch ein starker Personalabbau an Inlandsstandorten resultieren kann, von einer nachhaltigen Ertragsschwäche der Unternehmung unterstützt[3], die insbesondere bei starkem Konkurrenzdruck innerhalb der Branche gegeben sein dürfte.

Die Elektrotechnik- und Elektronikindustrie ist eine Branche, die viele der obigen Eigenschaften aufweist[4]. Dies zeigt sich auch daran, daß einige der spektakulärsten Stillegungen in Deutschland von Unternehmungen durchgeführt wurden, die dieser Branche zuzurechnen sind[5]. Darüber hinaus gehört diese Branche zu den bedeutendsten in Deutschland, so daß sich das Beispiel auf diese Branche stützen wird.

Um das Beispiel anschaulich zu gestalten, werden konkrete Produkte betrachtet. Es soll sich um Telefone handeln, die in die Produktarten Standard-Telefone, Komfort-Telefone und Funktelefone gegliedert werden.

### 6.2.2. Der Produktionsprozeß der fiktiven Unternehmung

Der Produktionsprozeß von Telefonen kann in die Fertigungsstufen Leiterplattenfertigung, Bestückung von Leiterplatten und Montage der Telefone unterteilt werden. Diese Unterteilung führt zu Fertigungsstufen, die sehr unterschiedliche Charakteristika hinsichtlich der Kapitalintensität, der Teilbarkeit von Anlagen und der Möglichkeit der Automatisierung aufweisen. Damit können die Auswirkungen solcher Unterschiede auf die Entscheidung über die Standortstruktur dargestellt werden.

Anhand dieser Einteilung in Fertigungsstufen wird auch die Struktur eines Grobarbeitsplans und einer Grobstückliste deutlich, wie sie für die hier anzustellenden Betrachtungen über die Standortstruktur völlig ausreichend ist. Grobarbeitsplan und Grobstückliste werden in Abbildung 6.1 dargestellt.

---

[3] NAPP (1990) S. 87ff identifiziert eine Reihe von Stillegungsbarrieren, die leichter überwunden werden, wenn die Ertragssituation besonders schlecht ist.
[4] Vgl. z.B. MACHARZINA (1989) S. 482 bezüglich des Technologietransfers in Niedriglohnländer.
[5] Vgl. KRUMREY (1992) S. 19 und HIRN (1992) S. 80.

|  | Stückliste | | | |
|---|---|---|---|---|
|  | fremdbezogene Teile/Baugruppen |  | eigengefertigte Baugruppen/ Erzeugnisse | Tätigkeiten aus dem **Arbeitsplan** |
| Fertigungs-stufe I | z.B. Grundmaterial aus Glasfaser, Kupfer | ▶ | Leiterplatte | z.B. Galvanisieren, Bohren der Leiterplatte |
| Fertigungs-stufe II | z.B. Widerstände, Kondensatoren, integrierte Schaltkreise | ▶ | bestückte Leiterplatte | z.B. Bestücken der Leiterplatte mit Hand und mit Bestückungsautomaten |
| Fertigungs-stufe III | z.B. Gehäuse, Lautsprecher, Mikrofon | ▶ | Telefon | z.B. Montieren und Abgleichen des Telefons |

*Abbildung 6.1:* Grobdarstellung des Produktionsprozesses

Im Rahmen der Stückliste werden nicht einzelne Teile mit den dazugehörigen Mengen erfaßt sondern nur die Werte der fremdbezogenen Materialien je Fertigungsstufe in der jeweiligen Landeswährung. Die Arbeitspläne enthalten die Information Standard-Vorgabezeit ebenfalls je Fertigungsstufe und nicht je Arbeitsgang. Die Standard-Vorgabezeit wird in der Einheit Minuten ausgedrückt.

Die Kapitalkosten haben in der Fertigungsstufe I einen relativ hohen Anteil im Vergleich zu den anderen Fertigungsstufen und im Vergleich zu den Lohnkosten, so daß sich hier Lohnkostenvorteile eines Standortes weniger stark als in den anderen Fertigungsstufen auswirken. Darüber hinaus werden in der Fertigungsstufe I Aggregate mit einer hohen Leistung eingesetzt, so daß es bei Kapazitätsänderungen zu relativ großen Sprüngen der fixen Kosten kommt.

Die Fertigungsstufe II zeichnet sich durch einen relativ hohen Anteil der Lohnkosten an den Gesamtkosten aus, so daß eine Senkung des Automatisierungsgrades an Standorten mit sehr geringen Lohnkosten zu Vorteilen gegenüber der Beibehaltung des Automatisierungsgrades führen könnten.

### 6.2.3. Die Produktionsstandorte der fiktiven Unternehmung

Die Produktionsstandorte werden so gewählt, daß kein betrachteter Standort von einem anderen betrachteten Standort dominiert wird. Das heißt, daß ein Standort einem anderen Standort nicht in allen relevanten Standortfaktoren überlegen sein darf. Stark vereinfachend lassen sich alle Standortfaktoren den beiden Gruppen Standortkosten und Standortattraktivität zuordnen. Ein Standort läßt sich dann anhand dieser beiden Kriterien in einer Portfolio-Darstellung lokalisieren[6]. Eine solche Matrix ist in Abbildung 6.2 dargestellt.

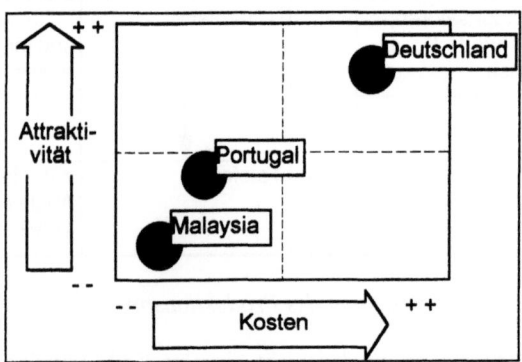

*Abbildung 6.2:* Beispielhafte Einordnung von Standorten in ein Kosten/Attraktivitäts-Portfolio

Die Einordnung eines Standorts in diese Matrix ist sowohl von der Branche, bzw. von den zu produzierenden Produkten, als auch von Gegebenheiten der jeweiligen Unternehmung abhängig. So besitzt der Produktionsstandort Deutschland für eine in Deutschland mit ihrem Hauptsitz vertretene Unternehmung per se größere Attraktivität als für eine ausländische Unternehmung.

Eine Kombination von Standorten, die die Forderung nach Nicht-Dominanz erfüllt, kann neben dem Inlandsstandort, in diesem Fall die Bundesrepublik Deutschland, je einen typischen Vertreter für ein Billiglohnland innerhalb der europäischen Gemeinschaft und für ein Schwellenland Ostasiens beinhalten. Als typische Vertreter werden Portugal bzw. Malaysia ausgewählt. Mit den Ausführungen in diesem Abschnitt soll keine Standortplanung, auch nicht im

---

[6] Vgl. BERGER (1989) S. 469.

Sinne einer Makrostandortwahl[7], beschrieben, sondern lediglich die Auswahl von zu betrachtenden Standorten in diesem Beispiel begründet werden.

Im Beispiel wird davon ausgegangen, daß zum Planungszeitpunkt eine Standortspaltung zu gleichen Teilen zwischen den Standorten Deutschland und Portugal besteht. Darüber hinaus besitzt die Unternehmung die Voraussetzungen, an dem Standort Malaysia unmittelbar nach der Entscheidung mit dem Aufbau von Fertigungskapazität zu beginnen. Für alle Standorte gilt, daß sie nicht die erforderliche Größe erreichen können, um die gesamte Produktion auf sich zu vereinigen.

### 6.2.4. Die Ergebnis- und Finanzsituation der fiktiven Unternehmung

Die Ergebnissituation ist entscheidend von Erlösrückgängen gekennzeichnet, die insbesondere auf Märkten mit starker internationaler Konkurrenz und bei Überkapazitäten auftreten, wie das bei Telefonen der Fall ist. Darüber hinaus wird das Ergebnis durch Preissteigerungen, wie z.B. Tariferhöhungen, belastet. Diesen negativen Ergebniseinflüssen steht die Möglichkeit einer Ergebnisverbesserung durch Rationalisierung gegenüber. Neben der Reduzierung von Gemeinkosten können die Kosten insbesondere durch Verwirklichung neuer Erzeugniskonzeptionen, die zu geringeren Materialkosten, geringeren Vorgabezeiten und zu einer kürzeren Nutzungsdauer von Aggregaten führen, gesenkt werden.

Die Situation in der fiktiven Unternehmung sei - wie typisch für die Elektrotechnik- und Elektronikindustrie in Deutschland - durch das Überwiegen der negativen Ergebniseinflüsse gekennzeichnet. Der Erlösverfall kann durch Rationalisierung, sofern diese sich auf gegebene Standorte bezieht, nicht ausgeglichen werden, so daß von kontinuierlich sinkenden Ergebnissen ausgegangen wird, die ohne eine Änderung der Standortstruktur in den negativen Bereich absinken.

Eine solche Ergebnissituation hat Auswirkungen auf die Finanzsituation der Unternehmung. Das gilt primär für die Eigenkapitalbeschaffungsmöglichkeiten und - aufgrund einer abnehmenden Eigenkapitalquote - auch für die Fremdkapitalbeschaffungsmöglichkeiten. Für die fiktive Unternehmung wird aufgrund dieser Situation die Möglichkeit der Eigenkapitalbeschaffung ausgeschlossen.

---

[7] Vgl. KÜPPER (1982) S. 459.

Einschränkungen bei der Fremdkapitalbeschaffung finden bei der Zielformulierung Berücksichtigung[8].

Die Ergebnissituation der Produktionsstandorte ist bei einem Verrechnungspreissystem, das auf Kostenpreisen plus Gewinnaufschlag beruht, von der Höhe des Gewinnaufschlags abhängig. Dieser wird im Beispiel einheitlich für alle Produktionsstandorte auf 2% festgelegt. Die Finanzsituation der Produktionsstandorte wird entscheidend von der Höhe der Kapitalbeteiligung der Zentrale und der Höhe der Dividendenzahlung an die Zentrale beeinflußt. Es wird von einer Ausstattung der Produktionsstandorte mit Eigenkapital in dem Umfang ausgegangen, daß die Einhaltung einer Eigenkapitalquote von mindestens 30% gewährleistet ist. Der gesamte Jahresüberschuß steht den Produktionsstandorten zur Thesaurierung zur Verfügung, da eine Steuerung der Ergebnisse der Produktionsstandorte über die Gestaltung des Gewinnaufschlags bei der Verrechnungspreisbildung erfolgen kann.

### 6.2.5. Das Zielsystem der fiktiven Unternehmung

Es wird angenommen, daß die Anwendung der in Abschnitt 2.2. beschriebenen Vorgehensweise zur Ableitung von Entscheidungszielen und das in Abschnitt 4.3.2. beschriebene Verfahren zur Gewichtung von Zielgrößen auf die Gegebenheiten in der fiktiven Unternehmung zu dem im folgenden beschriebenen Zielsystem führt. Dieses soll nur aus Vereinfachungsgründen und nicht wegen grundsätzlicher Überlegungen in dem hier beschriebenen Planungs- und Kontrollprozeß keinen Veränderungen unterliegen.

Aufgrund der Entscheidungsziele im weiteren Sinn werden nur solche Alternativen in die Betrachtung einbezogen, die

- den Ergebnisbeitrag der Unterlassungsalternative (d.h. keine Änderung der Standortstruktur) sowohl hinsichtlich des kalkulatorischen Ergebnisses ohne einmalige Kosten nach Änderung der Standortstruktur als auch hinsichtlich der abgezinsten Jahresüberschüsse während des gesamten Betrachtungszeitraums überschreiten,
- die Erfüllung gesetzlicher Vorschriften insbesondere in bezug auf konkursrechtliche Vorschriften über Illiquidität und Überschuldung ermöglichen und

---

[8] Vgl. Abschnitt 6.2.5.

- die Beibehaltung des Leistungsprogramms nach Art, Menge und Qualität ermöglichen.

Während die ersten beiden Forderungen für sich sprechen, ist die dritte durch die Begrenzung der Betrachtung auf Änderung der Standortstruktur zur Verringerung der Produktionskosten bedingt, da diese nicht zu einer Beeinträchtigung der Erlöse führen darf.

Die Bestimmung der besten aus den zulässigen Alternativen wird aufgrund der in Abbildung 6.3 beschriebenen Entscheidungsgrößen[9] und deren Gewichtung durchgeführt.

| | Entscheidungsgröße | Gewichtung der Entscheidungsgröße | Risikomaßzahl | Gewichtung der Risikomaßzahl |
|---|---|---|---|---|
| 1 | kalkulatorisches Ergebnis ohne einmalige Kosten der Gesamtunternehmung nach Änderung der Standortstruktur | 0,4 | Mittelwert (Maximierung) Standardabweichung (Minimierung) | 0,8 0,2 |
| 2 | abgezinster Jahresüberschuß der Gesamtunternehmung während des gesamten Betrachtungszeitraums | 0,2 | Mittelwert (Maximierung) Standardabweichung (Minimierung) | 0,8 0,2 |
| 3 | abgezinster Finanzmittelbedarf/-überschuß der Gesamtunternehmung während des gesamten Betrachtungszeitraums | 0,2 | Mittelwert (Maximierung des Mittelbedarfs) Standardabweichung (Minimierung) | 0,8 0,2 |
| 4 | Anzahl der standortstrukturbedingt zu entlassenden Mitarbeiter am Inlandsstandort | 0,2 | Mittelwert (Minimierung) | 1,0 |

*Abbildung 6.3: Das Zielsystem der fiktiven Unternehmung*

---

[9] Die Begriffe Entscheidungsgröße und Zielgröße werden synonym verwendet.

Durch die erste Entscheidungsgröße soll die Ertragskraft der Unternehmung nach Beendigung der Standortstrukturänderung zum Ausdruck gebracht werden. Dieser kommt im Vergleich zu den anderen Entscheidungsgrößen eine relativ große Bedeutung zu. Sie soll allerdings nicht alleiniges Entscheidungskriterium sein. Durch die weiteren Entscheidungsgrößen wird deutlich, daß auch die Situation der Unternehmung während des Prozesses der Standortstrukturänderung Einfluß auf die Entscheidung hat. Die Entscheidungsgröße 2 kann z.B. Berücksichtigung finden, weil eine kontinuierliche Dividendenzahlung angestrebt wird, die nicht zu Lasten der Rücklagen erfolgen soll. Bestrebungen, die Einflußnahme von Kreditinstituten innerhalb bestimmter Schranken zu halten, können zur Berücksichtigung der Entscheidungsgröße 3 führen. Negative Folgen für das Image der Unternehmung oder für das Verhältnis zu den Gewerkschaften, die sich aus Entlassungen an bestimmten Standorten ergeben, können die Entscheidungsträger dazu veranlassen, auf ein gewisses Maß an Ertragskraft in der Zukunft zu verzichten. Dieser Sachverhalt wird durch die Entscheidungsgröße 4 ausgedrückt.

Aufgrund der unterstellten Aggregation der Teilnutzen zum Gesamtnutzen durch Addition[10] ist die Nutzenunabhängigkeit bzw. die bedingte Nutzenunabhängigkeit der Entscheidungsgrößen und der Risikomaßzahlen erforderlich. Zu den Problemen der Addition der Teilnutzen unterschiedlicher Risikomaßzahlen einer Entscheidungsgröße wird auf die Ausführungen in Abschnitt 4.3.3. verwiesen.

Auch bei den hier ausgewählten Entscheidungsgrößen ist die Nutzenunabhängigkeit nicht von vornherein gegeben. Es soll allerdings von bedingter Nutzenunabhängigkeit ausgegangen werden. So wird die Annahme getroffen, daß für den entscheidungsrelevanten Bereich der Entscheidungsgröße 1 (z.B. +10 bis +50 Mio DM) die Entscheidungsgröße 4 nutzenunabhängig ist. Das bedeutet, der Entscheidungsträger zieht auch dann den Verzicht auf eine größere Anzahl von Entlassungen vor, wenn statt +50 nur +10 Mio DM Ergebnis in der Periode 5 erzielt werden. Damit ist ein subjektives Werturteil des Entscheidungsträgers verbunden, das nicht unangreifbar ist. Entsprechende Annahmen werden auch für das Verhältnis der anderen Entscheidungsgrößen getroffen.

Bei der Durchführung einer Risikoanalyse stehen zunächst die Ergebnisse sämtlicher Simulationsläufe als Ergebnisverteilung für die Auswertung zur Verfü-

---

[10] Vgl. Abschnitt 4.3.2.

gung. Mit diesem Datenmaterial können eine Reihe von statistischen Auswertungen vorgenommen werden. Hier wird neben dem Mittelwert der Entscheidungsgrößen die Standardabweichung als Maß für das Risiko ausgewählt.

### 6.3. Darstellung des Modellinputs

#### 6.3.1. Umfang des Modellinputs

Die Inputdaten bestehen aus historischen und aus zukunftsbezogenen Daten. Die historischen Daten können entweder direkt oder nach Aufbereitung, z.b. durch Aggregation, dem Rechnungs- bzw. Berichtswesen entnommen werden. Die erforderlichen zukunftsbezogenen Daten sind entweder aus anderen Planungen zu übernehmen, oder sie müssen speziell für die Planung und Kontrolle von Standortstrukturänderungen ermittelt bzw. geschätzt werden. Wird das Vorhandensein einer umfangreichen Unternehmungsplanung unterstellt, trifft letzteres nur für Daten zu, die aufgrund einer Ausweitung des Betrachtungsgegenstandes, z.B. auf neue Standorte oder zusätzliche Perioden, zusätzlich zu berücksichtigen sind. Daraus läßt sich schließen, daß für den Einsatz des Modells in der Unternehmungspraxis der Aufwand für die Datenermittlung trotz der großen Anzahl der erforderlichen Inputdaten relativ gering ist.

Die Anzahl der Inputdaten ist von der Anzahl der Standorte, Produktarten, Fertigungsstufen, Aggregattypen und Perioden abhängig. Die Anzahl der Inputgrößen berechnet sich nach der Formel:

$$(6.1) \quad Z = 21 + 6 \cdot T + 62 \cdot S + 2 \cdot P + 3 \cdot T \cdot S + 3 \cdot T \cdot P + 2 \cdot S \cdot F + \ldots$$
$$\ldots + 2 \cdot S \cdot F \cdot P + 3 \cdot T \cdot S \cdot P \cdot F$$

*mit*

| | |
|---|---|
| $Z$ | = *Anzahl der Inputdaten* |
| $T$ | = *Anzahl der Planperioden* |
| $S$ | = *Anzahl der Standorte* |
| $P$ | = *Anzahl der Produktarten* |
| $F$ | = *Anzahl der Fertigungsstufen bzw. Anzahl der Aggregattypen* |

Für den Umfang des Beispiels mit jeweils 3 Standorten, Produktarten, Fertigungsstufen und Aggregattypen sowie 5 Planperioden ergeben sich demnach 810 Inputgrößen. Diese Anzahl vervielfacht sich bei einer praxisrelevanten Größenordnung des Modells.

Sämtliche Inputdaten wurden so festgelegt, daß durch diese eine Unternehmung repräsentiert wird, wie sie in Abschnitt 6.2. beschrieben wurde. Weitere Besonderheiten sollen in dem Beispiel nicht berücksichtigt werden, so daß alle anderen Ausgangswerte so gewählt wurden, daß von ihnen keine Auswirkungen auf die Ergebnisse der durchzuführenden Experimente erwartet werden. Die numerischen Werte für den Standort Deutschland können dem Anhang 1 entnommen werden, in dem die Inputwerte kursiv dargestellt sind.

Besondere Bedeutung kommt den Inputwerten zu, die mit großer Unsicherheit behaftet sind. Für diese kann statt einer einwertigen Schätzung der Größe auch eine Wahrscheinlichkeitsverteilung, repräsentiert durch deren Parameter, angegeben werden.

Die Inputgrößen, durch die die Unterschiede zwischen den Standorten zum Ausdruck gebracht werden sollen, sind im Rahmen dieser Untersuchung von besonderer Bedeutung. Deshalb werden die Annahmen, die zur Festlegung dieser Größen führen, in den folgenden Abschnitten detailliert erläutert.

### 6.3.2. Personalkosten beeinflussende Standortfaktoren

Bei gegebenen Anforderungen hinsichtlich der quantitativen Erfordernisse an die Arbeitsleistung, z.B. bestimmt durch die Standard-Vorgabezeit der zu produzierenden Erzeugnisse, und der qualitativen Erfordernisse an die Arbeitsleistung, z.B. bestimmt durch die Ausfallhäufigkeit der Erzeugnisse beim Kunden, sind die Personalkosten von den in Abbildung 6.4 dargestellten Einflußgrößen[11] abhängig. Diese weisen teilweise sehr unterschiedliche Ausprägungen für die betrachteten Standorte auf.

---

[11] Die aufgeführten Werte beziehen sich entweder auf die erste Planungsperiode, werden als konstant über den gesamten Planungszeitraum angenommen oder dienen als Ausgangswert für die Fortschreibung durch endogene Variablen des Modells. Sofern es sich um Werte der ersten Planungsperiode handelt, werden diese über Preisänderungsraten, die in Abschnitt 6.3.6. erläutert werden, fortgeschrieben. Die Relationen dieser Größen zu den modellendogenen Variablen wurde in Abschnitt 5.2. erläutert.

| Standortfaktor | Deutschland | Portugal | Malaysia |
|---|---|---|---|
| **Arbeitskosten** | | | |
| 1  Lohn Direkte Mitarbeiter [DM/Jahr] | 50.000 | 12.000 | 3.000 |
| 2  Lohn/Gehalt Indirekte Mitarbeiter [DM/Jahr] | 75.000 | 18.000 | 4.500 |
| 3  Abfindungen [% von 1 bzw. 2] | 50 | 20 | 0 |
| **Arbeitszeit** | | | |
| 4  tarifliche Sollarbeitszeit [Std/Jahr] | 1.647 | 1.935 | 2.320 |
| 5  Fehlzeiten [Std/Jahr] | 148 | 116 | 66 |
| 6  Betriebszeit [Std/Jahr] | 3.200 | 3.200 | 3.840 |
| **Arbeitsqualität und Sonstiges** | | | |
| 7  Leistungsgrad[12] [%] | 130 | 100 | 100 |
| 8  Unproduktive Stunden [% von 4-5] | 5 | 10 | 20 |
| 9  Verhältnis indirekte/direkte Mitarbeiter [%] | 20 | 25 | 30 |
| 10 Fluktuation [% pro Jahr] | 5 | 10 | 35 |

*Abbildung 6.4:* Personalkosten beeinflussende Standortfaktoren

Die Löhne und Gehälter für Direkte und Indirekte Mitarbeiter (Zeile 1 und 2)[13] setzen sich aus den Direktentgelten der Mitarbeiter und den Personalzusatzkosten zusammen, zu denen im wesentlichen die Arbeitgeberanteile für Kranken- und Sozialversicherungsbeiträge sowie die Urlaubs- und Feiertagsvergütung zu zählen sind. Die Absolutwerte repräsentieren Durchschnittswerte für die fiktive Unternehmung und sind von der vorhandenen bzw. benötigten Mitarbeiterstruktur abhängig, die durch den Anteil der Mitarbeiter bestimmter Lohn- bzw. Gehaltsgruppen bestimmt wird. Die Relationen zwischen den einzelnen Standorten wurden aus Durchschnittswerten über die Arbeitskosten je geleisteter Stunde[14] an diesen Standorten und aus Informationen über die Arbeitszeiten (Zeile 4) errechnet.

---

[12] Der Leistungsgrad drückt das Verhältnis zwischen der Standard-Vorgabezeit und der tatsächlich benötigten Vorgabezeit aus.
[13] Hinweise auf Zeilen in diesem Abschnitt beziehen sich auf die Abbildung 6.4.
[14] Vgl. KROKER/SALOWSKY (1992) S. 24 und STATISTISCHES BUNDESAMT (1989) S. 83.

In Zeile 3 werden Werte für Abfindungszahlungen angegeben. Die Höhe dieser Zahlungen ist zwar generell frei vereinbar, sie wird aber im allgemeinen durch Betriebsvereinbarungen geregelt, die insbesondere die Berücksichtigung der Höhe der Arbeitsentgelte sowie der Dauer der Betriebszugehörigkeit zur Ermittlung der Abfindungszahlungen festschreiben. Durch die Höhe der hier angesetzten Beträge kommt zum Ausdruck, daß in Deutschland international überdurchschnittlich rigide Kündigungsschutzbestimmungen herrschen, die sich in einer für die Unternehmungen nachteiligen Sozialplanpraxis auswirken[15]. In Portugal sind solche Regelungen weniger stark und in Malaysia fast gar nicht ausgeprägt. Das schlägt sich in den jeweiligen Wertansätzen nieder.

Die tarifliche Sollarbeitszeit wird durch die Wochenarbeitszeit sowie die Urlaubs- und Feiertage bestimmt. Von ihr sind die Fehlzeiten zu subtrahieren, die aufgrund von Abwesenheit vom Arbeitsplatz wegen Krankheit, Kuren oder ähnlichem entstehen, um zu der tatsächlichen Arbeitszeit zu gelangen (Zeile 4 und 5). Während für Deutschland und Portugal Durchschnittswerte für Arbeiter in der Verarbeitenden Industrie vorliegen[16], wurden die Werte für Malaysia aufgrund der dort geltenden gesetzlichen Bestimmungen errechnet[17].

Die Betriebszeiten (Zeile 6) werden von der Anzahl der Schichten und dem Grad der Arbeitszeitflexibilisierung determiniert. Diese Werte liegen im Industriedurchschnitt in Deutschland und Portugal auf dem gleichen Niveau, das sich aber im internationalen Vergleich auf der untersten Ebene bewegt[18], so daß für Malaysia ein höherer Wert angesetzt werden kann.

Für die Bestimmung der Werte in den Zeilen 6 bis 9 wird von einem relativ hohen Ausbildungsstand der Arbeitskräfte in Deutschland ausgegangen, auch wenn diese Einschätzung nicht mehr unumstritten ist[19]. Da die Höhe dieser Werte stark von den Gegebenheiten in der jeweiligen Unternehmung abhängig sind, mußte hier sowohl bei der Festlegung der absoluten Höhe der Werte als auch bei der Festlegung der Relationen zwischen den Standorten auf eigene Schätzung

---

[15] Vgl. VOGEL (1992) S. 6.
[16] Vgl. SALOWSKY (1992) S. 30.
[17] Vgl. COOPERS & LYBRAND (1990) S. 18f.
[18] Vgl. SALOWSKY (1992) S. 32.
[19] Vgl. VOGEL (1992) S. 6 und KRUMREY (1992) S. 19.

zurückgegriffen werden. Diese werden teilweise durch veröffentlichte Beobachtungen aus der Unternehmungspraxis unterstützt[20].

Bei der Fluktuationsrate (Zeile 10) handelt es sich ebenfalls um eine unternehmungsspezifische Größe, die allerdings aufgrund der unterschiedlichen Mentalität der Mitarbeiter an den einzelnen Standorten sehr unterschiedlich ausfallen kann.

### 6.3.3. Kapitalkosten beeinflussende Standortfaktoren

Ebenso wie bei den Personalkosten sollen hier die standortspezifischen Einflußgrößen auf die Kapitalkosten bei definierten Anforderungen an die Leistungsfähigkeit der Gegenstände des Anlagevermögens untersucht werden. Die Kapitalkosten umfassen die Abschreibungen auf das Anlagevermögen sowie die Zinsen auf das Anlage- und Umlaufvermögen. Die wesentlichen Einflußgrößen werden mit den im Beispiel verwendeten Ausprägungen in der Abbildung 6.5 dargestellt.

|   | Standortfaktor | Deutschland | Portugal | Malaysia |
|---|---|---|---|---|
| 1 | Preisniveau für Aggregate [%] | 100 | 100 | 100 |
| 2 | Preisniveau für Grundstücke/Gebäude [%] | 100 | 80 | 60 |
| 3 | Investitionszuschuß [%] | 0 | 0 | 0 |
| 4 | Sonderabschreibungen [%] | 0 | 0 | 0 |
| 5 | Zinsen [%] | 9 | 15 | 7 |
| 6 | Durchlaufzeit [Monate] | 1 | 3 | 4 |

*Abbildung 6.5: Kapitalkosten beeinflussende Standortfaktoren*

Für die Bestimmung der Unterschiede im Preisniveau (Zeile 1 und 2)[21] ist wesentlich, ob die erforderlichen Güter lokal bezogen oder importiert werden müssen. Bei lokal bezogenen Gütern wirken sich die Unterschiede z.B. hinsichtlich des Lohnniveaus voll aus. Bei Gütern, die auf internationalen Märkten bezogen werden, führen im wesentlichen die Beschaffungsnebenkosten, wie Frachten und Zölle, zu Preisabweichungen. Für Aggregate wird unterstellt,

---

[20] Vgl. z.B. für das Verhältnis zwischen indirekten und direkten Mitarbeitern BIERICH (1988a) S. 838.
[21] Hinweise auf Zeilen in diesem Abschnitt beziehen sich auf die Abbildung 6.5.

daß die Preise durch den Weltmarkt bestimmt werden und die Unterschiede in den Beschaffungsnebenkosten vernachlässigbar sind, so daß sich ein einheitliches Preisniveau für alle Standorte ergibt. Während Grundstückspreise auch innerhalb eines Landes sehr unterschiedlich sein können, kann von den Kosten zur Errichtung von Gebäuden davon ausgegangen werden, daß diese stark durch länderspezifische Faktoren bestimmt werden und sich analog zu den Personalkosten ein Gefälle von Deutschland über Portugal nach Malaysia ergibt.

An die Erfüllung bestimmter Voraussetzungen geknüpft ist die Inanspruchnahme von Investitionsförderprogrammen (Zeile 3 und 4), die z.B. als Zuschuß auf die Investitionssumme oder durch Gewährung steuerlicher Vergünstigungen[22], insbesondere durch Sonderabschreibungen bei der Ertragsteuer, wirken können. Eine detaillierte Analyse solcher Programme kann auf eine bestimmte Unternehmung bezogen große länderspezifische Unterschiede erkennen lassen, die darüber hinaus noch stark von der regionalen Standortwahl innerhalb eines Landes beeinflußt sein können. Ein genereller Unterschied zwischen den betrachteten Ländern läßt sich allerdings nicht erkennnen, so daß in diesem Beispiel auf die Berücksichtigung von Investitionsförderprogrammen verzichtet werden soll.

Der tatsächlich zu entrichtende Zinssatz (Zeile 5) hängt sowohl vom Risiko des Kreditnehmers als auch vom Zinsniveau des jeweiligen Landes ab. Da die Einhaltung gewisser das Risiko bestimmender Indikatoren, z.B. eine festgelegte Eigenkapitalrelation, unterstellt wird, erfolgt die Festlegung der Relationen zwischen den betrachteten Ländern anhand der Diskontsätze[23] bzw vergleichbarer Größen.

Eine die Kapitalkosten der Zentrale bestimmende Größe ist die Dauer des Verbleibs der von unterschiedlichen Standorten bezogenen Erzeugnisse im Bestand, die mit der Kennzahl Durchlaufzeit (Zeile 6) gemessen werden kann. Wird unterstellt, daß die unterwegs befindliche Ware der Zentrale zuzurechnen ist und keine erzeugnisspezifischen Unterschiede in der Durchlaufzeit existieren, sind die Unterschiede zwischen den Standorten durch die unterschiedlichen Transportzeiten bestimmt, die zu den oben dargestellten Durchlaufzeiten führen. Entsprechend variieren auch die Durchlaufzeiten bei Bezügen von Halbfabrikaten der Standorte untereinander.

---

22 Steuerliche Unterschiede werden in Abschnitt 6.3.6. behandelt.
23 Vgl. DEUTSCHE BUNDESBANK (1992) S. 49 und S. 53.

## 6.3.4. Materialkosten beeinflussende Standortfaktoren

Neben der im nächsten Abschnitt zu betrachtenden Fertigungstiefe sind die Materialkosten der Standorte von dem Preisniveau abhängig. Bei Lieferungen der Standorte untereinander und zwischen Standort und Zentrale üben Zoll sowie Versicherungs- und Frachtkosten ebenfalls einen Einfluß auf die Einstandskosten aus. Die angenommenen Werte sind in Abbildung 6.6 enthalten.

|   | Standortfaktor | Deutschland | Portugal | Malaysia |
|---|---|---|---|---|
| 1 | Preisniveau für Material [%] | 100 | 100 | 90 |
| 2 | Zuschlag für Zoll/Versicherung/ Frachten [%] | 0 | 1 | 9 |

*Abbildung 6.6:   Materialkosten beeinflussende Standortfaktoren*

Für viele Rohstoffe gilt, daß für diese ein Weltmarktpreis existiert, der lediglich durch Zoll, Versicherungs- und Frachtkosten in den einzelnen Ländern voneinander abweichen kann. Eine Ausnahmestellung nehmen die für die hier betrachtete Elektrotechnik- und Elektronikindustrie wichtigen elektronischen Bauteile und Komponenten ein, für die aus wettbewerbs- und wirtschaftspolitischen Gründen ein unterschiedliches Preisniveau innerhalb der verschiedenen Marktregionen herrscht[24]. Die Differenzierung des Materialpreisniveaus (Zeile 1)[25] wird auf diese Gründe zurückgeführt.

Die in Zeile 2 dargestellten Zuschläge auf den Verrechnungspreis für Zoll, Fracht- und Versicherungskosten sind Werte für den Bezug der Zentrale. Der relativ große Unterschied der Werte für Portugal und Malysia ist durch die wesentlich größere Entfernung von Malaysia als von Portugal nach Deutschland und durch den Umstand zu erklären, daß Portugal Mitglied der Europäischen Gemeinschaft ist, und damit keine Einfuhrzölle abgeführt werden müssen. Entsprechend variieren auch die Zuschläge für die Bezüge der Standorte untereinander.

---

[24]  Vgl. BIERICH (1988a) S. 834.
[25]  Hinweise auf Zeilen in diesem Abschnitt beziehen sich auf die Abbildung 6.6.

### 6.3.5. Die Auswirkung von Automatisierungsgrad und Fertigungstiefe auf Personal-, Kapital- und Materialkosten

In den vorhergehenden Abschnitten wurde jeweils auf die Darstellung der Auswirkungen von Automatisierungsgrad und Fertigungstiefe auf die Personal-, Kapital- und Materialkosten verzichtet, weil eine Veränderung dieser Größen die Höhe mindestens zwei der angeführten Kostenarten gleichzeitig in gegenläufiger Richtung beeinflußt. So übt der relative Automatisierungsgrad[26] eine antagonistische Wirkung über die Beeinflussung von Standard-Vorgabezeit und Maschinenlaufzeit bzw. Anschaffungskosten der Aggregate auf Personal- und Kapitalkosten aus. Die selbe Wirkung hat die Fertigungstiefe auf Personal- und Kapitalkosten einerseits und Materialkosten andererseits.

Die Optimierung des Automatisierungsgrades und der Fertigungstiefe sind nicht Gegenstand dieser Untersuchung. Die Ergebnisse der Optimierung finden vielmehr über die exogenen Variablen Standard-Vorgabezeit, Materialkosten, Maschinenlaufzeit und Anschaffungskosten der Aggregate Eingang in das Modell.

Die Optimierung des Automatisierungsgrades einzelner Standorte erfolgt in Abhängigkeit von den Personal- und Kapitalkosten. Relative Vorteile bei den Personalkosten eines Standorts führen bei gleichem Kapitalkostenniveau zu einem geringeren relativen Automatisierungsgrad dieses Standorts. Bei gleichem Personalkostenniveau führen Nachteile in den Kapitalkosten ebenfalls zu einem geringeren relativen Automatisierungsgrad. Aufgrund der oben aufgezeigten Verhältnisse der Personal- und Kapitalkosten läßt sich auf eine Reihenfolge Deutschland, Portugal und Malaysia mit abnehmendem relativen Automatisierungsgrad schließen. Eine Einschränkung erfährt diese Aussage durch die Tatsache, daß bei Neuinvestitionen aufgrund der weitgehenden Mobilität und damit hohen Verfügbarkeit von Kapital eine annähernd gleiche Produktionstechnologie an fast allen Standorten der Welt realisiert werden kann[27]. Das ist allerdings dann nicht der Fall, wenn die Lohnkosten so gering sind, daß mit weniger modernen Produktionsanlagen rentabler gearbeitet werden kann[28], was bei den gravierenden, oben aufgezeigten Lohnkostenunterschieden angenommen wird.

---

[26] Der relative Automatisierungsgrad wird als das Verhältnis aus Standard-Vorgabezeit am Standort mit dem höchsten Automatisierungsgrad und der Standard-Vorgabezeit am betrachteten Standort definiert.
[27] Vgl. VOGEL (1992) S. 12.
[28] Vgl. BIERICH (1988a) S. 830.

Die Optimierung der Fertigungstiefe ist von der relativen Höhe der Materialkosten auf der einen Seite sowie der relativen Höhe der Personal- und Kapitalkosten auf der anderen Seite abhängig. Die Relation zwischen den beiden Kostengruppen wird nicht vorrangig durch standortspezifische Einflüsse geprägt. Darüber hinaus sind andere Einflußgrößen, wie z.B. die Kapazitätsauslastung, ebenfalls von Bedeutung, so daß hier von einer einheitlichen Fertigungstiefe an den betrachteten Standorten ausgegangen wird.

### 6.3.6. Gesamtwirtschaftliche Einflußgrößen

Zusätzlich zu den einzelwirtschaftlichen Einflußgrößen auf die Standortwahl weisen auch die gesamtwirtschaftlichen Einflußgrößen standortspezifische Besonderheiten auf. Die zu betrachtenden Größen sind mit den in diesem Beispiel verwendeten Werten in der Abbildung 6.7 zusammengefaßt.

| | Standortfaktor | Deutschland | Portugal | Malaysia |
|---|---|---|---|---|
| 1 | Substanzsteuer [%] | 1,9 | 0,0 | 0,0 |
| 2 | Ertragsteuer [%] | 66,2 | 36,0 | 40,0 |
| 3 | Wechselkurse [.../DM]$^{29}$ | 1,00 | 1,12 | 0,63 |
| | Preisänderungsrate (Inflation) | | | |
| 4 | Personal (Tariferhöhung) [%] | 5 | 12 | 5 |
| 5 | Grundstücke und Gebäude [%] | 5 | 12 | 5 |

*Abbildung 6.7:*     *Die Standortwahl beeinflussende gesamtwirtschaftliche Größen*

Die Substanzsteuer (Zeile 1)[30] in Deutschland setzt sich aus der Vermögensteuer, der Grundsteuer und der Gewerbekapitalsteuer zusammen. Der angegebene Wert entspricht dem integrierten Gesamtsatz dieser Substanzsteuern auf die steuerliche Substanz nach den Änderungen der Steuerreform von 1990[31]. Für Portugal und Malaysia fallen keine Substanzsteuern an[32].

---

[29] Für Portugal in 100 Währungseinheiten (Escudos).
[30] Hinweise auf Zeilen in diesem Abschnitt beziehen sich auf die Abbildung 6.7.
[31] Vgl. ESSER (1990) S. 164.
[32] Vgl. FUEST/KROKER (1992) S. 38 und S. 40 für Portugal und COOPERS & LYBRAND (1990) S. 1 für Malaysia.

In Deutschland gehören die Körperschaftsteuer und die Gewerbeertragsteuer zu den hier zu berücksichtigenden Ertragsteuerarten (Zeile 2). Der angesetzte Wert entspricht einem integrierten Gesamtsatz einschließlich der Änderungen der Steuerreform von 1990 bei einem angenommenen Gewerbesteuerhebesatz von 400%[33]. Für Portugal und Malaysia wurden die Sätze der vergleichbaren Steuerarten bei der Ermittlung der Werte in Zeile 2 herangezogen[34].

Die hier dargestellten Werte für die Wechselkurse (Zeile 3) sind die geschätzten Durchschnittskurse für die erste Planperiode. Ausgehend von diesem Kurs wird für Portugal ein Sinken des Wechselkurses im Zeitablauf unterstellt, das auf die unterschiedliche Preisentwicklung (Zeile 4 und 5) in Portugal und Deutschland zurückzuführen ist. Aufgrund vergleichbarer Preisentwicklungen in Deutschland und Malaysia wird die Konstanz des entsprechenden Wechselkurses unterstellt.

Während der Escudo in den europäischen Wechselkursmechanismus eingebunden ist und nur begrenzten Schwankungen unterliegt, entwickelt sich der Wechselkurs des Ringgit parallel zum Wechselkurs des US$, der in der Vergangenheit starken Schwankungen unterworfen war, die nicht auf Inflationsunterschiede in Deutschland und den USA zurückzuführen waren. Diese Schwankungen sollen durch den Einsatz von Wahrscheinlichkeitsverteilungen mit den entsprechenden Parametern bei der Bestimmung der Wechselkurse zum Ausdruck kommen.

Für Güter, deren Preise durch den Weltmarkt bestimmt werden, sind Unterschiede in der Preisentwicklung in Landeswährung lediglich auf Veränderungen des Wechselkurses zurückzuführen, so daß hier auf die Angabe der länderspezifischen Preisentwicklung für Materialien und Aggregate, für die zuvor die Abhängigkeit vom Weltmarkt unterstellt wurde, verzichtet wird.

Während für Deutschland und Malaysia von einer Preissteigerung für Personal sowie Grundstücke und Gebäude (Zeile 4 und 5) in gleicher Größenordnung ausgegangen wird, liegt die erwartete Preissteigerung in Portugal weit darüber[35]. Es wird für alle betrachteten Länder unterstellt, daß sich die Löhne und Gehälter in gleicher Größenordnung wie die Preise entwickeln. Das führt zu konstanten Reallöhnen bzw. -gehältern.

---

[33] Vgl. ESSER (1990) S. 163.
[34] Vgl. FUEST/KROKER (1992) S. 38 und S. 40.
[35] Vgl. STATISTISCHES BUNDESAMT (1990) S. 94.

## 6.4. Simulationsexperimente

### 6.4.1. Typen von Simulationsexperimenten

Simulationsmodelle sind für die Bewältigung unterschiedlicher Aufgabenstellungen geeignet[36]. In den folgenden Abschnitten wird gezeigt, wie das hier entwickelte Modell

- zur Exploration einer vorgegebenen Alternative (Abschnitt 6.4.2.),
- zum Vergleich mehrerer vorgegebener Alternativen (Abschnitt 6.4.3.) und
- zur Ermittlung von Alternativen im Bereich der optimalen Zielerfüllung (Abschnitt 6.4.4.)

eingesetzt werden kann. Während bei den Experimenten in Abschnitt 6.4.2. die die Umweltbedingungen beschreibenden exogenen Variablen variiert werden, sind es in den Experimenten der Abschnitte 6.4.3. und 6.4.4. die Entscheidungsparameter.

In den Abschnitten 6.4.2. und 6.4.3. werden "what-if" Fragestellungen beantwortet, die von der unten beschriebenen Alternative ausgehen, die ohne den Einsatz des Modells gewonnen wurde. Die gemäß dieser Alternative geplante Standortstrukturänderung sieht vor, daß ausgehend von einer Standortspaltung zwischen den Standorten Deutschland und Portugal zu gleichen Teilen mit sofortigem Beginn in gleichmäßigen Schritten bis zur 5. Periode eine Standortdiversifikation verwirklicht werden soll, die die Konzentration der Fertigungsstufe I in Deutschland und eine Standortspaltung zu gleichen Teilen zwischen Portugal und Malaysia für die Fertigungsstufen II und III vorsieht. Die Standortstruktur dieser Alternative in der 1. und 5. Periode wird anhand des Standortstrukturwürfels in Abbildung 6.8 veranschaulicht.

---

[36] Vgl. Abschnitt 4.1.3.

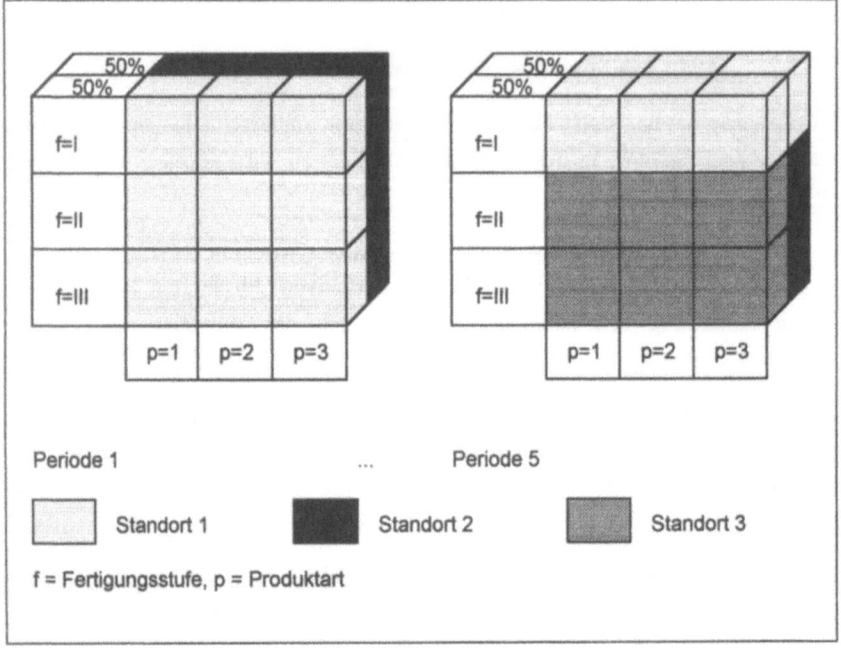

*Abbildung 6.8: Standortstruktur der Ausgangsalternative*

### 6.4.2. Auswirkungen der Variation ausgewählter exogener Variablen

Bei diesem Experiment wurden für die Wechselkurse, die Tariferhöhungen, die Veränderung des Marktvolumens sowie die Veränderung des Marktanteils der betrachteten Unternehmung jeweils Rechteckverteilungen statt einwertiger Größen als Inputdaten für das Modell zur Verfügung gestellt. Es wird die in Abschnitt 6.4.1. vorgestellte Alternative für die Wahl der Entscheidungsvariablen verwendet. Für 100 Konstellationen der Zufallsgrößen wird die Entscheidungsgröße 1 (kalkulatorisches Ergebnis in der 5. Periode) berechnet. Durch Zuordnung dieser Werte zu 20 definierten Häufigkeitsklassen läßt sich die Dichtefunktion und die Wahrscheinlichkeitsfunktion ermitteln. Die Ergebnisse sind in der Abbildung 6.9 numerisch und in Abbildung 6.10 graphisch dargestellt.

|   | Intervall Minimum | Intervall Maximum | Klassen-mitte | absolute Häufigkeit | relative Häufigkeit | kumulierte relative Häufigkeit |
|---|---|---|---|---|---|---|
| 1 | -37 | -31 | -34 | 0 | 0,00 | 1,00 |
| 2 | -31 | -26 | -29 | 0 | 0,00 | 1,00 |
| 3 | -26 | -21 | -24 | 0 | 0,00 | 1,00 |
| 4 | -21 | -16 | -19 | 0 | 0,00 | 1,00 |
| 5 | -16 | -11 | -13 | 3 | 0,03 | 1,00 |
| 6 | -11 | -6 | -8 | 13 | 0,13 | 0,97 |
| 7 | -6 | -1 | -3 | 9 | 0,09 | 0,84 |
| 8 | -1 | 5 | 2 | 8 | 0,08 | 0,75 |
| 9 | 5 | 10 | 7 | 9 | 0,09 | 0,67 |
| 10 | 10 | 15 | 12 | 9 | 0,09 | 0,58 |
| 11 | 15 | 20 | 17 | 9 | 0,09 | 0,49 |
| 12 | 20 | 25 | 23 | 16 | 0,16 | 0,40 |
| 13 | 25 | 30 | 28 | 12 | 0,12 | 0,24 |
| 14 | 30 | 35 | 33 | 7 | 0,07 | 0,12 |
| 15 | 35 | 41 | 38 | 3 | 0,03 | 0,05 |
| 16 | 41 | 46 | 43 | 2 | 0,02 | 0,02 |
| 17 | 46 | 51 | 48 | 0 | 0,00 | 0,00 |
| 18 | 51 | 56 | 53 | 0 | 0,00 | 0,00 |
| 19 | 56 | 61 | 59 | 0 | 0,00 | 0,00 |
| 20 | 61 | 66 | 64 | 0 | 0,00 | 0,00 |
|   |   |   | Summe | 100 | 1,00 |   |

*Abbildung 6.9:* Tabellarische Darstellung der Ergebnisse der Risikoanalyse für eine Entscheidungsgröße

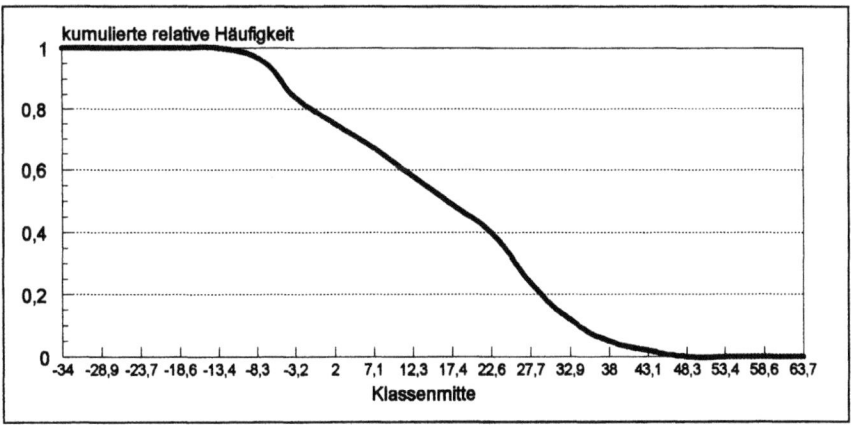

*Abbildung 6.10:* Graphische Darstellung der Ergebnisse der Risikoanalyse für eine Entscheidungsgröße

Es ist zu erkennen, daß das kalkulatorische Ergebnis dieser Alternative mit einer Wahrscheinlichkeit von rund 75% positiv ist. Der fast lineare Verlauf der Wahrscheinlichkeitsfunktion ist auf die Rechteckverteilung der Ausgangswerte zurückzuführen.

### 6.4.3. Vergleich von Alternativen bei Variation ausgewählter Merkmale für die Standortstrukturänderung

#### 6.4.3.1. Variation der Geschwindigkeit der Standortstrukturänderung

Während die in Abschnitt 6.4.1. vorgestellte Alternative eine Verwirklichung der Standortstrukturänderung bis zur 5. Periode vorsieht, sollen hier die Konsequenzen untersucht werden, die sich aus einer Beendigung des Prozesses der Standortstrukturänderung schon in früheren Perioden ergeben. Es werden die folgenden Alternativen untersucht:

- Abschluß der Standortstrukturänderung bis zur 5. Periode (Alternative 1),
- Abschluß der Standortstrukturänderung bis zur 4. Periode (Alternative 2),
- Abschluß der Standortstrukturänderung bis zur 3. Periode (Alternative 3),
- Abschluß der Standortstrukturänderung bis zur 2. Periode (Alternative 4).

Die Konsequenzen dieser Alternativen für die Perioden 1 bis 5 sind

- in der Abbildung 6.11 für das kalkulatorische Ergebnis,
- in der Abbildung 6.12 für den Jahresüberschuß/-fehlbetrag,
- in der Abbildung 6.13 für den Mittelbedarf-/überschuß,
- in der Abbildung 6.14 für die Mitarbeiterentwicklung am Standort 1.

graphisch dargestellt und werden im Anschluß an die jeweilige Graphik verbal erläutert.

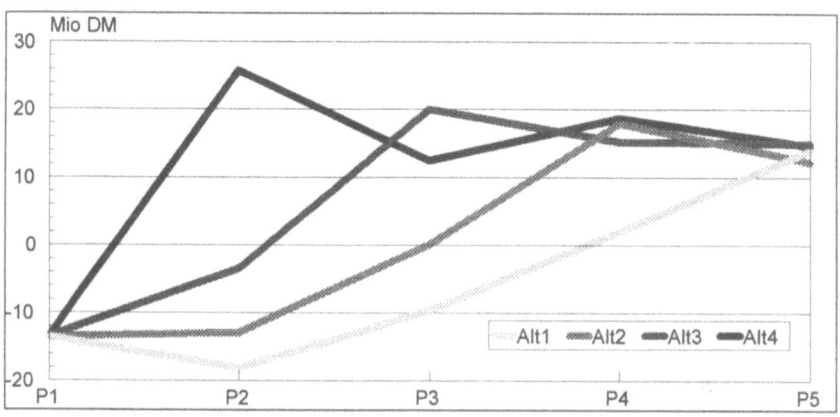

*Abbildung 6.11: Entwicklung des Kalkulatorischen Ergebnisses in Abhängigkeit von der Verlagerungsgeschwindigkeit*

Beim Vergleich der kalkulatorischen Ergebnisse der Alternativen 1 bis 4 wird deutlich, daß die in der 5. Periode zu erzielenden Kostenvorteile unabhängig von der Verlagerungsgeschwindigkeit sind. Darüber hinaus ist klar zu erkennen, daß das kalkulatorische Ergebnis, das nicht von den Verlagerungsaufwendungen belastet ist, um so schneller steigt, je schneller die Verlagerung beendet ist. Nach Abschluß der Verlagerung pendelt sich das kalkulatorische Ergebnis bei rund 15 Mio DM ein.

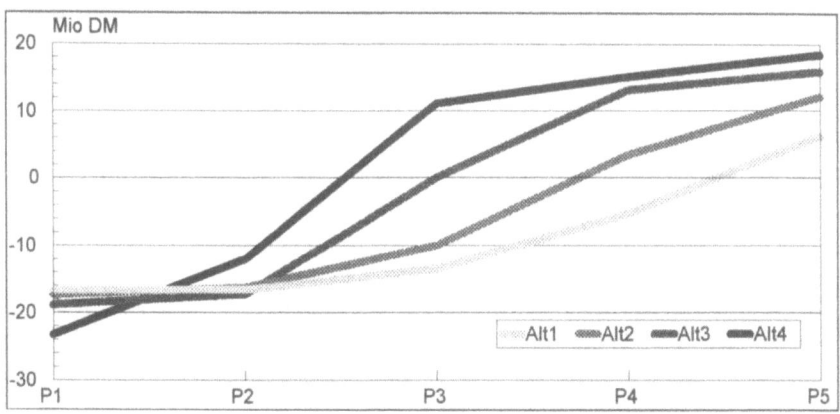

*Abbildung 6.12: Entwicklung des Jahresüberschusses/-fehlbetrags in Abhängigkeit von der Verlagerungsgeschwindigkeit*

Weniger deutlich sind die Unterschiede beim Jahresüberschuß/-fehlbetrag zu erkennen. Hier wirken sich die bei der Alternative 4 auf die ersten beiden Perioden konzentrierten Einmalaufwendungen aus, die im Vergleich zum kalkulatorischen Ergebnis einen weniger großen Abstand zwischen den Alternativen entstehen lassen. Der Jahresüberschuß der Alternative 1 ist auch in der 5. Periode noch mit Einmalaufwendungen belastet und konnte deshalb nicht zu dem der anderen Alternativen aufschließen. Obwohl in der 1. Periode die Jahresfehlbeträge der Alternativen mit hoher Verlagerungsgeschwindigkeit größer sind, kehrt sich diese Reihenfolge bis zur 3. Periode für alle Alternativen um.

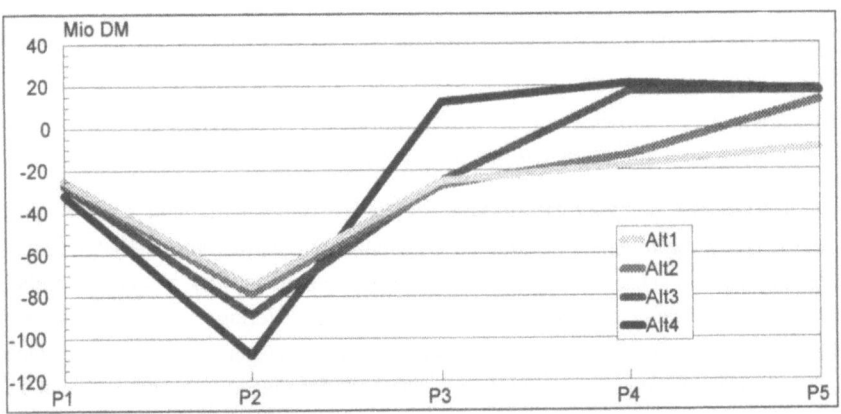

*Abbildung 6.13: Entwicklung des Mittelbedarfs/-überschusses in Abhängigkeit von der Verlagerungsgeschwindigkeit*

Der Mittelbedarf ist in der Periode 2, in der die Investitionen für die Grundstücke und Gebäude des neuen Standorts getätigt werden, am größten. Die Unterschiede zwischen den Alternativen entstehen im wesentlichen durch die unterschiedlichen Investitionen für die Aggregate und die abweichende Ergebnissituation. Die höhere Mittelbindung, verursacht durch längere Durchlaufzeiten aufgrund der längeren Transportwege, wird teilweise durch niedrigere Wertansätze in der Bestandsbewertung aufgrund niedrigerer Herstellkosten kompensiert. Die Alternativen mit hoher Verlagerungsgeschwindigkeit führen schneller zur Freisetzung von Finanzmitteln als Alternativen mit langsamer Verlagerungsgeschwindigkeit. Unabhängig von der Verlagerungsgeschwindigkeit weist keine der Alternativen bei kumulativer Betrachtungsweise einen Finanzmittelüberschuß auf.

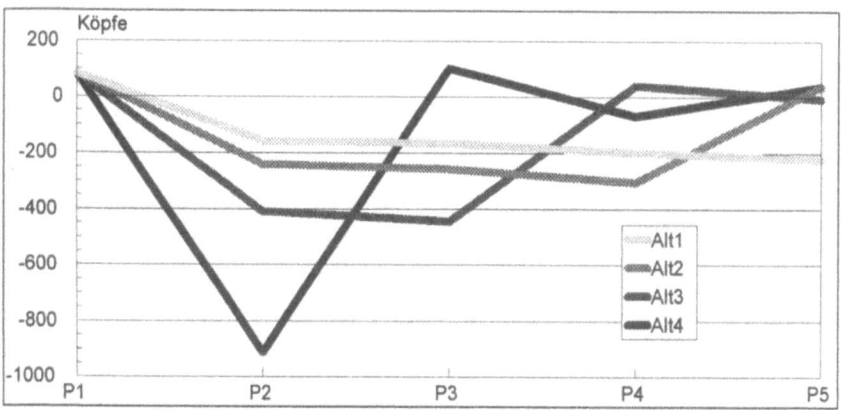

*Abbildung 6.14: Entwicklung der Entlassungen/Einstellungen am Standort Deutschland in Abhängigkeit von der Verlagerungsgeschwindigkeit*

Bei den hier ausgewiesenen Einstellungen und Entlassungen handelt es sich um die zusätzlich zur Fluktuation vorgenommenen Veränderungen des Mitarbeiterbestandes. Die Zahl der insgesamt zu entlassenden Mitarbeiter bewegt sich zwischen rund 800 bei der Alternative 1 und rund 900 bei der Alternative 4. Der Unterschied ist durch die bessere Ausnutzung der Fluktuation bei Alternative 1 zu erklären. Dieser Unterschied könnte - ohne die im Modell umgesetzte Verhaltensannahme, daß bei vorgenommenen Entlassungen die Fluktuationsrate sinkt - noch größer sein.

Während sich bei dem kalkulatorischen Ergebnis und beim Jahresüberschuß/-fehlbetrag deutliche Vorteile für eine schnellere Verlagerung ergeben, sprechen die Entwicklung des Mittelbedarfs/-überschusses und der Mitarbeiterzahlen am Standort Deutschland eher für eine langsamere Verlagerung. Inwieweit die Prämisse, daß das erforderliche Qualitätsniveau der Erzeugnisse unabhängig von der Verlagerungsalternative eingehalten wird, tatsächlich auch bei einer schlagartigen Verlagerung in der 2. Periode zu erfüllen ist, kann hier nicht geprüft werden. Die zur Beseitigung solcher Qualitätsmängel anfallenden Kosten sind allerdings in den vorgestellten Ergebnissen enthalten, so daß qualitative Aspekte keinen zusätzlichen Einfluß auf die Bewertung der Alternativen haben sollten.

### 6.4.3.2. Variation der Zuordnung von Fertigungsstufen zu Standorten

Die Variation der Ausgangsalternative, die eine Konzentration der Fertigungsstufe I nach Abschluß der Standortstrukturänderung am Standort Deutschland vorsieht, in bezug auf die Fertigungsstufe I führt zu folgenden Alternativen:

- Fertigungsstufe I am Standort Deutschland, Spaltung der Fertigungsstufen II und III auf die Standorte Portugal und Malaysia (Alternative 1),
- Fertigungsstufe I am Standort Portugal, Spaltung der Fertigungsstufen II und III auf die Standorte Portugal und Malaysia (Alternative 2),
- Fertigungsstufe I am Standort Malaysia, Spaltung der Fertigungsstufen II und III auf die Standorte Portugal und Malaysia (Alternative 3).

Das Beispiel ist so konstruiert, daß die Fertigungsstufe I sehr kapitalintensiv ist, so daß Lohnkostenunterschiede aufgrund des relativ niedrigen Lohnanteils an den gesamten Herstellkosten eine vergleichsweise geringe Bedeutung haben. Das läßt vermuten, daß die Beharrungstendenz der Fertigungsstufe I am Standort Deutschland besonders groß ist.

Die Ergebnisse dieser Untersuchung werden durch eine Nutzwertanalyse unter Vernachlässigung der Unsicherheit untersucht. Die Zielerreichung und die Nutzwerte der einzelnen Alternativen sind in Abbildung 6.15 dargestellt.

| Zielgröße | Gew. | Alt. 1 | | | Alt. 2 | | | Alt. 3 | | |
|---|---|---|---|---|---|---|---|---|---|---|
| | | Zielerreich. | Teilnutzen | gew. Teiln. | Zielerreich. | Teilnutzen | gew. Teiln. | Zielerreich. | Teilnutzen | gew. Teiln. |
| kalk. Ergebnis | 0,4 | 14020 | 0 | 0 | 35253 | 60 | 24 | 49449 | 100 | 40 |
| Jahresüberschuß/-fehlbetrag | 0,2 | -46830 | 3 | 1 | -48144 | 0 | 0 | -6125 | 100 | 20 |
| Mittelbed./-übersch. | 0,2 | -180730 | 100 | 20 | -217556 | 0 | 0 | -193125 | 66 | 13 |
| Entlass. | 0,2 | -748 | 100 | 20 | -1310 | 0 | 0 | -1310 | 0 | 0 |
| Nutzwerte | | | | 41 | | | 24 | | | 73 |

*Abbildung 6.15: Nutzwertanalyse bei Variation der Zuordnung der Fertigungsstufe I*

Daraus wird ersichtlich, daß die Konzentration der Fertigungsstufe I am Standort Deutschland der Konzentration am Standort Portugal vorzuziehen ist, obwohl das kalkulatorische Ergebnis bei Durchführung der Alternative 2 größer als bei der Durchführung der Alternative 1 ist. Bei Durchführung der Alternative 3 überwiegen die Vorteile durch ein höheres kalkulatorisches Ergebnis und einen höheren Jahresüberschuß die Nachteile beim Mittelbedarf und den Entlassungen gegenüber der Alternative 1. Unter den gesetzten Prämissen wäre eine Konzentration der Fertigungsstufe I am Standort Malaysia vorzunehmen.

### 6.4.4. Einsatz des Modells zur Entscheidungsfindung

### 6.4.4.1. Auswahl der zu untersuchenden Alternativen

Die Formulierung des Modells erfolgte bewußt unter Vernachlässigung der Restriktionen, deren Einhaltung die Anwendbarkeit analytischer Verfahren (z.B. der linearen Programmierung) erst ermöglichen[37]. Dementsprechend sind solche Verfahren auch nicht auf das vorliegende Modell anwendbar, und die Möglichkeiten, eine den Zielvorstellungen des Entscheidungsträgers optimal entsprechende Alternative zu finden, beschränkt.

Gewißheit, mit einem Simulationsmodell tatsächlich das Optimum zu finden, kann nur über die Ermittlung von Zielfunktionswerten für sämtliche Variablenkonstellationen (vollständige Enumeration) und Auswahl derjenigen Variablenkonstellation mit der besten Zielerfüllung erreicht werden. Diese Methode ist nur bei diskreten Ausprägungen der zu variierenden Größen anwendbar. Sie führt allerdings auch in dem Fall diskreter Ausprägungen schnell zu einem Rechenaufwand, der nicht in vertretbarer Zeit zu bewältigen ist. Soll z.B. die Zuordnung von 9 Kombinationen aus Fertigungsstufen und Produktarten (3 Fertigungsstufen und 3 Produktarten) für 5 Perioden zu einem von 3 gegebenen Standorten untersucht werden, führt dies zu $3^{45}$ Simulationsläufen, die eine Rechenzeit bei einer Sekunde je Simulationslauf[38] von $9{,}4 \cdot 10^{13}$ Jahren benötigen.

---

[37] Vgl. Abschnitt 3.3.
[38] Tatsächlich wird bei der Testinstallation auf einem Arbeitsplatzrechner mit Intel 486 DX Prozessor eine Rechenzeit von rund 3 Minuten für einen Simulationslauf mit 100 Iterationen benötigt.

An dieser Stelle soll dennoch gezeigt werden, daß auch mit Hilfe eines Simulationsmodells, das lediglich über eine Zuordnungsvorschrift für jede Variablenkonstellation den zugehörigen Wert der Zielfunktion ermittelt, unter bestimmten Voraussetzungen der Bereich, in dem sich das Optimum befindet, eingegrenzt werden kann, und darüber hinaus eine Annäherung an das Optimum bis zum Erreichen bestimmter Abbruchkriterien erfolgen kann.

Für die Bestimmung des Bereichs, in dem sich das absolute Optimum befindet, eignen sich simultane Suchverfahren. Diese führen zu schnell ansteigendem Rechenaufwand, wenn das Intervall mit dem Optimum weiter eingegrenzt werden soll, da die bereits vorliegenden Resultate aus vorangegangenen Simulationsläufen für die Suche nicht berücksicht werden. Ein einfaches simultanes Suchverfahren ist die Gittersuche, bei der zunächst das zu untersuchende Intervall durch seine oberen und unteren Grenzen festgelegt wird. Hier wird zur Vereinfachung von einem [0,1]-Intervall ausgegangen[39]. Dieses wird in $2/\Delta x$ Teilintervalle mit der Länge $\Delta x/2$ eingeteilt. Die Ermittlung der Funktionswerte für sämtliche Gitterpunkte erlaubt unter der Voraussetzung, daß das Gitter fein genug gewählt ist, um Suboptima vom absoluten Optimum unterscheiden zu können, eine Aussage über die Lage des Optimums in einem Intervall mit der Länge $\Delta x$. Dieses Verfahren ist auch für mehr als eine Variable anwendbar, wobei jede betrachtete Variable innerhalb des durch ihre oberen und unteren Grenzen abgesteckten Bereichs in gleich lange Teilintervalle unterteilt wird, so daß ein mehrdimensionales Gitter entsteht. Für jede durch einen Schnittpunkt gekennzeichneten Variablenkombinationen werden dann die Funktionswerte errechnet, was bei gleicher Länge der Teilintervalle der unterschiedlichen Variablen die Potenzierung der zu untersuchenden Gitterpunkte zur Folge hat[40].

Die Gittersuche kann für einen so eingegrenzten Bereich für die Lage des Optimums mit einem feineren Raster fortgesetzt werden. Dieser Schritt stellt einen Übergang von den bisher beschriebenen simultanen zu den sequentiellen Suchverfahren dar. Sequentielle Suchverfahren verwenden die Erkenntnisse aus vorangegangenen Simulationsläufen und ermöglichen so die Reduzierung der insgesamt erforderlichen Rechenzeit[41]. Voraussetzung für die Anwendung sequentieller Suchverfahren ist allerdings die Eingipflichkeit der untersuchten Funktion,

---

[39] Jedes Intervall kann in ein [0,1]-Intervall transformiert werden.
[40] Zur Darstellung der ein- und mehrdimensionalen Gittersuche vgl. SCHUG (1980) S. 226ff.
[41] Vgl. MERTENS (1982) S. 29ff.

da ansonsten die Gefahr der Annäherung an ein Suboptimum besteht. Die Verfeinerung des Rasters bei der Gittersuche ist deshalb nur sinnvoll, wenn davon ausgegangen wird, daß der ausgewählte Bereich tatsächlich das Optimum beinhaltet.

Eine solche Gittersuche kann ebensowenig wie die vollständige Enumeration für sämtliche Merkmale, die eine Standortstrukturänderung bestimmen, durchgeführt werden. Selbst bei sehr grober Rasterung hat die Anzahl möglicher Kombinationen für die hier geschilderte Beispielunternehmung einen nicht zu bewältigenden Rechenaufwand zur Folge[42]. Aus der Anzahl der Merkmale zur Bestimmung einer Alternative für die Standortstrukturänderung wird hier das Merkmal der Größe der Produktionsstandorte nach Abschluß der Standortstrukturänderung als für die Standortstruktur wesentliches Merkmal ausgewählt. Dieses Merkmal wird durch die Variable Kapazität für jeden der betrachteten Produktionsstandorte bestimmt. Bei drei Standorten wären demnach drei Faktoren zu variieren. Durch die Besonderheit in der Problemstellung, daß die Summe der Kapazitäten der einzelnen Standorte der erforderlichen Gesamtkapazität der Unternehmung entsprechen muß, läßt sich sowohl die Anzahl der zu betrachtenden Faktoren als auch die Anzahl möglicher Faktorkombinationen reduzieren. Dazu wird die Kapazität der einzelnen Standorte als Teil der Gesamtkapazität angegeben und mit $KAP\%_S$ bezeichnet. Für den hier betrachteten Fall mit drei Standorten gelten folgende, den Alternativenraum begrenzende Gleichungen bzw. Ungleichungen:

(6.2) $\quad \sum_{s=1}^{3} KAP\%_s = 1$

(6.3) $\quad 0 \leq KAP\%_S \leq 1 \quad für \quad S = 1 \; bis \; 3$

*mit*

*$KAP\%_1$ = Anteil des Standorts Deutschland an der Gesamtkapazität*
*$KAP\%_2$ = Anteil des Standorts Portugal an der Gesamtkapazität*
*$KAP\%_3$ = Anteil des Standorts Malaysia an der Gesamtkapazität.*

Eine Alternative ist durch den Kapazitätsanteil zweier Standorte vollständig beschrieben, da sich der Kapazitätsanteil des dritten Standorts durch Gleichung (6.2) bestimmt.

---

42 Vgl. die Ausführungen zur vollständigen Enumeration in diesem Abschnitt.

Die Anzahl der zu berechnenden Alternativen wird bei einheitlichem Suchintervall für beide Variablen von Δx wie folgt berechnet:

(6.4) $$\frac{(\frac{2}{\Delta x}+1)^2 - (\frac{2}{\Delta x}+1)}{2} + (\frac{2}{\Delta x}+1).$$

Bei einem Suchintervall von 1/3 oder 7 zu untersuchenden Werten je Variable werden 28 Simulationsläufe erforderlich, um die Zielwerte für alle möglichen Konstellationen zu errechnen. Die Anzahl der tatsächlich durchführbaren Alternativen wird darüber hinaus durch die Kapazitätsgrenzen der Standorte beschränkt.

Für alle anderen Merkmale zur Bestimmung der Standortstrukturänderung werden die Ausprägungen wie folgt festgelegt:

- Standortspaltung,
- sukzessive Abwicklung der Standortstrukturänderung,
- sofortiger Beginn der Standortstrukturänderung.

Dieses hier für die gesamte Fertigung durchgeführte Verfahren könnte auch für einzelne Fertigungsstufen oder Produktarten sowie für Kombinationen aus Fertigungsstufe und Produktart durchgeführt werden. Da einzelne Kombinationen von Fertigungsstufe und Produktart nicht isoliert voneinander zu optimieren sind, führt eine solche Vorgehensweise nur dann zu einem Optimum, wenn die anderen Kombinationen zumindest als konstant angesehen werden können.

Die folgende Untersuchung wird zunächst mit einer Entscheidungsgrößen ohne Risikoanalyse (Experiment 1) durchgeführt. Anschließend werden nacheinander weitere Entscheidungsgrößen (Experiment 2) und unterschiedliche Annahmen über die Umweltzustände (Experiment 3) in die Entscheidungsfindung einbezogen. Anhand dieser dreistufige Vorgehensweise soll eine eventuelle Abhängigkeit der Entscheidungsfindung von dem angewendeten Instrumentarium aufgezeigt werden.

## 6.4.4.2. Deterministische Betrachtung mit einer Entscheidungsgröße

Ziel des Experiments 1 ist die Maximierung des kalkulatorischen Ergebnisses der Gesamtunternehmung nach Abschluß der Standortstrukturänderung (5. Planperiode). Es wird zunächst eine Gittersuche mit relativ grobem Raster durchgeführt. Dazu wird das beschriebene Modell mit den Daten für das in den Abschnitten 6.2. und 6.3. skizzierte Beispiel verwendet. Es werden einwertige Größen für sämtliche Inputdaten verwendet, so daß je Alternative nur eine Iteration erforderlich ist. Als Ergebnisse ergeben sich dementsprechend auch nur einwertige Größen, die keine Aussage über das mit der untersuchten Alternative verbundene Risiko erlauben. Die Ergebnisse dieser Gittersuche sind in Abbildung 6.16 dargestellt. Die Spalten enthalten das kalkulatorische Ergebnis der Gesamtunternehmung in der 5. Periode in Millionen DM bei konstantem Anteil des Standorts Deutschland an der Gesamtkapazität. Die Zeilen enthalten die gleichen Werte bei Konstanz des Anteils des Standorts Portugal an der Gesamtkapazität. Durch den Buchstaben F sind solche Alternativen gekennzeichnet die aufgrund der Kapazitätsgrenzen eines Standortes nicht realisiert werden können. Die Kapazität der einzelnen Standorte wird durch die Variable Standortfläche begrenzt. Sie hat zur Folge, daß z.B. der Standort Deutschland nicht in der Lage ist, 5/6 oder mehr der Gesamtkapazität bereitzustellen. Die mit X gekennzeichneten Felder markieren solche Alternativen, die aufgrund der Gleichung (6.2) aus der Betrachtung ausgeschlossen werden. Die unmittelbar an die mit X gekennzeichneten Felder anschließenden Felder enthalten die Funktionswerte für solche Alternativen, bei denen der Anteil des Standorts Malaysia den Wert 0 annimmt. Der Anteil des Standorts Malaysia an der Gesamtkapazität errechnet sich z.B. bei $KAP\%_1 = 1/6$ und $KAP\%_2 = 1/3$ aus $1 - 1/6 - 1/3 = 3/6$.

|  | $KAP\%_1$ =0 | $KAP\%_1$ =1/6 | $KAP\%_1$ =1/3 | $KAP\%_1$ =1/2 | $KAP\%_1$ =2/3 | $KAP\%_1$ =5/6 | $KAP\%_1$ =1 |
|---|---|---|---|---|---|---|---|
| $KAP\%_2$=0 | F | 47,2 | 11,5 | -16,5 | -58,0 | F | F |
| $KAP\%_2$=1/6 | **71,0** | 33,1 | 6,1 | -30,5 | -72,1 | F | X |
| $KAP\%_2$=1/3 | 58,0 | 28,8 | -6,8 | -43,5 | <u>-66,8</u> | X | X |
| $KAP\%_2$=1/2 | 52,9 | 15,1 | -20,7 | <u>-39,1</u> | X | X | X |
| $KAP\%_2$=2/3 | 32,7 | -5,3 | -22,7 | X | X | X | X |
| $KAP\%_2$=5/6 | F | F | X | X | X | X | X |
| $KAP\%_2$=1 | F | X | X | X | X | X | X |

*Abbildung 6.16: Ergebnisse des Experiments 1 mit grober Rasterung*

Diese Abbildung liefert einen ersten Anhaltspunkt über die Oberfläche der zu untersuchenden Funktion. Die Funktionswerte steigen mit der Reduzierung der Anteile der Standorte Deutschland und Portugal an der Gesamtkapazität, wobei eine Verringerung von $KAP\%_1$ einen stärkeren Anstieg verursacht als die Verringerung von $KAP\%_2$. Eine Ausnahme bilden die beiden unterstrichenen Ergebnisse von Alternativen, bei denen die Kapazität vollständig auf die Standorte Deutschland und Portugal aufgeteilt ist. Es ist offensichtlich günstiger, auf einen Standort ganz zu verzichten, auch wenn dieser Kostenvorteile gegenüber den anderen Standorten aufweist, als ihn nur mit sehr geringem Anteil an der Gesamtkapazität zu beteiligen. Diese Untersuchung erlaubt die Eingrenzung des Bereichs, in dem das Optimum liegt, auf das Intervall [0,1/6] für $KAP\%_1$ und das Intervall [0,1/3] für $KAP\%_2$ unter der Voraussetzung, daß die Rasterung klein genug ist, um das absolute Optimum von Suboptima unterscheiden zu können. Die Werte dieses Intervalls sind in der obigen Abbildung grau hinterlegt, der höchste erhaltene Wert ist zusätzlich in Fettdruck dargestellt.

Dieses Intervall soll nun einer Untersuchung mit feinerem Raster unterzogen werden. Die Anwendung dieser Rasterung mit einem Abstand von 1/24 bezogen auf die Gesamtkapazität hätte 325 Simulationsläufe für das gesamte [0,1]-Intervall erfordert, so daß durch die zweistufige Vorgehensweise die Rechenzeit erheblich reduziert werden kann. Die Erläuterungen für die obige Abbildung gelten für die Abbildung 6.17 entsprechend.

|  | $KAP\%_1$ =0 | $KAP\%_1$ =1/24 | $KAP\%_1$ =1/12 | $KAP\%_1$ =1/8 | $KAP\%_1$ =1/6 |
|---|---|---|---|---|---|
| $KAP\%_2$=0 | F | F | F | 56,2 | 47,2 |
| $KAP\%_2$=1/24 | F | F | 61,3 | 52,2 | 43,2 |
| $KAP\%_2$=1/12 | F | 67,3 | 58,0 | 48,9 | 40,1 |
| $KAP\%_2$=1/8 | 74,2 | 64,1 | 54,8 | 45,9 | 36,3 |
| $KAP\%_2$=1/6 | 71,0 | 61,0 | 51,8 | 42,1 | 33,1 |
| $KAP\%_2$=5/24 | 67,9 | 58,0 | 48,1 | 38,9 | 29,9 |
| $KAP\%_2$=1/4 | 65,0 | 54,3 | 44,9 | 35,8 | <u>35,8</u> |
| $KAP\%_2$=7/24 | 61,3 | 51,2 | 41,9 | <u>41,7</u> | 32,6 |
| $KAP\%_2$=1/3 | 58,0 | 48,0 | <u>47,6</u> | 38,4 | 28,8 |

*Abbildung 6.17: Ergebnisse des Experiments 1 mit feiner Rasterung*

Anhand der gewonnenen Erkenntnisse können die Aussagen bezüglich der Lage des Optimums weiter präzisiert werden. Die Lage des absoluten Optimums läßt sich nun unter der bekannten Annahme auf das Intervall [0,1/24] für $KAP\%_1$ und das Intervall [1/12,1/6] für $KAP\%_2$ eingrenzen. Wird darüber hinaus die Eingipflichkeit der Funktion zumindest für das eingegrenzte Intervall unterstellt, befindet sich das Optimum in dem Intervall [1/8,1/12] für $KAP\%_2$ bei $KAP\%_1$=0. Das absolute Optimum liegt dann an der Kapazitätsgrenze des Standorts Malaysia. Auf die exaktere Bestimmung dieser Kapazitätsgrenze wird hier verzichtet, da sie den Aussagegehalt der Untersuchung nicht weiter steigern würde.

Durch Unterstreichung sind wiederum Funktionswerte gekennzeichnet, die auf die Existenz eines Suboptimums hinweisen. Dieses Suboptimum ist durch den Übergang von der ersten Ausbaustufe des Standorts Malaysia zur Erweiterungsstufe zu erklären. Eine nur geringe Auslastung der zusätzlichen Fläche ist ungünstiger als der Verzicht auf die Erweiterung und Verbleib der Produktion an anderen Standorten. Dies zeigt sich deutlich beim Austausch der Kapazität zwischen den Standorten Portugal und Malaysia (vertikale Richtung in der Abbildung) und nur andeutungsweise beim Austausch der Kapazität zwischen Deutschland und Malaysia (horizontale Richtung in der Abbildung). Bei dem Tausch zwischen Deutschland und Malaysia sind die Kostenunterschiede so groß, daß es selbst bei nur geringer Auslastung der Erweiterungsstufe günstiger ist, in Malaysia zu fertigen, als eine Fertigung in Deutschland beizubehalten.

Die Ergebnisse dieses Experiments bergen keine Überraschungen, wenn davon ausgegangen wird, daß die getroffenen Annahmen bezüglich der Kostensituation in den betrachteten Ländern zu deutlichen Kostenunterschieden zwischen diesen führen. Eine Entscheidung würde anhand dieser Untersuchung dahingehend getroffen, daß der kostengünstigste Standort, hier Malaysia, bis zur Kapazitätsgrenze ausgelastet wird, und der Rest an dem nächstgünstigeren Standort, hier Portugal, zu fertigen wäre. Das hätte zur Konsequenz, den Standort Deutschland der Beispielunternehmung komplett aufzulösen.

### 6.4.4.3. Deterministische Betrachtung mit mehreren Entscheidungsgrößen

Für das Experiment 2 werden zusätzlich zu dem kalkulatorischen Ergebnis der Periode 5 der Jahresüberschuß und der Kapitalbedarf während sämtlicher Perioden sowie die erforderlichen Entlassungen am Standort Deutschland in die Betrachtung einbezogen. Dies entspricht den Annahmen über das Zielsystem im Abschnitt 6.2.5. ohne die Berücksichtigung von Unsicherheit. Es soll diejenige Alternative mit dem höchsten Nutzwert ermittelt werden. Ansonsten entspricht die Vorgehensweise derjenigen im Experiment 1. Die Ergebnisse der Gittersuche mit grobem Raster sind in der Abbildung 6.18 zusammengefaßt.

|  | $KAP\%_1$ =0 | $KAP\%_1$ =1/6 | $KAP\%_1$ =1/3 | $KAP\%_1$ =1/2 | $KAP\%_1$ =2/3 | $KAP\%_1$ =5/6 | $KAP\%_1$ =1 |
|---|---|---|---|---|---|---|---|
| $KAP\%_2$=0 | F | 75,4 | 66,9 | 34,0 | 5,9 | F | F |
| $KAP\%_2$=1/6 | 74,4 | 71,5 | 67,3 | 28,2 | 0,0 | F | X |
| $KAP\%_2$=1/3 | 70,8 | 72,2 | 61,8 | 22,6 | 19,7 | X | X |
| $KAP\%_2$=1/2 | 69,4 | 64,7 | 54,1 | 40,2 | X | X | X |
| $KAP\%_2$=2/3 | 54,3 | 49,4 | 64,2 | X | X | X | X |
| $KAP\%_2$=5/6 | F | F | X | X | X | X | X |
| $KAP\%_2$=1 | F | X | X | X | X | X | X |

*Abbildung 6.18: Ergebnisse des Experiments 2 mit grober Rasterung*

Auch unter Berücksichtigung mehrerer Entscheidungsgrößen erweisen sich Alternativen mit geringeren Werten für $KAP\%_1$ und $KAP\%_2$ als vorteilhaft gegenüber solchen mit höheren Werten für diese Variablen. Dies gilt nicht für die unterstrichenen Werte in der obigen Abbildung. Sie deuten auf die Existenz von Suboptima hin. Die Suboptima haben wieder die schon im Experiment 1 herausgearbeiteten Gründe. So ist die relative Vorteilhaftigkeit der neben den mit X gekennzeichneten Werten liegenden Suboptima auf der Beschränkung auf zwei Standorte zurückzuführen. Die in dem grau hinterlegten Feld markierten Werte deuten ein Suboptimum aufgrund des Übergangs von der ersten Ausbaustufe auf die Erweiterungsstufe im Standort Malaysia an.

Unter der Voraussetzung, daß die Rasterung klein genug ist, um durch die Lage des höchsten Wertes einen Hinweis auf die Lage des absoluten Optimums zu erlangen, könnte der Bereich für das absolute Optimum auf das Intervall [0,1/3] für $KAP\%_1$ und [0,1/6] für $KAP\%_2$ eingegrenzt werden. Aufgrund des geringen Unterschiedes der Werte für die Auflösung des Standorts Portugal (75,4) oder des Standorts Deutschland (74,4) soll die Untersuchung mit feiner Rasterung auch auf die Umgebung des zweiten Wertes ausgedehnt werden.

Die Ermittlung der Nutzwerte für zusätzliche Alternativen führt zu einem Problem bei der Bestimmung der Teilnutzen. Die ausgewählte Transformationsfunktion verwendet die höchsten bzw. niedrigsten Zielerreichungswerte aller betrachteten Alternativen, so daß durch zusätzliche Alternativen eine Veränderung der Nutzwerte dann auftritt, wenn diese zusätzlichen Alternativen die bisherigen Ober- oder Untergrenzen über- bzw. unterschreiten. Daraus erklärt sich die Abweichung der Nutzwerte bei den selben Rasterpunkten in der Darstellung der Gittersuche mit feinem Raster in Abbildung 6.19 gegenüber der obigen Abbildung.

| | $KAP\%_1$ =0 | $KAP\%_1$ =1/24 | $KAP\%_1$ =1/12 | $KAP\%_1$ =1/8 | $KAP\%_1$ =1/6 | $KAP\%_1$ =5/24 | $KAP\%_1$ =1/4 | $KAP\%_1$ =7/24 | $KAP\%_1$ =1/3 |
|---|---|---|---|---|---|---|---|---|---|
| $KAP\%_2$=0 | F | F | F | **75,8** | **74,3** | 74,0 | 71,7 | 68,5 | 66,0 |
| $KAP\%_2$=1/24 | F | F | **74,9** | **74,0** | **74,4** | 72,4 | 69,6 | 67,0 | 64,3 |
| $KAP\%_2$=1/12 | F | 74,5 | 73,5 | 74,5 | 73,2 | 70,7 | 68,4 | 65,6 | 69,4 |
| $KAP\%_2$=1/8 | 74,5 | 73,2 | 74,1 | 73,4 | 71,6 | 69,6 | 67,1 | 70,8 | 68,1 |
| $KAP\%_2$=1/6 | 73,1 | 73,7 | 72,9 | 71,7 | 70,4 | 68,2 | 72,2 | 69,4 | 66,5 |
| $KAP\%_2$=5/24 | 73,6 | 72,6 | 71,2 | 70,5 | 69,1 | 73,4 | 70,8 | 67,8 | 65,3 |
| $KAP\%_2$=1/4 | 72,5 | 70,9 | 70,1 | 69,2 | 74,3 | 72,1 | 69,3 | 66,7 | 64,4 |
| $KAP\%_2$=7/24 | 70,8 | 69,7 | 68,8 | 74,3 | 72,8 | 70,4 | 68,1 | 65,4 | 62,6 |
| $KAP\%_2$=1/3 | 69,5 | 68,3 | 73,8 | 72,8 | 71,1 | 69,1 | 66,7 | 63,8 | 61,1 |

*Abbildung 6.19: Ergebnisse des Experiments 2 mit feiner Rasterung*

Auch die feinere Rasterung weist höhere Nutzwerte für $KAP\%_2$=0 als für $KAP\%_1$=0 auf, so daß die Lage des Optimums auf den durch das Intervall [1/12,1/6] für $KAP\%_1$ und das Intervall [0,1/24] für $KAP\%_2$ bestimmten Bereich eingegrenzt werden kann. Die Anordnung der Werte in diesem Bereich, der in obiger Abbildung grau unterlegt ist, spricht dafür, daß sich das absolute Optimum in dem Intervall [1/12,1/8] für den Standort Deutschland und bei $KAP\%_2$=0 befindet. Diese Vermutung wird auch durch die graphische Darstellung der Funktionswerte in Abbildung 6.20 unterstützt.

Durch die Unterstreichung der Funktionswerte in der obigen Abbildung werden zwei Diagonalen beschrieben, die auf die Lage von Suboptima hinweisen. Die untere Diagonale entsteht aufgrund des Übergangs von der ersten Ausbaustufe zur Erweiterungsstufe am Standort Malaysia und stellt eine genauere Lokalisierung des schon bei grober Rasterung erkennbaren Suboptimums dar. Die obere Diagonale weist auf ein Suboptimum hin, das aufgrund des Ausbaus des Standorts Malaysia in einer früheren Periode entsteht. Dieser Effekt wirkt nur über die Entscheidungsgröße 2 (Jahresüberschuß) und die Entscheidungsgröße 3 (Mittelbedarf) auf den Nutzwert. Demnach stehen auch der stetige Anstieg der Entscheidungsgröße 1 (kalkulatorisches Ergebnis in der Periode 5), auf den aus Experiment 1 geschlossen werden kann, und die Konstanz der Entscheidungsgröße 4 (Entlassungen am Standort Deutschland) bei ausschließlicher Variation in vertikaler Richtung dieser Erklärung nicht entgegen.

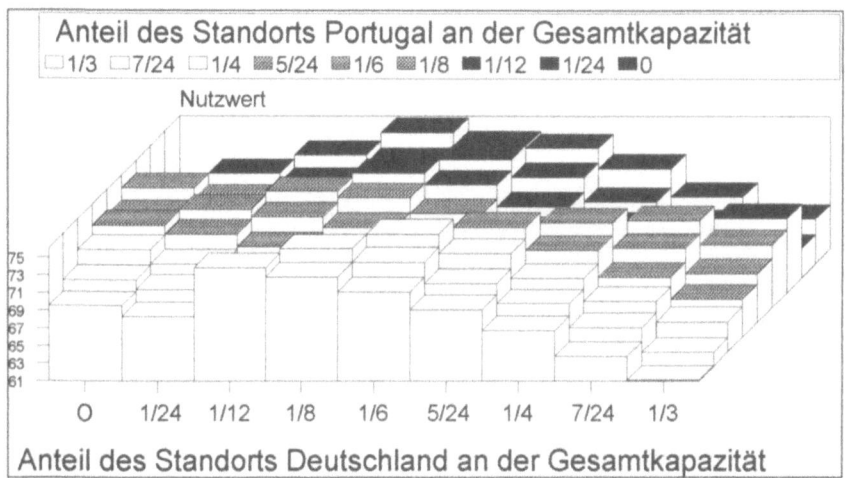

*Abbildung 6.20: Graphische Darstellung der Ergebnisse des Experiments 2*

Das Ergebnis dieses Experiments ist die Schließung des Standorts Portugal und die Verlagerung der Fertigung an den Standort Malaysia bis zu dessen vollständiger Auslastung. Der verbleibende Rest der erforderlichen Kapazität muß dann vom Standort Deutschland vorgehalten werden. Dieses Ergebnis überrascht zunächst deswegen, weil es von dem im Experiment 1 erzielten Ergebnis abweicht und die Bevorzugung des kostenungünstigeren Standorts Deutschland vor dem Standort Portugal vorsieht. Dieser Umstand ist durch eine relativ starke Gewichtung der Entscheidungsgröße 4 zu erklären, die eine Minimierung der Entlassungen am Standort Deutschland verfolgt.

### 6.4.4.4. Stochastische Betrachtung mit mehreren Zielgrößen

Im Experiment 3 wird das Zielsystem gegenüber dem Experiment 2 um verschiedene Risikomaßzahlen für die Entscheidungsgrößen erweitert. Grundlage für die Ermittlung von Risikomaßzahlen der Entscheidungsgrößen ist die Durchführung einer Risikoanalyse. Die Ergebnisse werden so aufbereitet, daß jeder untersuchten Alternative ein Nutzwert zugeordnet werden kann. Es gilt wiederum diesen Nutzwert zu maximieren. Die Nutzwerte für alle im Rahmen der Gittersuche ausgewählten Alternativen enthält die Abbildung 6.21.

| | $KAP\%_1$ =0 | $KAP\%_1$ =1/6 | $KAP\%_1$ =1/3 | $KAP\%_1$ =1/2 | $KAP\%_1$ =2/3 | $KAP\%_1$ =5/6 | $KAP\%_1$ =1 |
|---|---|---|---|---|---|---|---|
| $KAP\%_2$=0 | F | 64,9 | 56,9 | 32,9 | 13,3 | F | F |
| $KAP\%_2$=1/6 | 59,3 | 56,8 | 64,6 | 30,9 | 13,2 | F | X |
| $KAP\%_2$=1/3 | 59,3 | 65,0 | 62,6 | 30,8 | 31,7 | X | X |
| $KAP\%_2$=1/2 | 60,7 | 61,6 | 58,2 | 47,6 | X | X | X |
| $KAP\%_2$=2/3 | 52,7 | 53,4 | 69,4 | X | X | X | X |
| $KAP\%_2$=5/6 | F | F | X | X | X | X | X |
| $KAP\%_2$=1 | F | X | X | X | X | X | X |

*Abbildung 6.21: Ergebnisse des Experiments 3 mit grober Rasterung*

Die Abbildung weist eine Reihe von Suboptima auf, die im wesentlichen durch die gegenläufigen Auswirkungen von Änderungen der Variablen auf die unterschiedlichen Entscheidungsgrößen und deren Risikomaßzahlen hervorgerufen werden. Vorausgesetzt die Rasterung ist fein genug gewählt, ist der Bereich in dem sich das Optimum befindet durch das Intervall [1/6,1/2] für $KAP\%_1$ und das Intervall [1/2,5/6] für $KAP\%_2$ begrenzt. Weitere Untersuchungen haben ergeben, daß durch eine feinere Rasterung im Bereich der Optima der beiden vorangegangenen Experimente als auch im Umfeld des bei $KAP\%_1$=1/6 und $KAP\%_2$=1/3 gelegenen Suboptimums keine höheren Werte als 69,4 erzielt werden konnnten. Es verbleibt den in der obigen Abbildung grau unterlegten Bereich näher zu untersuchen. Da sich in den vorangegangenen Experimenten die Alternativen mit nur zwei Standorten als vorteilhaft erwiesen haben und die Anordnung der Werte dieses Experiments wiederum auf diese Vorteilhaftigkeit hinweisen, sollen Alternativen näher untersucht werden, die unter Ausschluß des Standortes Malaysia entstehen. Die Nutzwerte dieser Alternativen sind in Abbildung 6.22 dargestellt.

| $KAP\%_1$ | $KAP\%_2$ | $KAP\%_3$ | Nutzwert |
|---|---|---|---|
| 0,175 | 0,825 | 0,000 | F |
| 0,200 | 0,800 | 0,000 | 67,1 |
| 0,225 | 0,775 | 0,000 | 66,9 |
| 0,250 | 0,750 | 0,000 | 67,9 |
| 0,275 | 0,725 | 0,000 | 68,6 |
| 0,300 | 0,700 | 0,000 | 68,2 |
| 0,325 | 0,675 | 0,000 | 68,4 |
| 0,350 | 0,650 | 0,000 | 68,0 |
| 0,375 | 0,625 | 0,000 | 68,0 |
| 0,400 | 0,600 | 0,000 | 67,9 |
| 0,425 | 0,575 | 0,000 | 46,3 |
| 0,450 | 0,550 | 0,000 | 45,5 |

*Abbildung 6.22: Ergebnisse des Experiments 3 bei $KAP\%_3=0$*

Die obige Abbildung zeigt, daß der Nutzwert der Alternativen ohne Berücksichtigung des Standorts Malaysia in einem relativ großen Intervall nur geringen Schwankungen unterliegt. Die Entscheidung fällt für die Beibehaltung der Standorte in Deutschland und Portugal. Die Kapazität wird in Deutschland reduziert und in Portugal erhöht, ohne daß der Standort Portugal bis zur Kapazitätsgrenze ausgelastet wird. Die Kostenvorteile in Portugal halten sich demnach mit den Nachteilen durch den Abbau der Kapazität in Deutschland im Intervall [0,275;0,400] für $KAP\%_1$ und [0,725;0,600] für $KAP\%_2$ in etwa die Waage. Diese Alternativen weisen allerdings Vorteile gegenüber einer kompletten Auflösung des Standorts Deutschland oder des Standorts Portugal auf, die das Ergebnis der Experimente 1 und 2 waren.

Die Ergebnisse der drei Simulationsexperimente sind insofern erstaunlich, als sie je nach Einbeziehung von mehreren Entscheidungsgrößen und von Risikoüberlegungen sehr unterschiedlichen Auswirkungen auf die Standortstruktur aufzeigen:

- Experiment 1: Errichtung und volle Auslastung des Standorts Malaysia, Beibehaltung des Standorts Portugal und Auflösung des Standorts Deutschland,
- Experiment 2: Errichtung und volle Auslastung des Standorts Malaysia, Beibehaltung des Standorts Deutschland und Auflösung des Standorts Portugal,
- Experiment 3: stärkere Auslastung des Standorts Portugal unter Beibehaltung des Standorts Deutschland sowie Verzicht auf die Errichtung eines Standorts in Malaysia.

Ein entsprechendes Zielsystem der Unternehmung vorausgesetzt, das starkes Gewicht auf soziale Ziele legt und darüber hinaus ein ausgeprägtes Sicherheitsbedürfnis des Entscheidungsträgers erkennen läßt, läßt sich auch bei starken Kostenunterschieden zwischen den betrachteten Standorten ein Verbleib am Standort Deutschland als Ergebnis von Entscheidungsrechnungen erzielen.

# 7. Zusammenfassende Schlußbemerkungen

Aufbauend auf einer Analyse des Entscheidungsfeldes und des Zielsystems einer Unternehmung, die aufgrund sich ändernder gesamtwirtschaftlicher Rahmenbedingungen eine Änderung ihrer Standortstruktur anstrebt, wurden vorhandene betriebswirtschaftliche Modelle und Verfahren auf ihre Eignung zur Unterstützung der damit verbundenen Planungs- und Kontrollaktivitäten untersucht. Dabei stellte sich heraus, daß keines der in der Literatur vorgefundenen Modelle und Verfahren in einer Entscheidungssituation, die eine Betrachtung mehrerer Perioden, mehrerer Zielgrößen und mehrerer Umweltzustände erforderlich macht, einsetzbar ist. Aus diesem Grund wurde zunächst ein neuer Modellansatz erarbeitet, der es erstmals erlaubte, in einem Modell der Standortplanung die oben genannten Anforderungen zu vereinen.

Der neue Modellansatz diente als Grundlage für die Formulierung eines mathematischen Modells als zentraler Bestandteil eines Entscheidungsunterstützungssystems, das mit Hilfe des Tabellenkalkulationsprogramms Lotus 123 auf einem Arbeitsplatzrechner implementiert wurde.

Die Besonderheiten des hier entwickelten Modells im Vergleich zu bereits vorliegenden Konzepten lassen sich in drei Punkten zusammenfassen:

(1) Die **Problembezogenheit** wurde durch die Entwicklung eines Modells erreicht, das für den Einsatz einer zwar speziellen aber für eine große Anzahl von Unternehmungen bedeutsamen Entscheidungssituation geeignet ist. Dies kommt bei der Formulierung des mathematischen Modells durch die Bildung eines Teilmodells für jeden Produktionsstandort und die Aggregation bzw. Konsolidierung dieser Teilmodelle mit einem weiteren Teilmodell für die Abbildung der übrigen betrieblichen Funktionen zum Ausdruck. Darüber hinaus wurde bei der Formulierung des mathematischen Modells besonderes Gewicht auf eine detaillierte Abbildung der durch eine Standortstrukturänderung betroffenen Bereiche gelegt. Dies gilt insbesondere auch für die während des Übergangs von der vorhandenen auf die angestrebte Standortstruktur wirksam werdenden Einflüsse. Das Modell ermöglicht, eine Änderung der Entscheidungsgröße Kapazität der Produktionsstandorte ohne eine Anpassung anderer exogener Variablen vorzunehmen.

(2) Es wurde einem, für solche Entscheidungen typischen, **umfangreichen Zielsystem** Rechnung getragen. Das Modell ermöglicht die Darstellung von

Konsequenzen auf Ergebnisgrößen des internen und externen Rechnungswesens, auf finanzwirtschaftliche Größen und auf weitere nicht aus diesen beiden Größen ableitbare Kennzahlen. Darüber hinaus lassen sich Risikopräferenzen des Entscheidungsträgers bei der Entscheidungsfindung berücksichtigen, weil Entscheidungsgrößen nicht einwertig sondern durch mehrere Risikomaßzahlen ausgedrückt werden, die über eine Risikoanalyse erzeugt werden. Zusätzlich können die unterschiedlichen Ergebnisgrößen durch den Einsatz der Nutzwertanalyse nach der Artenpräferenz des Entscheidungsträgers bewertet werden.

(3) Bei der Konzeption des Modellansatzes wurde ein Schwergewicht auf die **Einsetzbarkeit** des Modells **in der Unternehmungspraxis** gelegt, so daß im Einzelfall der leichteren Handhabbarkeit der Vorrang vor der besseren wissenschaftlichen Fundierung eines Verfahrens gegeben wurde. Als entscheidend stellte sich die Abkehr von dem Ansatz der simultanen Optimierung und die Wahl der Simulationsmethode heraus, deren Vorteile dargestellt wurden. Die Praxisbezogenheit wird zusätzlich durch die Realisierung eines Entscheidungsunterstützungssystems unterstrichen, das mit einer Anpassung auf die Gegebenheiten einer konkreten Unternehmung auch in der Unternehmungspraxis einsetzbar ist.

Zur Durchführung von Experimenten mit dem Modell wurde ein fiktives Beispiel insoweit empirisch fundiert, wie die Ausprägungen von Standortfaktoren für die ausgewählten Länder Deutschland, Portugal und Malaysia unabhängig von der Situation einer konkreten Unternehmung zu ermitteln waren. Anhand dieses Beispiels konnten unterschiedliche Arten von Modellexperimenten durchgeführt werden, die es ermöglichten, die Auswirkungen von Umweltveränderungen auf die Konsequenzen einer vorgegebenen Alternative zu erkennen, zwischen mehreren vorgegebenen Alternativen auszuwählen und die Suche nach einer Alternative im Bereich des Optimums durchzuführen. Für den letzten Fall konnte gezeigt werden, daß der Aufwand durch die Einbeziehung von mehreren Zielgrößen und von Risikoaspekten in die Entscheidungsfindung lohnenswert sein kann, da zumindest für das gewählte Beispiel je nach Berücksichtigung mehrerer Zielgrößen und/oder von Risikoaspekten sehr unterschiedliche Ergebnisse erzielt wurden.

**Literaturverzeichnis**

ADELBERGER, O. L. (1976): SIMULFIN. Die Finanzwirtschaft der Unternehmung als Simulationsexperiment. Darmstadt 1976.

ALBACH, H. (1970): Informationsgewinnung durch strukturierte Gruppenbefragung - Die Delphi Methode -. In: Gutenberg, E. (Hrsg.): Ergänzungsheft zur Zeitschrift für Betriebswirtschaft. Wiesbaden 1970, S. 11-26.

ALBACH, H. (1976): Ungewißheit und Unsicherheit. In: Grochla, E./Wittmann, W. (Hrsg.): Handwörterbuch der Betriebswirtschaft. 4. Aufl., Stuttgart 1976, Sp. 4036-4041.

ARBEITSKREIS "INTEGRIERTE UNTERNEHMUNGSPLANUNG" (1991) der Schmalenbachgesellschaft - Deutsche Gesellschaft für Betriebswirtschaft e.V.: Grenzen der Planung - Herausforderung an das Management. In: Zeitschrift für betriebswirtschaftliche Forschung 1991, S. 811-829.

BAETGE, J./FISCHER, T. (1989a): Simulationstechniken. In: Szyperski, N./ Winand, U. (Hrsg.): Handwörterbuch der Planung. Stuttgart 1989, Sp. 1782-1795.

BAETGE, J./FISCHER, T. (1989b): Systemanalyse. In: Szyperski, N./Winand, U. (Hrsg.): Handwörterbuch der Planung. Stuttgart 1989, Sp. 1943-1952.

BÄUERLE, P. (1987): Finanzielle Planung mit Hilfe heuristischer Kalküle. Ein Beitrag zur Methodologie modellgestützter Entscheidungsfindung, konkretisiert am Beispiel der Investitions- und Finanzplanung in Klein- und Mittelbetrieben. Frankfurt am Main/Bern/New York 1987.

BÄUERLE, P. (1989): Zur Problematik der Konstruktion praktikabler Entscheidungsmodelle. In : Zeitschrift für Betriebswirtschaft 1989, S. 175-192.

BAMBERG, G./COENENBERG, A. G. (1991): Betriebswirtschaftliche Entscheidungslehre. 6. Aufl., München 1991.

BAUKNECHT, K./KOHLAS, J./ZEHNDER, C. A. (1976): Simulationstechnik. Berlin/Heidelberg/New York 1976.

BEA, F. X. (1977): Simulation. In: Wirtschaftswissenschaftliches Studium 1977, S. 201-207.

BECHMANN, A. (1978): Nutzwertanalyse, Bewertungstheorie und Planung. Bern/Stuttgart 1978.

BEHME, W. (1992): ZP-Stichwort: Entscheidungsunterstützungssysteme. In: Zeitschrift für Planung 1992, S. 179-184.

BEHRENS, K. C. (1971): Allgemeine Standortbestimmungslehre. 2. Aufl., Opladen 1971.

BELL, H. W. (1983): A Monte Carlo Simulation of the Foreign Direct Investment Decision. Diss. Kent State University 1983.

BERGER, R. (1989): Standort Bundesrepublik Deutschland. In: Betriebswirtschaftliche Forschung und Praxis 1989, S. 460-471.

BERNDT, H./SIGLE, H. (1984): Bilanzplanung. In: Busse von Colbe, W./Müller, E. (Hrsg.): Planungs- und Kontrollrechnung im internationalen Konzern. Sonderheft 17 der Zeitschrift für betriebswirtschaftliche Forschung. Düsseldorf 1984, S. 129-142.

BERTHEL, J. (1973): Zielorientierte Unternehmungssteuerung. Die Formulierung operationaler Zielsysteme. Stuttgart 1973.

BEYFUSS, J. (1992): Indikator: Auslandsinvestitionen. In: iw-trends 2/1992, S. 63-70.

BHASKAR, K. (1978): Building Financial Models. A Simulation Approach. London 1978.

BIDLINGMAIER, J./SCHNEIDER, D. J. G. (1976): Ziele, Zielsysteme und Zielkonflikte. In: Grochla, E./Wittmann, W. (Hrsg.): Handwörterbuch der Betriebswirtschaft. Stuttgart 1976, Sp. 4731-4740.

BIERICH, M. (1988a): Fertigungsstandorte im internationalen Vergleich. In: Zeitschrift für betriebswirtschaftliche Forschung 1988, S. 824-843.

BIERICH, M. (1988b): Der wirtschaftliche Erfolg von Auslandsgesellschaften. Aufgabenorientierte Erfolgskonzeption in einem Unternehmensverbund. In: Domsch, M. u.a. (Hrsg.): Unternehmenserfolg. Planung - Ermittlung - Kontrolle. Wiesbaden 1988, S. 43- 51.

BLOECH, J. (1970): Optimale Industriestandorte. Würzburg/Wien 1970.

BLOECH, J. (1979): Standort, betrieblicher. In: Kern, W. (Hrsg.): Handwörterbuch der Produktionswirtschaft. Stuttgart 1979, Sp. 1875-1885. (Ungekürzte Sonderausgabe Stuttgart 1984.)

BLOECH, J. (1990): Industrieller Standort. In: Schweitzer, M. (Hrsg.): Industriebetriebslehre. Das Wirtschaften in Industrieunternehmungen. München 1990, S. 61-145.

BLOHM, H./LÜDER, K. (1991): Investition. Schwachstellen im Investitionsbereich des Industriebetriebes und Wege zu ihrer Beseitigung. 7. Aufl., München 1991.

BMF (1983): Verwaltungsgrundsätze für die Prüfung der Einkunftsabgrenzung bei international verbundenen Unternehmen. BMF-Schreiben vom 23.2.1983 - IV C5 - S1341 - 4/81 - (Beilage Nr. 4/83 zu Der Betrieb 1983).

BRATLEY, P./FOX, B. L./SCHRAGE, L. E. (1987): A Guide to Simulation. 2. Aufl., New York u.a. 1987.

BRENKE, M. (1979): Dezentralisierung der Produktion, internationale. In: Kern, W. (Hrsg.): Handwörterbuch der Produktionswirtschaft. Stuttgart 1979, Sp. 406-415. (Ungekürzte Sonderausgabe Stuttgart 1984.)

BRETZKE, W.-R. (1980): Der Problembezug von Entscheidungsmodellen. Tübingen 1980.

BRONNER, J. (1989): Grenzen der Planung und Planungszwänge. In: Szyperski, N./Winand, U. (Hrsg.): Handwörterbuch der Planung. Stuttgart 1989, Sp. 590-598.

BRUNNER, E. M. (1977): Simulationsmodell zur Unternehmungsbewertung unter spezieller Berücksichtigung des Aquisitionsentscheides im Konzern. Bern 1977.

BUCHINGER, G./SCHWARZ, A. (1979): Das ÖIAG-Unternehmensmodell: Ein Gesamtmodell für die Unternehmungsführung. In: Informatik Spektrum 1979, S. 131-139.

BURGARD, H. (1988): Personalplanung für die Verwirklichung der unternehmerischen Ziele. In: Henzler, H. A. (Hrsg.): Handbuch strategische Führung. Wiesbaden 1988, S. 313-323.

CHAMONI, P./WARTMANN, R. (1990): Software zur betriebswirtschaftlichen Modellbildung. In: Steffen, R./Wartmann, R. (Hrsg): Kosten und Erlöse. Orientierungsgrößen der Unternehmenspolitik. Festschrift für Gert Laßmann zum 60. Geburtstag. Stuttgart 1990, S. 349-372.

COENENBERG, A. G. (1990): Jahresabschluß und Jahresabschlußanalyse. Betriebswirtschaftliche, handels- und steuerrechtliche Grundlagen. 11. Aufl., Landsberg am Lech 1990.

COOPERS & LYBRAND (1990): Investment Advisory Services (INVAS). Kuala Lumpur 1990.

DEUTSCHE BUNDESBANK (1992): Statistischer Teil. Zinssätze. In: Monatsberichte der Deutschen Bundesbank 9/1992, S. 49-53.

DIHT (1992): Antworten des Deutschen Industrie- und Handelstages auf die Fragen der CDU/CSU-Bundestagsfraktion zum Thema "Standort Deutschland". Bonn 1992.

DINKELBACH, W. (1982): Entscheidungsmodelle. Berlin/New York 1982.

DOMSCHKE, W./DREXL, A. (1985): Logistik: 3. Standorte. 2. Aufl., München 1985.

DOMSCHKE, W./DREXL, A. (1990): Einführung in Operations Research. Berlin u.a. 1990.

DREYER, A. (1975): Nutzwertanalyse als Entscheidungsmodell bei mehrfacher Zielsetzung. Eine Untersuchung zu Grundlagen und Durchführung der Nutzwertanalyse. Diss. Hamburg 1975.

DUHNKRACK, T. (1984): Zielbildung und Strategisches Zielsystem der Internationalen Unternehmung. Göttingen 1984.

EDWARDS, W. (1977): How to Use Multiattribute Utility Measurement for Social Decision Making. In: Institute of Electrical and Electronic Engineers (Hrsg.): Transactions on Systems, Man and Cybernetics. 1977, S. 326-340.

EISENFÜHR, F. (1989): Entscheidungstheoretische Planungshilfen. In: Szyperski, N./Winand, U. (Hrsg.): Handwörterbuch der Planung. Stuttgart 1989, Sp. 397-406.

EMMERT, P. H. (1974): Die Planung und Beurteilung von Investitionsvorhaben in einem Mensch - Maschine - Kommunikations-System, Diss. Erlangen/ Nürnberg 1974.

ESSER, K. (1990): Standortfaktor Unternehmensbesteuerung - Notwendigkeit und Möglichkeiten einer Verbesserung. In: Betriebswirtschaftliche Forschung und Praxis 1990, S. 157-192.

FELZMANN, H. (1982): Ein Modell zur Unterstützung der strategischen Planung auf der Ebene strategischer Geschäftseinheiten. Gelsenkirchen 1982.

FORRESTER, J. W. (1961): Industrial Dynamics. Cambridge 1961.

FRITZ, W. u.a. (1988): Unternehmensziele und strategische Unternehmensführung. In: Die Betriebswirtschaft 1988, S. 567-586.

FUEST, W./KROKER, R. (1992): Indikator: Unternehmensteuer. In: iw-trends 2/1992, S. 35-42.

GAL, T./GEHRING, H. (1981): Betriebswirtschaftliche Planungs- und Entscheidungstechniken. Berlin 1981.

GALLUS, G. (1979): Betriebsmittel: Begriff und Arten. In: Kern, W. (Hrsg.): Handwörterbuch der Produktionswirtschaft. Stuttgart 1979, Sp. 354-361. (Ungekürzte Sonderausgabe Stuttgart 1984.)

GAUGLER, E. (1989): Personalplanung. In: Szyperski, N./Winand, U. (Hrsg.): Handwörterbuch der Planung. Stuttgart 1989, Sp. 1350-1362.

GAYDOUL, P. (1980): Controlling in der deutschen Unternehmenspraxis. Darmstadt 1980.

GÖTZE, U./KOHL, M. (1991): EDV-gestützte Ansätze zur Bestimmung von Standortverteilungen. Arbeitsbericht 5/1991 des Instituts für betriebswirtschaftliche Produktions- und Investitionsforschung der Georg-August-Universität Göttingen. Göttingen 1991.

GOLLING, H. J. (1980): Planung unter Unsicherheit. Eine theoretische und empirische Betrachtung unter besonderer Berücksichtigung des Einsatzes quantitativer Ansätze bei der Vorbereitung strategischer Unternehmensentscheidungen. Darmstadt 1980.

GORDON, G. (1972): Systemsimulation. München/Wien 1972.

GRUNDMANN, W. u.a. (1968): Mathematische Methoden zur Standortbestimmung. Berlin 1968.

HAHN, D. (1985): Planungs- und Kontrollrechnung - PuK. Integrierte ergebnis- und liquiditätsorientierte Planungs- und Kontrollrechnung als Führungsinstrument in Industrieunternehmungen mit Massen- und Serienproduktion. 3. Aufl., Wiesbaden 1985.

HAHN, D. (1992): Verrechnungspreisbildung im Konzern. In: Kostenrechnungspraxis 1992, S. 21-26.

HAHN, D./HÖLTER, E./STEINMETZ, D. (1990): Gesamtunternehmungsmodelle als Entscheidungshilfe im Rahmen der Zielplanung, strategischen und operativen Planung. In: Hahn, D./Taylor, B. (Hrsg.): Strategische Unternehmungsplanung - Strategische Unternehmungsführung. Stand und Entwicklungstendenzen. 5. Aufl., Heidelberg 1990, S. 687-717.

HAHN, T. (1981): Standortentscheidungen unter Unsicherheit. Eine kritische Prüfung der Möglichkeiten und Grenzen der Anwendung entscheidungstheoretischer Instrumente im Handel. Frankfurt am Main 1981.

HAKE, B. (1982): Der Beri-Index, ein Hilfsmittel zur Beurteilung des wirtschaftlichen Risikos von Auslandsinvestitionen. In: Lück, W./Trommsdorff, V. (Hrsg.): Internationalisierung der Unternehmung. Berlin 1982. S. 463-473.

HAMEL, W. (1989): Zielplanung. In: Szyperski, N./Winand, U. (Hrsg.): Handwörterbuch der Planung. Stuttgart 1989, Sp. 2302-2316.

HANSMANN, K.-W. (1974): Entscheidungsmodelle zur Standortplanung der Industrieunternehmen. Wiesbaden 1974.

HANSSMANN, F. (1987): Einführung in die Systemforschung. Methodik der modellgestützten Entscheidungsvorbereitung. 3. Aufl., München 1987.

HARBORDT, S. (1974): Computersimulation in den Sozialwissenschaften. 1. Einführung und Anleitung. Reinbek bei Hamburg 1974.

HARTMANN, R. (1980): Planung mit Unternehmungsmodellen. Bern/Stuttgart 1980.

HAUFS, P. (1989): DV-Controlling. Konzeption eines operativen Instrumentariums aus Budgets, Verrechnungspreisen, Kennzahlen. Heidelberg 1989.

HAUSCHILDT, J. (1977): Entscheidungsziele. Zielbildung in innovativen Entscheidungsprozessen: theoretische Ansätze und empirische Prüfung. Tübingen 1977.

HAUSCHILDT, J. (1988a): Entscheidungsziele. Einführung. In: Witte, E./ Hauschildt, J./Grün, O. (Hrsg.): Innovative Entscheidungsprozesse. Die Ergebnisse des Projektes "Columbus". Tübingen 1988, S. 56-58.

HAUSCHILDT, J. (1988b): Zielbildung und Problemlösung. In: Witte, E./ Hauschildt, J./Grün, O. (Hrsg.): Innovative Entscheidungsprozesse. Die Ergebnisse des Projektes "Columbus". Tübingen 1988, S. 59-78.

HAX, H. (1970): Investitionsentscheidungen bei unsicheren Erwartungen. In: Hax, H. (Hrsg.): Entscheidungen bei unsicheren Erwartungen. Köln/Opladen 1970, S. 129-140.

HAX, H. (1981): Verrechnungspreise. In: Kosiol, E./Chmielewicz, K./ Schweitzer,M. (Hrsg.): Handwörterbuch des Rechnungswesens. 2. Aufl., Stuttgart 1981, Sp. 1688-1699.

HEIDER, M. (1969): Simulationsmodell zur Risikoanalyse für Investitionsplanungen. Diss. Bonn 1969.

HEINEN, E. (1976): Grundlagen betriebswirtschaftlicher Entscheidungen. Das Zielsystem der Unternehmung. 3. Aufl., Wiesbaden 1976.

HEINHOLD, M. (1989): Simultane Unternehmensplanungsmodelle - ein Irrweg? In: Die Betriebswirtschaft 1989, S. 689-708.

HERTZ, D. B. (1964): Risk Analysis in Capital Investment. In: Harvard Business Review 1/1964, S. 95-106.

HILDENBRAND, K. (1988): Systemorientierte Risikoanalyse in der Investitionsplanung. Berlin 1988.

HILLIER, F. S. (1963): The Derivation of Probabilistic Information for the Evaluation of Risky Investments. In: Management Science 1963, S. 443-457.

HILLIER, F. S. (1975): Die Ermittlung von Informantionen über die Wahrscheinlichkeitsverteilungen zur Beurteilung riskanter Investitionen. In: Albach, H. (Hrsg.): Investitionstheorie. Köln 1975, S. 195-210.

HIRN, W. (1992): Wirtschafts-Flüchtlinge. In: Manager Magazin 1/1992, S. 74-80.

HOMBURG, C. (1991): Modellgestützte Unternehmensplanung. Wiesbaden 1991.

HUCH, B. (1992): EDV-gestütztes Controlling: Stand und Entwicklungen. In: Huch, B./Behme, W./Schimmelpfeng, K. (Hrsg.): Controlling und EDV. Konzepte und Methoden für die Unternehmenspraxis. Frankfurt am Main 1992, S. 15-28.

HUCKERT, K. (1988): Entwurf und Realisierung von PC-gestützten Decision Support-Systemen. In: Angewandte Informatik 1988, S. 425-434.

HUMMELTENBERG, W. (1981): Optimierungsmethoden zur betrieblichen Standortwahl - Modelle und ihre Berechnung. Würzburg/Wien 1981.

HWANG, C.-L./YOON, K. (1981): Multiple Attribute Decision Making. Methods and Applications. A State-of-the-Art Survey. Berlin/Heidelberg/New York 1981.

IDW (1977): Arbeitskreis "Weltbilanz": Die Einbeziehung ausländischer Unternehmen in den Konzernabschluß ("Weltabschluß"). Düsseldorf 1977.

IDW (1986): Geänderter Entwurf einer Verlautbarung des HFA: Zur Währungsumrechnung im Jahres- und Konzernabschluß. In: Die Wirtschaftsprüfung 1986, S. 664-667

IHDE, G.-B. (1984): Transport, Verkehr, Logistik. Gesamtwirtschaftliche Aspekte und einzelwirtschaftliche Handhabung. München 1984.

JACOB, H. (1967): Zur Standortwahl der Unternehmungen. In: Alewell, K. (Hrsg.): Betriebswirtschaftliche Strukturfragen. Beiträge zur Morphologie von erwerbswirtschaftlichen Unternehmungen und Genossenschaften. Festschrift zum 65. Geburtstag von Reinhold Henzler. Wiesbaden 1967, S. 233-295.

KAISER, K.-H. (1989): Standortplanung. In: Szyperski, N./Winand, U. (Hrsg.): Handwörterbuch der Planung. Stuttgart 1989, Sp. 1839-1849.

KAPPLER, E./REHKUGLER, H. (1991): Konstitutive Entscheidungen. In: Heinen, E. (Hrsg.): Industriebetriebslehre. Entscheidungen im Industriebetrieb. 9. Aufl., Wiesbaden 1991.

KEEN, P. G. W./SCOTT MORTON, M. S. (1978): Decision Support Systems. An Organizational Perspective. Reading u.a. 1978.

KEENEY, R. L./RAIFFA, H. (1976): Decision with Multiple Objectives: Preferences and Value Tradeoffs. New York u.a. 1976.

KELLERS, R./LEDERLE, H. (1984): Preisbildung zwischen Konzerngesellschaften. In: Busse von Colbe, W./Müller, E. (Hrsg.): Planungs- und Kontrollrechnung im internationalen Konzern. Sonderheft 17 der Zeitschrift für betriebswirtschaftliche Forschung. Düsseldorf 1984, S. 163-171.

KILGER, W. (1965): Kritische Werte in der Investitions- und Wirtschaftlichkeitsrechnung. In: Zeitschrift für Betriebswirtschaft 1965, S. 338-353.

KILGER, W. (1984): Die Aufgaben von Konzernverrechnungspreisen in der Planung und im Rechnungswesen. In: Volkswagen AG (Hrsg.): Die Aufgaben von Konzernverrechnungspreisen in der Planung und im Rechnungswesen. Wolfsburg 1984, S. 3-48.

KLEIN, W. (1982): Konzernverrechnungspreise aus betriebswirtschaftlicher und steuerlicher Sicht. In: Zeitschrift für Betriebswirtschaft 1982, S. 155-171.

KLEIN, W./KLEIN, K.-G. (1989): Konzernverrechnungspreise in handels- und steuerrechtlicher Sicht. In: Küting, K./Weber, C.-P. (Hrsg.): Handbuch der Konzernrechnungslegung. Kommentar zur Bilanzierung und Prüfung. Stuttgart 1989, S. 391-412.

KLÖS, H. L. (1984): Kapitalflußrechnung. In: Busse von Colbe, W./Müller, E. (Hrsg.): Planungs- und Kontrollrechnung im internationalen Konzern. Sonderheft 17 der Zeitschrift für betriebswirtschaftliche Forschung. Düsseldorf 1984, S. 143-159.

KÖHLER, R. (1975): Modelle. In: Grochla, E./Wittmann, W. (Hrsg.): Handwörterbuch der Betriebswirtschaft. 4. Aufl., Stuttgart 1975, Sp. 2701-2716.

KOLLER, H. (1976): Simulation in der Betriebswirtschaftslehre. In: Grochla, E./ Wittmann, W. (Hrsg.): Handwörterbuch der Betriebswirtschaft. 4. Aufl., Stuttgart 1976, Sp. 3536-3546.

KOSIOL, E. (1961): Modellanalyse als Grundlage unternehmerischer Entscheidungen. In: Zeitschrift für handelswissenschaftliche Forschung 1961, S. 318-334.

KOTSCHEDOFF, M. (1976): Sozialphysikalische Modelle in der regionalen Handelsforschung: Ein Beitrag zur Standortplanung von Gewerbezentren. Berlin 1976.

KOXHOLT, R. (1967): Die Simulation - ein Hilfsmittel der Unternehmensforschung. München/Wien 1967.

KRCMAR, H. (1990): Entscheidungsunterstützungssysteme: Hilfsmittel und Werkzeuge. In: Kurbel, K./Strunz, H. (Hrsg.): Handbuch Wirtschaftsinformatik. Stuttgart 1990, S. 403-418.

KROKER, R./SALOWSKY, H. (1992): Indikator: Arbeitskosten, Produktivität. In: iw-trends 2/1992, S. 23-27.

KRÜGER, S. (1974): Simulation. Grundlagen, Techniken, Anwendungen. Berlin/ New York 1974.

KRUMREY, H. (1992): Investitionen: Ausländer meiden Deutschland. In: Wirtschafts Woche 1/1992, S. 18-22.

KRUSCHWITZ, L. (1990): Investitionsrechnung. 4. Aufl., Berlin/New York 1990.

KRUSCHWITZ, L./DECKER, R. (1992): Literaturüberblick Investitionstheorie. In: Wirtschaftswissenschaftliches Studium 1992, S. 98-99.

KÜPPER, W. (1982): Standortentscheidungsprozesse transnationaler industrieller Großunternehmen. In: Lück, W./Trommsdorff, V. (Hrsg.): Internationalisierung der Unternehmung. Berlin 1982, S. 439-461.

KUHN, K.-D./STEIN, H. G. (1984): Finanzplanung. In: Busse von Colbe, W./ Müller, E. (Hrsg.): Planungs- und Kontrollrechnung im internationalen Konzern. Sonderheft 17 der Zeitschrift für betriebswirtschaftliche Forschung. Düsseldorf 1984, S. 117-128.

LANDWEHR, H. (1979): Investitionsentscheidungen bei Unsicherheit. Die Anwendung der Simulation zur Vorbereitung von betrieblichen Investitionsentscheidungen. Diss. Göttingen 1979.

LAUX, H. (1991): Entscheidungstheorie. Grundlagen. Berlin/Heidelberg/ NewYork 1991.

LAW, A. M./KELTON, W. D. (1982): Simulation Modeling and Analysis. New York u.a. 1982.

LAYER, M. (1979): Kapazität: Begriff, Arten und Messung. In: Kern, W. (Hrsg.): Handwörterbuch der Produktionswirtschaft. Stuttgart 1979, Sp. 871-882. (Ungekürzte Sonderausgabe Stuttgart 1984.)

LIEBL, F. (1992): Simulation. Problemorientierte Einführung. München/Wien 1992.

LIEBMANN, H. P. (1971): Die Standortwahl als Entscheidungsproblem. Würzburg/Wien 1971.

LILLICH, L. (1992): Nutzwertverfahren. Heidelberg 1992.

LOTUS DEVELOPMENT CORPORATION (1989): Lotus 1-2-3 Version 3.1 Referenzhandbuch. Cambridge 1989.

LUDEWIG, J. (1975): Simulationsmodelle ganzer Unternehmungen. Wiesbaden 1975.

LÜCKE, W. (1991): Investitionslexikon. 2. Aufl., München 1991.

LÜDER, K. (1969): Investitionskontrolle. Die Kontrolle des wirtschaftlichen Ergebnisses von Investitionen. Wiesbaden 1969.

LÜDER, K. (1979): Risikoanalyse bei Investitionsentscheidungen. In: Angewandte Planung 1979, S. 224-233.

LÜDER, K. (1990): Standortwahl. Verfahren zur Planung betrieblicher und innerbetrieblicher Standorte. In: Jacob, H. (Hrsg.): Industriebetriebslehre. 4. Aufl., Wiesbaden 1990, S. 25-100.

LÜDER, K./KÜPPER, W. (1983): Unternehmerische Standortplanung und regionale Wirtschaftsförderung. Göttingen 1983.

MACHARZINA, K. (1989): Die Wettbewerbsfähigkeit der Bundesrepublik Deutschland im internationalen Vergleich. In: Betriebswirtschaftliche Forschung und Praxis 1989, S. 472-488.

MÄNNEL, W. (1980): Wechselwirkungen zwischen Anlagenwirtschaft, Planung und Unternehmenserfolg. In: Der Betrieb 1980, S. 2145-2150.

MÄNNEL, W. (1989): Anlagenplanung. In: Szyperski, N./Winand, U. (Hrsg.): Handwörterbuch der Planung. Stuttgart 1989, Sp. 41-51.

MANDL, C. E. (1977): Simulationstechnik und Simulationsmodelle in den Sozial- und Wirtschaftswissenschaften. Berlin/Heidelberg 1977.

MEDICKE, W. (1987): Controlling in Unternehmen mit Sparten (Profitcenter)-Organisation. In: Scheer, A.-W. (Hrsg.): Rechnungswesen und EDV. 8. Saarbrücker Arbeitstagung 1987. Heidelberg 1987, S. 233-260.

MERTENS, P. (1982): Simulation. 2. Aufl., Stuttgart 1982.

MERTENS, P./GRIESE, J. (1991): Integrierte Informationsverarbeitung 2. Planungs- und Kontrollsysteme in der Industrie. 6. Aufl., Wiesbaden 1991. (1.-5. Aufl. unter dem Titel: Industrielle Datenverarbeitung 2. Informations-, Planungs-, und Kontrollsysteme.)

MEYER, B. E./SCHNEIDER, H.-J./STÜBEL, G: (1983): Computergestützte Unternehmensplanung. Eine Planungsmethodologie mit Planungsinstrumentarium für das Management. Berlin/New York 1983.

MIZE, J. H./COX, J. G. (1968): Essentials of Simulation. Englewood Cliffs 1968.

MOORMANN, J. (1989): Strategische Planung mit DSS-Generatoren. Eine Studie zum Einsatz von Planungssprachen und Spreadsheetpaketen am Beispiel der strategischen Bankplanung. München 1989.

MÜLLER, B. (1983): Ein Verfahren zur Unterstützung der simultanen Kapazitäts- und Standortplanung für Industrieunternehmen. In: Zeitschrift für Betriebswirtschaft 1983, S. 183-202.

MÜLLER, E. (1980): Entscheidungsorientiertes Konzernrechnungswesen. Neuwied 1980.

MÜLLER, W. (1969): Die Simulation betriebswirtschaftlicher Informationssysteme. Wiesbaden 1969.

NAGEL, P. (1992): Zielformulierung, Techniken der. In: Frese, E. (Hrsg.): Handwörterbuch der Organisation. 3. Aufl., Stuttgart 1992, Sp. 2626-2634.

NAPP, H. (1990): Stillegungen. Notwendige Optionen in der Unternehmensplanung. Stuttgart 1990.

NAYLOR, T. H. (1971): Computer Simulation Experiments with Models of Economic Systems. New York u.a. 1971.

NAYLOR, T. H. (1979a): The Age of Corporate Planning Models. In: Naylor, T. H. (Hrsg.): Simulation Models in Corporate Planning. New York u.a. 1979, S. 3-32.

NAYLOR, T. H. (1979b): Corporate Planning Models. Reading 1979.

NAYLOR, T. H./FINGER, J. M. (1967): Verification of Computer Simulation Models. In: Management Science Applications 1967, S. 92-101.

NAYLOR, T. H. u.a. (1966): Computer Simulation Techniques. New York/ London/Sydney 1966

NIESS, B. (1989): Der Einfluß der internationalen Besteuerung auf die Finanzierung ausländischer Grundeinheiten deutscher multinationaler Unternehmen. Bergisch Gladbach/Köln 1989.

OECD (1981): Bericht des Steuerausschusses der OECD 1979, Verrechnungspreise und multinationale Unternehmen. Köln 1981.

PERRIDON, L./STEINER, M. (1991): Finanzwirtschaft der Unternehmung. 6. Aufl., München 1991.

POENSGEN, O. H. (1973): Geschäftsbereichsorganisation. Opladen 1973.

RISCHMÜLLER, G. (1980): Die multi-attributive Nutzentheorie - Ein Entscheidungshilfeverfahren bei mehrfacher Zielsetzung. In: Zeitschrift für betriebswirtschaftliche Forschung 1980, S. 498-518.

ROSE, G. (1989): Steuerplanung. In: Szyperski, N./Winand, U. (Hrsg.): Handwörterbuch der Planung. Stuttgart 1989, Sp. 1866-1876.

ROSENKRANZ, F. (1979): An Introduction to Corporate Modeling. Durham 1979.

ROSENKRANZ, F. (1990): Unternehmensplanung. Grundzüge der modell- und computergestützten Planung mit Übungen. München/Wien 1990.

ROY, B. (1980): Selektieren, Sortieren und Ordnen mit Hilfe von Prävalenzrelationen: Neue Ansätze auf dem Gebiet der Entscheidungshilfe für Multikriteria-Probleme. In: Zeitschrift für betriebswirtschaftliche Forschung 1980, S. 465-497.

RUDHARDT, P. M. (1978): Stillegungsplanung. Grundlagen und Entscheidungsprozeß. Wiesbaden 1978.

SAATY, T. L. (1980): The Analytic Hierarchy Process. Planning, Priority, Setting, Resource Allocation. New York 1980.

SÄLZER, B. (1985): Standortdynamik von Industrieunternehmen. Eine theoretische und empirische Analyse von Standortstrukturveränderungen unter besonderer Berücksichtigung der verkehrswirtschaftlichen Konsequenzen. Bern 1985.

SAHM, B. (1988): Mikrocomputergestützte Instrumente zur mittelfristigen Ergebnisplanung. München 1988.

SALOWSKY, H. (1992): Indikator: Arbeitszeit. In: iw-trends 2/1992, S. 29-34.

SCHEFFLER, W. (1992): Grundsätze zur Bewältigung von komplexen betrieblichen Entscheidungen. In: Wirtschaftswissenschaftliches Studium 1992, S. 241-246.

SCHIERENBECK, H. (1989): Grundzüge der Betriebswirtschaftslehre. 10. Aufl., München 1989.

SCHILL, C. O. (1990): Industrielle Standortplanung. Eine theoretische Konzeption und deren praktische Anwendung. Bern 1990.

SCHMIDT, B. (1985): Systemanalyse und Modellaufbau. Grundlagen der Simulationstechnik. Berlin u.a. 1985.

SCHMIDT, R. (1990): Transnationale Investitions- und Finanzplanung als Portefeuilleplanung. In: Hahn, D./Taylor, B. (Hrsg.): Strategische Unternehmungsplanung - Strategische Unternehmungsführung. Stand und Entwicklungstendenzen. 5. Aufl., Heidelberg 1990, S. 732-751.

SCHMIDT, R.-B. (1977): Wirtschaftslehre der Unternehmung, Bd. 1: Grundlagen und Zielsetzung. 2. Aufl., Stuttgart 1977.

SCHNEEWEISS, C. (1991): Planung 1. Systemanalytische und entscheidungstheoretische Grundlagen. Berlin u.a. 1991.

SCHNEIDER, D. (1990): Investition, Finanzierung und Besteuerung. 6. Aufl., Wiesbaden 1990. (1.-5. Aufl. unter dem Titel: Investitions- und Finanzierungstheorie.)

SCHÖLLHAMMER, H. (1970): Die Delphi-Methode als betriebliches Prognose- und Planungsverfahren. In: Zeitschrift für betriebswirtschaftliche Forschung 1970, S. 128-137.

SCHOLZ, C. (1989): Personalmanagement: informationsorientierte und verhaltenstheoretische Grundlagen. München 1989.

SCHUG, C. (1980): Integrierte finanzielle Unternehmensplanung. Frankfurt am Main 1980.

SEIBT, D. (1989): Projektplanung In: Szyperski, N. /Winand, U. (Hrsg.): Handwörterbuch der Planung. Stuttgart 1989, Sp. 1665-1678.

SERTL, W./STIEGLER, H. (1976): Verrechnungspreise, betriebliche. In: Grochla, E. /Wittmann, W. (Hrsg.): Handwörterbuch der Betriebswirtschaft. 4. Aufl., Stuttgart 1976, Sp. 4196-4202.

SIEBEN, G./SCHILDBACH, T. (1990): Betriebswirtschaftliche Entscheidungstheorie. 3. Aufl., Düsseldorf 1990.

SMIDT, R. M./REIS, I. L. (1963): Symbolic Logic and Plant Location. In: Journal of Industrial Engineering 1963, H. 1, 1963, S. 18-22.

STAHL, W. (1975): Sensitivitätsanalyse mehrstufiger Standortprobleme. In: Kohlas, J. u.a. (Hrsg.): Proceedings in Operations Research 5. Würzburg/Wien 1975, S. 404-409.

STAHLKNECHT, P. (1972): Erfahrungen mit computergestützten Planungsmodellen. In: Angewandte Informatik 1972, S. 209-212.

STATISTISCHES BUNDESAMT (1989): Länderbericht Malaysia 1989. Stuttgart 1989.

STATISTISCHES BUNDESAMT (1990): Länderbericht Portugal 1989. Stuttgart 1990.

STEFFEN, R. (1980): Die Bestimmung der Kapazität und ihrer Nutzung in der industriellen Fertigung. In: Zeitschrift für betriebswirtschaftliche Forschung 1980, S. 173-190.

STEHLE, R. (1982): Quantitative Ansätze zur Beurteilung ausländischer Investitionsprojekte. In: Lück, W./Trommsdorff, V. (Hrsg.): Internationalisierung der Unternehmung. Berlin 1982, S. 476-497.

STREIM, H. (1975): Heuristische Lösungsverfahren - Versuch einer Begriffserklärung. In: Zeitschrift für Operations Research 1975, S. 143-162.

SZYPERSKI, N./ WINAND, U. (1980): Grundbegriffe der Unternehmungsplanung. Stuttgart 1980.

TAI, T. (1992): Kalkulieren unter Windows. In: Computer Persönlich 5/1992, S. 66-75.

TÖPFER, A. (1976): Planungs- und Kontrollsysteme industrieller Unternehmungen. Berlin 1976.

UPHOFF, H. (1978): Bestimmung des optimalen Standortes mit Hilfe der Profilmethode. Berlin 1978.

VOGEL, O. (1992): Ausgeprägte Schwächen; Neue Herausforderungen. In: iwtrends 2/1992, S. 3-15.

WAGLE, B. (1967): A Statistical Analysis of Risk in Capital Investment Projects. In: Operational Research Quarterly 1967, S. 13-33.

WAGNER, H.-P. (1990): Planungssprachen auf dem PC. In: Office Management 1-2/1990, S. 40-45.

WEBER, K. (1991): Multikriterielle Analyse- und Entscheidungsmethoden. In: Die Unternehmung 1991, S. 396-411.

WEBER, M. (1992): Nutzwertanalyse. In: Frese, E. (Hrsg.): Handwörterbuch der Organisation. 3. Aufl., Stuttgart 1992, Sp. 1435-1448.

WEILENMANN, P. (1989): Dezentrale Führung: Leistungsbeurteilung und Verrechnungspreise. In: Zeitschrift für Betriebswirtschaft 1989, S. 932-956.

WELGE, M. K. (1985): Unternehmungsführung. Band 1: Planung. Stuttgart 1985.

WILD, J. (1982): Grundlagen der Unternehmungsplanung. 4. Aufl., Opladen 1982.

WITTE, E. (1968): Phasen-Theorem und Organisation komplexer Entscheidungsverläufe. In: Zeitschrift für betriebswirtschaftliche Forschung 1968, S. 625-647.

WITTE, E. (1992): Entscheidungsprozesse. In: Frese, E. (Hrsg.): Handwörterbuch der Organisation. 3. Aufl., Stuttgart 1992, Sp. 552-565.

WITTE, T. (1973): Simulationstheorie und ihre Anwendung auf betriebliche Systeme. Wiesbaden 1973.

ZANGEMEISTER, C. (1976): Nutzwertanalyse in der Systemtechnik. 4. Aufl., München 1976.

ZIMMERMANN, H.-J./GUTSCHE, L. (1991): Multi-Criteria Analyse. Einführung in die Theorie der Entscheidungen bei Mehrfachzielsetzungen. Berlin u.a. 1991.

ZWICKER, E. (1981): Simulation und Analyse dynamischer Systeme. Berlin 1981.

**Deutscher Universitäts Verlag**
GABLER · VIEWEG · WESTDEUTSCHER VERLAG

## Aus unserem Programm

Martin Hemmert
**Vertikale Kooperation zwischen japanischen Industrieunternehmen**
1993. XIX, 318 Seiten, 38 Abb., 8 Tab.,
Broschur DM 98,-/ ÖS 765,-/ SFr 100,10
ISBN 3-8244-0188-6
Eine Mystifizierung der Verhältnisse in Japan ist ebenso verfehlt wie die Vorstellung, die dort vorherrschenden Arbeitsteilungsstrukturen könnten bedingungslos und undifferenziert auf Deutschland übertragen werden.

Anette Hilbert
**Industrieforschung in den neuen Bundesländern**
Ausgangsbedingungen und Reorganisation
1994. XIV, 255 Seiten, 25 Abb., 37 Tab.,
Broschur DM 98,-/ ÖS 765,-/ SFr 100,10
ISBN 3-8244-0199-1
Auf der Grundlage theoretischer Überlegungen und empirischer Analysen wird am Beispiel von Forschung und Entwicklung die Transformation von Unternehmen in den neuen Bundesländern untersucht.

Andreas Lehmann
**Wissensbasierte Analyse technologischer Diskontinuitäten**
1994. XV, 265 Seiten, 62 Abb.
Broschur DM 98,-/ ÖS 765,-/ SFr 100,10
ISBN 3-8244-0200-9
Das in der Fachliteratur enthaltene Wissen wird umfangreich ermittelt, strukturiert, formalisiert und als lauffähiges System zur Analyse diskontinuierlicher Technologieübergänge implementiert.

Reinhard Meckl
**Unternehmenskooperationen im EG-Binnenmarkt**
1993. XVIII, 273 Seiten, 19 Abb.,
Broschur DM 98,-/ ÖS 765,-/ SFr 100,10
ISBN 3-8244-0177-0
Grenzüberschreitende Kooperationen erfordern als komplexe Internationalisierungsstrategien eine dezidierte Planungsvorbereitung. Hier wird eine strukturierte Vorgehensweise in Form eines Entscheidungsmodells angeboten.

# DUV Deutscher Universitäts Verlag
GABLER · VIEWEG · WESTDEUTSCHER VERLAG

Wolfgang Noetel
**Geschäftsfeldstrategie und Fertigungsorganisation**
Eine Analyse der Fertigungsplanung
1993. XXI, 407 Seiten, 94 Abb.,
Broschur DM 118,-/ ÖS 921,-/ SFr 119,-
ISBN 3-8244-0185-1
Dieses Buch setzt sich mit der strategieorientierten organisatorischen Gestaltung der Fertigungsplanung auseinander, durch die der Ablauf der materiellen Leistungserstellung technisch und zeitlich festgelegt wird.

Bernd Sauer
**Strategische Situationsanalyse im Umweltmanagement**
1993. XXII, 279 Seiten, 43 Abb.,
Broschur DM 98,-/ ÖS 765,-/ SFr 100,10
ISBN 3-8244-0167-3
Die rechtzeitige Kenntnis und sorgfältige Analyse der Chancen und Risiken im Umweltschutz wird für eine wachsende Zahl von Unternehmen als eine wesentliche Voraussetzung für die Sicherung des Unternehmensbestands angesehen.

Miguel Vidal
**Wettbewerbsstrategien für Pionierunternehmen**
1993. XI, 206 Seiten, 19 Abb., 5 Tab.,
Broschur DM 89,-/ ÖS 694,-/ SFr 91,-
ISBN 3-8244-0186-X
Warum sind manche Pionierunternehmen über Jahrzehnte erfolgreich, während andere im Wettbewerb scheitern? Dieses Buch zeigt, in welcher Weise erfolgreiche Pioniere ihren Vorsprung im Wettbewerb nutzen, um Vorteile auf der Kosten- und Nachfrageseite aufzubauen.

*Die Bücher erhalten Sie in Ihrer Buchhandlung!*
*Unser Verlagsverzeichnis können Sie anfordern bei:*

**Deutscher Universitäts-Verlag**
**Postfach 30 09 44**
**51338 Leverkusen**

MIX
Papier aus verantwortungsvollen Quellen
Paper from responsible sources
FSC® C105338

If you have any concerns about our products,
you can contact us on
**ProductSafety@springernature.com**

In case Publisher is established outside the EU,
the EU authorized representative is:
**Springer Nature Customer Service Center GmbH
Europaplatz 3, 69115 Heidelberg, Germany**

Printed by Libri Plureos GmbH
in Hamburg, Germany